Klaus Schlesinger

Fliegender Wechsel

Eine persönliche Chronik

S. Fischer

Umschlaggestaltung: Buchholz/Hinsch/Walch unter Verwendung
einer Abb. von A. R. Penck ›Standart‹, 1971
Für die Abb.: © Galerie Michael Werner, Köln
Satz: Wagner GmbH, Nördlingen
Druck und Einband: Clausen & Bosse, Leck
Printed in Germany 1990
ISBN 3-10-070105-4

Für David, Benjamin und Jakob

Brief davor

Wie habe ich mich über Ihren Brief gefreut! Nach einer so langen Zeit des Schweigens! Waren es vier Jahre? Fünf? – – Egal . . .
Allerdings, er traf mich, um Ihre Frage nach meinem Befinden vorweg zu beantworten, zu einem miserablen Zeitpunkt. Ich habe in den letzten Wochen sechzehntausend Deutsche Mark, eine Frau und zwei Vorderzähne verloren.
Sie lachen? – Schon recht. Aber glauben Sie mir, die Anordnung der Ereignisse ist nicht meine Erfindung; sie folgt der Chronologie und verknüpft, was ursächlich miteinander zu tun hat. Das Geld kam mir bei einem Zusammenstoß mit dem bürgerlichen Vertragsrecht abhanden, meine junge Frau verschwand zu einem erfolgreichen Geschäftsmann, und in einer der folgenden Nächte überfiel mich so heftiger Schmerz, daß ich ins nächste Krankenhaus fuhr, mir starke Tabletten oder notfalls eine Spritze zu besorgen. Nach anderthalb Stunden peinigenden Wartens in einem öden Raum durfte ich mich auf dem Behandlungsstuhl niederlassen, mit gestreckten Beinen, den Kopf weit nach hinten gebogen und den Schwerpunkt des Körpers derart verlagert, daß an Flucht nicht mehr zu denken war. Mein Kiefer war durch eine Art Spange offengehalten, etwas Flüssiges, von dem ich annahm, es sei Blut, lief mir aus den Mundwinkeln,

ich preßte meine schwitzenden Hände in schlaffes Leder, und wenn die Tortur infolge der starken Betäubung auch keinen Schmerz verursachte – meine Lage hatte etwas Symbolisches, als würden die vergangenen fünf Jahre meines Lebens auf diesem infamen Zahnarztstuhl kulminieren.

Zugegeben, das Bild ist überzogen. Auch wenn ich alle Spiegel aus meiner unmittelbaren Nähe entfernt habe – ich lebe ja noch; und hätten Sie mich vor einem, ach, vor einem halben Jahr gefragt, wie es mir ginge, ich hätte ohne zu zögern geantwortet: Phantastisch!

Ich hätte von meiner jungen Liebe erzählt und von der Kraft, die sie mir gab, ich hätte meine literarischen und existentiellen Pläne vor Ihnen ausgebreitet und meine nähere Umgebung mit den wärmsten Worten geschildert. Mein Kontostand war noch beruhigend gewesen, und was ich erlebt hatte in den Jahren, seit ich die Grenze zwischen Ost und West passierte, wäre von mir in den Satz zusammengefaßt worden: Ach, ein Roman ...

Heute bin ich vorsichtiger. Ein Roman, wie ich ihn gern lese, hat eine überschaubare Handlung, hat widersprüchliche, aber doch konturierte, in Zusammenhängen stehende Figuren, er führt mich zu einem Ziel, und wenn auch nur zum erhabenen Duktus der letzten Seite, zum Wort Ende.

Heute scheint mir alles, was ich erlebt, was ich erfahren habe, in einen dichten Nebel gehüllt; Ziele sind nicht sichtbar, Zusammenhänge kann ich nicht herstellen, die Figuren erscheinen wie zufällig auf dem Plan und verschwinden auf die gleiche Weise.

Erinnern Sie sich noch, wie Sie mich auf unserem letzten Spaziergang lobten, ich sei in Dingen der Liebe und der Seßhaftigkeit, verglichen mit meiner Umwelt, geradezu ein Muster an Kontinuität? In dreiundvierzig Jahren Leben, riefen Sie über den Tisch des Cafés, in dem wir später saßen, in dreiundvierzig Jahren nur vier Adressen und zwei Ehen!
Was werden Sie sagen, wenn ich Ihnen schreibe, ich habe allein in den vergangenen fünf Jahren fünf Adressen gehabt und zwei – sagen wir: eheähnliche Geschichten? Was, wenn ich Ihnen meine heutige Lage als die gleiche beschreibe wie jene, als ich vor fünf Jahren die Grenze zwischen Ost und West passierte: in Trennung befindlich, nur mit dem Notwendigsten im Kofferraum und ohne meine Bücher?
Wie damals schiebe ich einen Berg unvollständiger Sätze vor mir her und suche einen Ort, ihn abzutragen. Wie damals lebe ich in einem Provisorium; dieses jetzt mißt sechzehn Meter im Quadrat, hat eine Tür und ein Fenster zur Straße hin . . .
Dieses letzte Gespräch, unser letzter Spaziergang geht mir, seit ich Ihren Brief bekam, nicht mehr aus dem Kopf. Das heißt, er ist mir wieder in den Kopf gekommen, bruchstückweise. Es war doch im Winter von neunundsiebzig zu achtzig gewesen, ein ebenso harter und böser wie der letzte? Damals wußten wir nicht, wie lange er dauern würde, es muß Ende November, nein, Anfang Dezember gewesen sein; von unserem Paßantrag hatten Sie ja schon Kenntnis, aber Sie wußten noch nichts von den neuesten Entwicklungen im Persönlichen.
Wir gingen die Schönhauser Allee entlang, eingehüllt

in Pelzjacken und dicke Schals, und wir hatten Mühe, uns gegen den schneidenden Wind verständlich zu machen. Irgendwo zwischen dem Jüdischen Friedhof und dem Büro von Reuter's, jedenfalls noch vor dem Backsteinbau der stillgelegten Brauerei, in dem ich Helene das erste Mal gesehen hatte, sagte ich Ihnen, daß wir, Helene und ich, uns trennen würden.

Sie nahmen es gefaßter auf, als ich vermutet hatte, keine überraschte Geste, keine erschrockene Interjektion, und Ihre Frage, wie lange wir schon zusammen seien, kam nach einer kurzen Pause des Nachdenkens. Zehn Jahre, antwortete ich, alles in allem. Erst dann fragten Sie: Warum? – Merkwürdig, mir war es nicht peinlich zu sagen, Helene wolle es, sie habe sich verliebt – vermutlich, weil ich Ihnen gegenüber meiner Rolle als Mann nie so verpflichtet gewesen war.

Wie? sagten Sie, Ihr stellt einen Paßantrag und dann verliebt sie sich? Ich sagte, ja, vierzehn Tage danach.

Plötzlich lachten Sie laut auf. Sie blieben stehen – jetzt waren wir schon auf der Höhe der alten Brauerei –, griffen nach meinem Arm und lachten. Ich war irritiert, sprach gleich weiter, sagte: Wir sind uns einig. Helene bleibt. Ich gehe. Sagte, wir würden die Pässe nehmen, wenn sie, woran wir nicht zweifelten, genehmigt seien. Helene würde hier wohnen bleiben und, solange es ginge, ihre Auftrittsmöglichkeiten im Westen wahrnehmen. Ich aber würde übersiedeln, würde unseren Großen mit mir nehmen; die beiden Kleinen würden bei ihr bleiben. Nun liefen wir wieder, Sie hatten Ihre Hand noch immer auf meinem Arm, und auf

der Schwelle des Cafés fragten Sie mich, ob ich Helene noch liebte. Wie noch nie, sagte ich, und wir gingen hinein.
Heute, fünf Jahre nach diesem Augenblick, könnte ich, statt auf Helene, auf Ulrike bezogen, die gleiche Aussage machen. Die gleichen Gefühle, von gleicher Stärke, von gleicher Macht, und hätte ich nicht an die drei Dutzend vollgeschriebene Notizbücher in meinem Kofferraum, ich käme mir vor wie einer, der sich nicht bewegt hat, der fünf Jahre lang auf der Stelle getreten ist.
Verändert hat sich nur meine Szenerie. Ich habe in einer stillen, mit Rotdornbäumen bewachsenen Nebenstraße gelebt; im baulichen und politischen Schlachtfeld eines Sanierungsgebietes; auf dem Hinterhof einer Kreuzberger Fabrik. Jetzt, wenn ich aus dem Fenster schaue, sehe ich auf eine heruntergekommene, einst berühmte Berliner Straße. Gegenüber der zehnstöckige Komplex einer dieser gigantischen Wohnmaschinen, rechts herunter ein stadtbekanntes Bordell der unteren Preisklasse, gleich um die Ecke der Transvestitenstrich, und ein Stück weiter können Sie alles kaufen, was mit weichen oder harten Drogen zu tun hat, vom Marihuana bis zum Heroin. Nachts um zwei ist drei Stockwerke unter mir ein Verkehr wie in einer Provinzstadt zum Feierabend, ein gleichmäßig brüllender Lärm, unterbrochen nur von den grellen Signalen der Polizei, der Feuerwehr, der Notärzte. Ich schlafe schlecht und zu wenig. Wie es mich hierher verschlagen hat?
Meine Andeutung wird Ihnen nicht entgangen sein. Ich habe mein Versprechen, das ich Ihnen in jenem

Café in der Schönhauser Allee gab, gehalten. Ich habe notiert. Bei Gott längst nicht alles. Nicht einmal das meiste. Und ob es das Wichtige ist, frage ich mich jeden Tag aufs neue. Aber ich habe gleich am nächsten Tag angefangen.
Erinnern Sie sich noch, wie ich Ihnen, von Redezwang befallen und ungeachtet der Zuhörer an den Nebentischen, jedes Detail meiner Geschichte mit Helene offenbarte, von der ersten Sekunde an, da sie im Untergeschoß der alten Brauerei, die ein Kulturhaus geworden war, an den Tisch trat, an dem ich mit Freunden saß, eine schmale junge Frau, ein Mädchen, das sich, die Hände gegeneinandergelegt, als wolle es beten, ein wenig hinunterbeugte und, indem es etwas sprach, das ich nicht verstand, seinen Blick in der Runde kreisen ließ und plötzlich, als unsere Augen sich trafen, verhielt, für eine Sekunde, nicht länger – von diesem ersten Augenblick bis zum vorläufig letzten, als ich ihr auf der Treppe zur U-Bahn Spittelmarkt hinterhersah, die sie hinabging, um eine Reise anzutreten mit jenem Mann, der so plötzlich in unser Leben getreten war.
Für die Geduld, die Sie bei der Darstellung meiner Verhältnisse aufbrachten, bin ich Ihnen noch heute dankbar. Sie ließen mich einfach reden: Ihre Zwischenfragen waren kurz und von präziser Nüchternheit: wer die Idee gehabt habe, den Paß zu beantragen (Ich sagte: Ich.); ob Helenes Zustimmung spontan erfolgt sei (Ich sagte: Nach langem Zögern.); ob wir noch miteinander schliefen (Ich sagte: Ja.) und ob unsere Liebe monogam gewesen sei (Ich schüttelte den Kopf.). Aber als Sie mich dann endlich unterbrachen,

um mein Geschlecht im allgemeinen, mich im besonderen der geistigen und gefühlsmäßigen Begrenztheit zu zeihen, indem Sie fragten, ob es mehr an der Dummheit der Männer oder an ihrer mangelhaft entwickelten Sensibilität liege, daß sie die Zeichen der Frauen nicht lesen könnten; als Sie zu meinem großen Erstaunen eine den Tatsachen entgegenstehende Interpretation meiner Lage gaben, indem Sie mir sagten, Helene handele nicht aus fehlender, eher aus zu starker Liebe so – sie habe eine schreckliche Furcht, eine unendlich schreckliche Furcht, daß sie ganz einfach und aus großer Not heraus die Vertrauensfrage stelle an meine, an unsere Liebe – – da war ich zum zweiten Mal irritiert, fragte Sie, ob Sie meinten, Helene wolle sich in Wirklichkeit gar nicht von mir trennen?, aber Sie riefen: Doch! Natürlich! Sie will weg von Ihnen! Sie will die Trennung!, und Sie riefen es so laut, daß die Leute an den Nebentischen die Köpfe zu uns drehten, und fügten, ohne Ihre Stimme auch nur um eine Spur zu dämpfen, hinzu: Aber wollen Sie!?
Sie kannten meine Antwort und nickten wie zur Bestätigung und sagten: Dann zeigen Sie es ihr. Zeigen Sie, daß Ihre Liebe Helenes Vertrauen in Sie rechtfertigt.
Diesmal mußte ich den Kopf schütteln. Ich hatte bis dahin gemeint, Helene entzöge mir das Vertrauen, und nun sollte sie, Ihrer Meinung nach, es mir gerade durch diesen Entzug erweisen? Aber ehe ich meine Bedenken logischer Natur äußern konnte, sprachen Sie weiter: daß ich gerade jetzt die besten Karten in der Hand hielte, ich brauchte meine Trümpfe nur zur

rechten Zeit auszuspielen, um unserer Liebe für lange Zeit einen festen Boden zu geben, ich sollte nur die Augen offenhalten und meine Chance ergreifen! – Ich war damals so wenig klar wie ich es heute bin. Alles raste in mir, mein Körper war unter Hochspannung, mein Kopf saß im Geschlecht. Ich brauchte Helene nur anzusehen und hatte das Bedürfnis, sie aufs Bett zu werfen, notfalls gegen ihren Willen. Ich stand als Ratsuchender vor Ihnen, als Ertrinkender in einem Ozean vernichtender Gefühle, für den Ihre zuversichtlichen, ermunternden Worte mehr waren als ein Strohhalm, nach dem er greifen konnte. Mir stieg das Blut in den Kopf, ich spürte, wie ich rot wurde, und ich muß mit meinen dreiundvierzig Jahren wie ein dummer Junge vor Ihnen gesessen haben, als ich Sie bat, mir zu sagen, was um himmelswillen ich tun müßte, um Helene wiederzugewinnen.
Sie sagten nichts. Sie lächelten und sagten nichts. Ich habe Ihr Gesicht in diesem Moment so genau vor Augen, als säße ich Ihnen gegenüber. Ich weiß noch, der Kellner brachte uns Kaffee, die sechste oder siebte Tasse. Sie taten ein Stück Zucker hinein und dann noch ein halbes und verrührten ihn mit einem stumpfen, an den Rändern korrodierten Aluminiumlöffel. Ich war mir sicher, daß Sie gleich weiterreden würden, spätestens, wenn Sie die Tasse abgesetzt haben würden, und indem ich wartete, dachte ich an Ihre Prosa, nicht an einzelne Sätze, mehr an Rhythmen, an Töne, und mir kam der Gedanke, daß Sie Ihre Erzählungen, besonders die frühen, selbst bei den bittersten Sujets mit einem Lächeln, mit diesem Lächeln geschrieben haben müssen, eine Prosa, die immer antwortete, in-

dem sie fragte, die Rätsel löste, indem sie sie aufgab.
Daß ich unseren letzten Nachmittag in solcher Ausführlichkeit zurückhole, hat, wie Sie sich denken können, einen Grund, denn mehr als in der Dummheit scheint mir das Problem der Männer, jedenfalls meines, in der Vergeßlichkeit zu liegen. Immer wieder, und in den letzten Jahren nicht häufiger als früher, mußte ich mir, ob nun bei Helene, Ulrike, Marianne oder Marie, sagen: Das wußtest du doch schon. – Und: Wie war das eigentlich?
Damals, vor fünf Jahren, war es so gewesen: Sie hatten die Kaffeetasse noch an Ihren Lippen, ich drehte mich ein wenig zur Fensterfront hin, nahm aber Ihr Bild gleichsam mit mir. Körperlos, doch durchaus präsent für mich, sah ich Sie zwischen den Schemen der Leute im Café, ich steckte mir eine Zigarette an und begann ganz langsam, tastend einen dieser stummen Dialoge, die meine Existenz begleiten, seit ich denken kann, fragte Sie, nach Worten suchend, ob es denn sein könne, daß ich an die Stelle des Wortes Vertrauensfrage auch das Wort Machtfrage setzen könne, und wenn es so sei, ob Helenes starres, in nächtelangen Diskussionen untermauertes Nein zur Freiheit in der Bindung, ihr heftiges, plötzlich auftauchendes Verlangen nach unbedingter Treue, die sie doch, wenn sie ihr intimes Verhalten unabhängig von unserer Geschichte betrachtete, unmöglich einlösen konnte, ob also des Rätsels Lösung vielleicht sei, daß Helene – den erstaunlichen, sich damals schon abzeichnenden Aufstieg zur Diva, die plötzliche wirtschaftliche Unabhängigkeit vor Augen – ihre persön-

lichen Verhältnisse derart ordnen wollte, daß sie bei größtmöglicher Sicherheit die größtmögliche Freiheit habe?, und als Sie – oder vielmehr Ihr virtuelles, zwischen den Tischen des Kaffeehauses schwebendes Bild antwortete: Aber sicherlich!, und ich: Also Unterwerfung? sagte, und Sie mit dem selbstverständlichsten Gesicht der Welt: Warum nicht: Unterwerfung? – da drehte ich mich wieder zu Ihnen herum; für einen Moment war ich ruhig, fast heiter, und ich wußte ganz sicher, daß für mich alles entschieden war. Helene bleibt. Ich gehe.

Daß Sie meine widersprüchliche Aussage gelassen hinnahmen, wunderte mich schon nicht mehr.

Sie sagten: Gut. Machen Sie es. Aber tun Sie mir einen Gefallen! –

Damals hätte ich Ihnen jeden Gefallen getan.

Sie sagten: Schreiben Sie. Schreiben Sie alles auf. Jedenfalls das Wesentliche. –

Gleich am nächsten Tag habe ich mich ins Auto gesetzt, bin südöstlich gefahren, über Cottbus, nach Polen, und bei meinem ersten Halt habe ich angefangen zu schreiben.

Wie Sie wissen werden, ist Helene nicht geblieben. Drei Jahre nach mir zog sie von Ost nach West, kaufte sich ein Häuschen in einer Nordberliner Gartenstadt, lebt dort zwischen Autohändlern, Oberstudienräten und pensionierten Polizeioffizieren, und sie hat jetzt den dritten Freund.

Ihr Garten ist ein idyllisches Fleckchen Erde; manchen Nachmittag sitze ich dort, und wir reden über uns und über die alten Zeiten oder sehen den Kindern, die – wie Helene – inzwischen einen anderen Paß haben als ich, beim Rasenmähen oder beim Spielen zu. In manchen nahen Momenten frage ich mich, wohin das noch führen kann. Aber wenn es dunkel wird, werden unsere Gespräche zäher. Dann steige ich ins Auto, fahre die Dreiviertelstunde zurück in das Haus, in dem ich eine Art Asyl gefunden habe. Es liegt in der Potsdamer Straße, gegenüber dem Ort, an dem Goebbels vor zweiundvierzig Jahren die Frage nach dem Totalen Krieg gestellt hat. Aus dem Fenster meines Nachbarn hängt eine vom Wind zerfranste schwarze Fahne mit einem roten fünfzackigen Stern in der Mitte; darunter ein verwaschenes Transparent, auf dem das leicht modifizierte Zitat eines von uns beiden geschätzten deutschen Dichters zu lesen ist: Was für ein Land / in dem es nur aufwärts geht / und nie vorwärts.

Mai 1985

Bruch

1

12. 12. 79 – Frühmorgens erster Schnee dieses Winters, pralle zinngraue Wolken, wattige Flocken. Nachmittags wieder klar, nur leicht bewölkt, frostig.

Cottbus im Dunkeln. Das Zentrum neu: Passagen, Pavillons, Rummel als Weihnachtsmarkt. Vermummte Kinder mit halboffenen Mündern auf Karussells, die Erwachsenen mit muffigen Gesichtern.
Neubaulokal Zur Molle. Am Tisch mit zwei Lehrlingen, stumpfe riesige Kinder mit tiefen Stimmen. Beim Essen: Ich weiß plötzlich Messer und Gabel nicht zu gebrauchen.
Reise schlecht vorbereitet, kein Hotelplatz; Elke Erbs Empfehlung, das Pfarrhaus, noch nicht bemüht.
Verlust der Familie – Verlust des Zentrums.
Keiner kennt einen, man kennt nichts; erste Folge Unsicherheit, zweite Folge Sicherheit durch Anonymität.
18 Uhr endgültige Absage vom Hotel.
Abends im Pfarrhaus, Ingrid und der (abwesende) Helmut, drei große Zimmer im ersten Stock; der ausgebaute Dachboden mit drei Gästezimmern. Das italienische Zimmer wegen des Venedig-Drucks an der Wand.

Ingrid lebt mit Mann seit August hier. Hat vorher in Berlin, Kastanienallee, gewohnt. Mein Gott, war das eine Veränderung! – Kleine lebendige junge Frau mit Tochter Annaluise.
Periodische Unruhe, periodisch Helene im Kopf.
Warum bin ich mit fremden Kindern geduldiger als mit eigenen?
22 Uhr, bißchen Whisky, bißchen Ruhe.
Telegramm an Helene, Brief an Elke. Nur die Verbindung zur Außenwelt nicht abreißen lassen. Nur sagen, daß man noch da ist!
Elkes Empfehlungsbrief an Ingrid: Schick ihn ins Bodenzimmer und rede ihn nicht an, er leidet an Überkommunikation.
Die Straße ist wie ausgestorben. Laternenlicht. Der Schatten des Kopfsteinpflasters. Nach acht ist Cottbus eine tote Stadt.
Wandspruch: Helfen heißt herrschen.

13. 12. – Mit Kopfschmerzen aufgewacht, aber durchgeschlafen. Frühstück halb acht, halb neun Richtung Polen. Flache weiße Landschaft, später Wald. Grenzformalitäten. Das erwartete Gefühl der Erleichterung, Befreiung beim Verlassen des Ländchens blieb diesmal aus; stumpf durch Whisky.
Diese Reise, immer wieder geplant, immer wieder verschoben. Mein Freund Plenzdorf: Mit drei Kindern bist du ein einziger Dienstleistungsbetrieb.
Auf der Autobahn Richtung Wroclaw blinkt mich jemand, der mir entgegenfährt, warnend an. Ich bremse, komme ins Schleudern, schlängle mich, ge-

gensteuernd, durch am Rand haltende Autos, komme sechzig, siebzig Meter weiter zum Stehen. Stapfe zurück, Glatteis. Zwei Autos sind zusammengeprallt, liegen völlig zertrümmert auf der Seite. Die Leute wie erstarrt. Einer steht zehn Meter weiter hinten im Gebüsch. Eine Frau sitzt am Wegrand, die Hände vors Gesicht geschlagen. Ich hole den Verbandskasten, ein junger Pole nimmt sich, was er braucht. Ob ich helfen könne? Nein, ein Arzt sei verständigt, auch die Miliz, ich könne weiterfahren.
Alles im Kopf: den Tod, Helene . . .
Ich fahre sechzig.
Der Himmel ist blau, die Sonne grell und kalt.

14. 12. Wroclaw-Krakow. Landstraße. Starker Verkehr. Anhalter. Eine Bauersfrau um die sechzig ignorierte, daß ich dreißig Meter hinter ihr hielt. Ich hupte, winkte ihr zu; sie tat so, als sähe sie nichts, hielt ihre Hand den anderen Autos entgegen, die aber weiterfuhren. Als sie, zögernd, paar Schritte in meine Richtung tat, hatte ich schon Gas gegeben. – Später eine Frau Mitte dreißig, eine Frau Mitte fünfzig. Die Ältere bot mir Geld an. Dann ein Junge, zehn oder elf, zog den Rotz hoch, sprach kein Wort, wollte ebenfalls Geld geben, steckte es aber, als ich ablehnte, wortlos in die Tasche. Sagte, als er draußen stand, auf deutsch: Dankeschön.
Starker Schneefall hinter Bytom, Autostraße, zweispurig. Es war schon dunkel, ich fuhr vierzig, fünfzig, mit vorgebeugtem Oberkörper. Plötzlich, im Scheinwerferlicht, ein Schild, rot mit weißem Querstreifen,

von rechts bogen Autos in die Gegenfahrbahn ein, ich trat auf die Bremse, sah im gleichen Moment das Rechtsabbiegeschild, hörte ein fremdes Bremsgeräusch, dann der Aufprall, kurz und trocken, ich flog gegen das Steuerrad. – Leichter Sachschaden. Eine Stunde Warten auf die Miliz, dann gaben wir es auf. Ich fragte: Kasko? – Der Pole nickte. Wir tauschten die Adressen, gaben uns die Hand und fuhren weiter.
Halb acht abends in Krakow, Hotel Cracovia, Luxusklasse. Elfhundert Zloty pro Nacht, zuzüglich zehn DM, im Paß verborgen. Versuch zu lesen fehlgeschlagen. Versuch zu schlafen ebenfalls. Eine Tablette – früh halb neun aufgewacht.
Vormittags Birkenau, danach Auschwitz. Es ist eigentlich alles gesagt worden.

14. 12., nachts. Hotel in Opole, Bahnhofsnähe; einfaches Zimmer. Körperlich wie ausgelaugt. Kälte, Schneesturm, dichter Verkehr. Für hundertfünfzig Kilometer fast fünf, nein, sechs Stunden. Der Scheibenwischer schaffte den Eismatsch nicht. Manchmal nur Schrittempo.
Vormittags Sonne. Fahrt nach Birkenau. Der Weg neben den rostigen Eisenbahnschienen; die stille, schneebedeckte Ebene; die Silhouette des Lagers unter noch klarem Himmel, ich hielt an. Dieses Bild, hundertfach gesehen auf Fotos, in Filmen. Ein *völkischer* Bauernhof. Was mir nicht gelang: die Vorstellung, ein Güterzug, vollgestopft mit Menschen, führe durch dieses geschwungene Tor vor mir.

Das Lager, die Rampe, Zäune beiderseits, dahinter Baracken und die Reste von Baracken. Das Ordentliche, Gezirkelte. In Reih und Glied.
Wie ragen die Betonstelen aus dem schneeigen Boden, klagend? Dabei sind es nur die Gerippe der verfallenen Baracken. Ich bin der einzige Besucher an diesem Vormittag.
Von der Rampe aus sieht man linkerhand, noch vor den Baracken, eine Art Bahnwärterhäuschen, vor dem eine große Bildtafel aufgestellt ist, auf der man das Bahnwärterhäuschen sieht, vor dem eine Schlange von Menschen, Frauen, Männer, Kinder, mit Taschen und Koffern und drei, vier SS-Männer stehen: *Selektion* – fotografiert von jener Stelle auf der Rampe, an der man steht.

Abendessen im Hotelrestaurant. Ein Mann setzte sich an meinen Tisch, er sei Lehrer in Gleiwitz (er sagte Gleiwitz), Geschichte und Geographie. Er sprach deutsch, gebrochen, aber verständlich. Ich hörte ihm zu, nickte hin und wieder, gab knappe Auskunft auf seine Fragen. War unfähig, ein Gespräch zu führen. Später ging er hinauf.
Versuch der Vorstellung vom Alleinleben. Wie oft war das mein Wunsch. Jetzt nur das Gefühl von Einsamkeit und eine klare Liebe zu Helene.

Kreuzungspunkt der Geschichte. Wie wenn alles, was in Deutschland passiert war, auf Auschwitz hinauslief. Wie wenn alles, was in Deutschland passiert, von dort ausgeht. »Deutschland – ich meine den bekannten geographischen Begriff« –

Auschwitz, Stammlager. Die gewundene schmiedeeiserne Inschrift über dem Eingang. Pavillonbauten. Viereckige Laternchen mit der stilisierten Nummer des Hauses über der Tür. Die Häuser aus rotem Backstein. So haben sie ihre Ämter gebaut, ihre Schulen . . .
Auschwitz I (Auschwitz), Auschwitz II (Birkenau), Auschwitz III (Monowitz).
In Haus vier (oder sechs) hinter Glas: die Koffer, die Haare, die Brillen. Fototafeln, Dokumente, Gesichter. Um die Ecke herum, ich hielt die Luft an, der Berg mit den Kinderschuhen.
Als ich hinauswollte, war die Tür, die ins Freie führte, verschlossen. Ich sah durch die kleine Scheibe nach draußen, kein Mensch weit und breit. Aber hier war ich auch nicht hereingekommen, das sah ich. Ich lief die Treppe wieder hinauf, lief durch die Räume. Brillen, Koffer, Kinderschuhe, wo war die andere Tür? Lief in den zweiten Stock – nichts. Lief wieder in den ersten, kam in einen Flur, stand wieder vor der verschlossenen Tür. Aber hier war ich bestimmt nicht hereingekommen! Wieder hoch, wieder runter. Im Flur eine Zigarette. Nachdenken. Alle Wege ganz langsam noch einmal machen. Koffer, Haare, Brillen, Kinderschuhe. Prothesen. Dann, von einem übermannsgroßen Foto halb verdeckt, die türlose Öffnung, ein Flur, eine Treppe, eine Tür, die sich öffnen läßt.

2

15. 12.; Berlin, Leipziger Straße. – Die schreckliche Stunde, als ich meine Mutter, vor zwei Jahren, ins Krankenhaus brachte; wir gingen Röntgen, ich mußte ihr beim Ausziehen helfen. Wie sie sich genierte. Sie war ganz krumm und dünn, und ihren Büstenhalter hatte sie mit Watte ausgestopft. Ich weiß noch, daß ich mir vornahm, nicht alt zu werden.
Dieser Verfall, er ginge noch, müßten wir ihn nur selbst ertragen. Sähen wir uns nicht in den anderen. Also Leben, daß man dem Tod nahe ist? Das Geheimnis der Krieger?
In Friedenszeiten: unmäßiges Rauchen, Trinken, Autofahren ...

Bei flüchtigem, unscharfem Blick sehen die alten Viertel Prenzlauer Berg, Mitte, Weißensee aus wie zerkratzte Fotografien aus der Zeit um die Jahrhundertwende.
Einmal, als ich das Auto zur Reparatur brachte, kurzentschlossen in die Werkstatt zu Höke, dem Glasbläser aus meiner Lehrzeit. Einen Moment Schwierigkeiten, uns zu erkennen. Damals war er der Juniorchef. Jetzt ist er Anfang Fünfzig.
Er hat ein Buch von mir in Moskau gekauft: hier kriege man ja nichts. Beklagt die Mittelmäßigkeit im Land und fragt sich manchmal, ob er etwas falsch gemacht habe, als er sich entschied, hierzubleiben, damals. Gewiß, er werde geschätzt, man brauche ihn ja. Aber ... – Aber. Grauhaariger Mann mit weicher Stimme und der Aura gebremster Entfaltung.

Überraschende Begegnung. In der Schlachteplatte, die früher Blaue Donau hieß, eine Kellnerin, die mich anspricht. Daß wir mal im gleichen Betrieb gearbeitet hätten. Die Kunststoffbude, na, wie heißt sie noch? – Sie war in der Buchhaltung. Dunkle Erinnerung. Lehrlingsflirt. Ich hatte sie einmal zum Eishockey eingeladen, Seelenbinder-Halle, paar tausend brüllende Leute, meist Männer. Ich brüllte auch. Später, als ich sie nach Hause brachte, Schweigen. Wir fanden nichts, worüber wir sprechen konnten. Ich hatte versucht, sie zu küssen. Aus reiner Verlegenheit. Meine Erleichterung, als ich nächsten Tag mit einem Kumpel stand und wieder reden konnte. Dabei hatte sie mir gefallen.
Wir waren mal beim Eishockey, sage ich.
Sie schüttelt den Kopf. Nein. Nie. Wir waren mal Eis essen. Weißenseer Spitze, gegenüber der Haltestelle. Weißt du nicht mehr? –
Sie sagt, sie heißt Gerda.

Warten seit zwei Monaten. Nichts widerwärtiger als das Warten. Auf Entscheidungen, die andere fällen, auf Pässe, auf ein neues Buch im Laden. Auf die Kinder, wenn sie nicht zur Zeit kommen. Auf Helene oder, früher, auf Annemarie. Nicht die Zeit ihrer Abwesenheit war ein Problem. Im Gegenteil. Nur die der Überschreitung. Das Unverhoffte, das die Spekulation, die Phantasie anheizte. Die Zeit des Wartens die Zeit der Gespenster.
Das Warten auf meinen Vater, fünfundvierzig. Eine Woche vor dem zweiten Mai, ich glaube, an einem

Mittwoch, war er das letzte Mal zu Hause. Die letzten Worte: Daß er bald wiederkäme. Spätestens nächsten Mittwoch. Da brauche er ja neue Wäsche. – Sein letzter Blick. Ich war acht. Meine Mutter sagte, ich solle ans Fenster kommen. Komm doch, Papa fährt gleich! – Ich konnte nicht atmen. Warf mich auf den Federboden des Betts. Die Matratzen lagen im Keller. Spürte den kühlen Draht im Gesicht. Schrie.
Damals noch gebetet. Jeden Abend, nach dem Vaterunser, inständiges Flehen, mein Vater möge wiederkommen. Bitte. – Alle waren wiedergekommen. Die meisten am zweiten Mai. Wir standen vor der Tür, die Frauen, die Kinder, die Krüppel. Durch den schmalen Gang der Barrikade an der Ecke kamen sie, einzeln, zu zweit, zu dritt, waffenlos und mit abgetrennten Achselstücken oder schon in Zivil. Freudenschreie, Umarmungen. Ich stand vor der Tür und starrte zur Ecke.
Die Straße ganz in Weiß. Bettlaken, Kopfkissen, Leintücher zum Zeichen der Kapitulation. Die Großen sagten: Zusammenbruch. – Wie ich mich schämte für sie.
Ein, zwei Tage später die Russen. Von Haus zu Haus, Wohnung zu Wohnung: Mann –?! Meine Mutter stopfte die Polizeiuniform meines Vaters in den Ofen, im Mai, bei Sonne. Es qualmte zum Gotterbarmen. Ihr Entsetzen, aber nur für einen Moment, als es gegen unsere Tür schlug. Ein junger Russe. Er kam nicht zu Wort. Nix Mann! Nix Mann! – Die rudernden Bewegungen ihrer Arme. Der junge Soldat, der erschrocken zurückwich. Später, bei Familienfeiern, oft zitierte Szene: Er ist nicht mal reingekommen, der Russe. –

Heute früh, beim Überfliegen der Zeitungen, nach Blick in die neue Nummer der Weltbühne Gefühle von Ekel. Diese Arroganz, diese Ignoranz. Dieses konstante Ausblenden von Wirklichkeit.
Damals, nach Biermann oder nach unserem Ausschluß die Adressen der Ergebenheit. Wenigstens standen Namen unter den bösen Sätzen, wenigstens bekannten sie Farbe, die Nolls, die Gotsches, die Keischs. Jetzt ein nebelhaftes Nichts in der mumifizierten Sprache des Offiziellen.

Nichts schrecklicher als der Alltag in einer dramatischen Situation. *Das Leben geht weiter.* Einkaufen, Kochen, Jakob vom Kindergarten abholen. Das gemeinsame Essen. Meist fehlt eine Person, Helene oder David. Wir tun so, als wär's normal.
Öfter kommen Leute, die früher nicht gekommen sind. Der Hausmeister erzählt, daß acht Familien aus der Gegend über die Mauer gegangen seien. Große Aufregung, weil: einer sei geschnappt worden, und dabei habe sich herausgestellt, daß es alle auf die gleiche Weise getan hätten. Aber wie, wußte er nicht. Auf Nachfrage erzählt er auch, daß die Stasi hin und wieder bei ihm auftauche und Auskunft über uns einhole. Er ist verlegen, und ich verbeiße mir die Frage, welcher Art seine Auskünfte waren.

Nicht selten, daß ich angesprochen werde vor der Kaufhalle oder auf dem Weg zum Kindergarten. Leute, die ich gar nicht oder vom Sehen her kenne, stellen sich vor und erzählen, was auf den Versammlungen im Betrieb, im Büro über unseren Ausschluß gesagt wird. Fast immer wird der offiziellen Version eine zweite, *eigentliche* hinzugefügt, und die hat dann mit Frauen-, mit Devisengeschichten zu tun. Alles im Tonfall: Kollegen, darf ich mal offen sein? Im Vertrauen, Genossen! – Über mich wird zum Beispiel verbreitet, ich hätte jahrelang Manuskripte geschmuggelt, erzählt ein aufgeschlossener Angestellter aus dem Hochhaus gegenüber.

Tage voller Euphorie, Tage voller Stumpfheit. Wie wenn das Blut aus dem Kopf weicht und irgendwo im Körper versackt, geliert, verbleit. Die Gedanken zäh, der Körper pure Mechanik.
David, mein großer Sohn, hat einen Spruch auf dem Klosett im EAW, früher AEG, gefunden: Lieber Erich mach mich taub / daß ich nur der Zeitung glaub / Lieber Erich mach mich blind / daß ich nicht die Wahrheit find / Lieber Erich mach mich stumm / daß ich nicht nach Bautzen kumm.

Spontan in die Mark nach Altrosenthal gefahren. Eine halbe Stunde allein durch den Wald, dann schroffe Umkehr. Die Stille unerträglich. Bei Plenzdorf, Stephan, Martin und Fries. Gespräche in der Phase zwischen Bruch und Aufbruch. Relativ stabil wieder nach Berlin. Unscharfe Pläne fürs neue Leben. Bewegungslust: Mainz, Paris. Stephan würde erst mal ein viertel Jahr nichts tun. Nur umsehen.

Die Gespräche beim Minister, im Oktober, im Januar; nun das dritte. Klaus Höpckes Distanz, fast Kühle. Sonst seine erste Frage: Kaffee oder Tee? – Seit dem Antrag ohne Überleitung zum Thema. Im Januar noch forschend: wie ernst wir es meinten. Jetzt schon Vorgriff auf mögliche Entwicklung: daß wir dann wissen müßten, was für einen Paß wir in der Tasche hätten. – Aber es bleibt alles im Vagen.
Am verbindlichsten noch das Gespräch am Telefon, das ich mitgeschrieben habe, kurz vor Jahreswechsel. Ich: Es stand immer der Satz im Raum, daß Sie nicht überzeugt seien von unseren Argumenten für den Paß. Können Sie mir sagen, ob der Brief, den ich Ihnen geschrieben habe, Sie überzeugt hat? Er: Ich muß Ja und Nein sagen. Ja, was die subjektive Konsequenz Ihres Briefes – Nein, was seinen Inhalt betrifft. Da hätte ich eine Menge entgegenzuhalten. Aber nachdem Ihr Anliegen mit dem Brief die Form eines Antrages angenommen hat, habe ich ihn weitergeleitet, und ich glaube, daß die entscheidenden Stellen den von Ihnen erbetenen Status in Ihrem Sinne entscheiden werden. –
Sein formeller Ton, als er über den Antrag sprach.
Mein ausgesprochenes Glücks- und Dankbarkeitsgefühl. Ich sagte: Gottseidank. –

3

18. Februar 80. Winterferien, eine Woche Petzow, Schriftstellerheim. Offene Ablehnung durch die Kollegen, die schon hier sind: Sie schauen durch uns hin-

durch. Andererseits schauen wir über sie hinweg. Dieses doppelt ignorante Verhalten amüsiert uns, jedenfalls anfangs.
Harmonie mit Helene. So gut war es seit Monaten nicht mehr. Als würden uns Widerstände einigen.
Lange Spaziergänge am zugefrorenen Schwielowsee. Zum Tudor-Schlößchen aus gelbem Backstein. Zur Kapelle auf dem Hügel. Daß das Haus, in dem wir wohnen, früher Marika Rökk gehörte, wußte Helene nicht.
Viel gelesen. Vor allem Semprun, Frederico Sanchez. So wichtig war in den letzten Jahren kein Schriftsteller für mich.
Genaue Beschreibung des religiösen Kerns, den der Parteibegriff enthält, am Beispiel einer Definition der Partei, die von Castro stammt. Die Partei als Ich *und* Über-Ich. Wohltuend, daß er die Mentalität des stalinistischen Intellektuellen aus der Kenntnis seiner eigenen, stalinistisch geprägten Mentalität beschreibt.
Glaubwürdiger als die Kritiker im Ländchen, bei denen man nie annehmen würde, sie hätten einmal dazugehört.
Auffällig, daß ich in den letzten Monaten fast nur *Abrechnungsliteratur* gelesen habe. Pelikan, Mlynař, Koestler. Als wollte ich mich überzeugen lassen ... Wichtiger noch war die Lektüre über die Moskauer Prozesse; fünf, sechs Jahre her. Und der Nachfolgeprozesse, in Prag, Budapest, Sofia, die mir Franz Fühmann überließ.
Unser Ausschluß aus dem Verband – immer noch herrscht das gleiche Muster: das Ergebnis durch den

vorher gefaßten Beschluß der Parteigruppe, also der Mehrheit der Verbandsmitglieder, von vornherein festgelegt. Als brauchten Kleinstalinisten ihren kleinen stalinistischen Prozeß. Aber über der wyschinskischen Schärfe lag schon die routinierte Müdigkeit eines Hermann Kant. Nach den Dramen die Farcen. Und warum haben wir mitgespielt?
Kurt erzählte, nach dem Verfahren sei eine Kollegin zu ihm gekommen und habe sich entschuldigt, daß sie für seinen Ausschluß gestimmt hätte. Sie habe noch deutlich geäußert, daß sie bei ihm, Bartsch, den sie kenne, nicht die Hand heben würde – da habe ihr ein Genosse ins Ohr gesagt: Würde ich aber doch, liebe Renate, denn ich sitze neben dir. –

Nieder mit der Tugend, der Ordnung, dem Elend / Nieder mit allem außer der Niederlage / Niederlage bis zu den Zähnen und dem eisigen / Hohlraum / Eines durch Einsamkeiten gespaltenen / Schädels / Nur wissend, daß Leben mit dem Tod allein / sein heißt.

Luis Cernuda, zitiert nach Semprun

Der Besuch in der Mark. Alle scheinen fest eingebunden. Haben Ausweichwege. Am deutlichsten Martin: Er hätte so viele Stoffe, er hätte Jahre zu schreiben, Nachkriegsgeschichten und historische, Fontane, Menzel, interessante Konstellationen, die über die heutige Zeit ebensoviel erzählen wie ein Stoff aus der Gegenwart. –
Für Momente wieder Verlockung: abseits lebend,

ohne Telefon und mit gelegentlichen Expeditionen in die Stadt – verworfen schon im Sommer aus Gründen des Temperaments.
Alle Gespräche drehen sich um den Paß. Alle zeigen Verständnis. Distanz als *eine* Form, der neurotischen Situation zu entgehen. Die Frage, die zu entscheiden ist: Politiker oder Schriftsteller ...
Fühmann hält sich zurück mit einer Wertung. Bestätigt weder, noch rät er ab. Aber alle Sätze, die er sagt, sind mit sanfter Trauer gesagt. Nur die Wolfs, bei denen ich Samstag war, raten, hierzubleiben. Christa: Du hast etwas und weißt etwas über die Leute hier, das kein anderer hat oder weiß und dessen du dir vielleicht selbst noch nicht bewußt bist – drüben könntest du dich verzetteln mit Film, Hörspiel, Fernsehen. Du solltest aber Prosa schreiben. –
Einmal, bei meiner Mutter, unterschwellige Besorgnis: Ihr kommt doch wieder? – Ich sage, daß wir für drei Jahre beantragt haben und daß wir wiederkommen wollen, aber was in drei Jahren passiert – wer weiß das. –

Nach Leipzig mit Krätzer, vorige Woche. Zug durch die Kneipen der Leipziger City, Katja kam hinzu, die jetzt am Literaturinstitut studiert, sie hielt laute fröhliche Reden und las aus meiner linken Hand, daß ich unter Beziehungslosigkeit wegen eines Verlustes in der Kindheit litte, daß ich für alles, was ich täte, selbst verantwortlich sei und sehr alt werden würde. Von da ab schwebender Zustand, der so lange anhielt, bis wir

morgens um drei mit einer Flasche Sekt in einem Studentenheim landeten.
Beklemmend der Ausflug zum Völkerschlachtdenkmal. Monumentaler Bau aus graurotem Granit. Warum war ich nie hier? Diese kolossalen Figuren in der sogenannten Krypta, gleichermaßen bedrohlich wie lächerlich. Gesichter von stumpfer Geradlinigkeit. Alles unter Sphärenklängen. Kurz unterm Turm mündet das Gewölbe in einen runden Granitschlauch wie die Öffnung einer Vulva. Du kannst dich hinüberlehnen, aber du hast ein Gefühl, als zöge dich alles in die Tiefe. Lächerlich kleine Kuppel auf der Plattform. Unproportioniert. Unsere Desorientierung in 90 m Höhe: Wo ist Norden, wo Osten? Alles liegt in tiefem Dunst.
Kuppelhalle, Ruhmeshalle. Die überdimensionierten Plastiken im oberen Teil Symbole für Tapferkeit, Opferfreudigkeit, Glaubensstärke und Volkskraft. Wenn wir uns nicht verhört haben.
Unten, in einem kapellenartigen Raum Denkmalserläuterung von einer weichen, ruhigen Männerstimme aus dem Lautsprecher. Vergegenwärtigen wir uns, sagt die Stimme, und sie sagt: ... schon Ernst Moritz Arndt hat ..., und dann fordert sie uns auf, den Blick in die Höhe zu richten, und plötzlich knattert das Tonband, läuft ein paar Sekunden mit falscher Geschwindigkeit, und auf höherer Tonlage vernehmen wir, daß die deutsch-russische Waffenbrüderschaft hier ihren festen Platz gefunden habe.

4

Die Bürokratie bewegt sich. Vorletzten Dienstag im Postkasten der Musterungsbescheid für David. Rückfrage beim Ministerium: Was das solle? – Antwort: Daß die Pässe im Prinzip genehmigt seien, aber nur für Helene und mich und die beiden jüngeren Kinder.

Termin mit Günter Gaus gemacht, der Davids Namen auf eine Liste setzen wird, falls die Schwierigkeiten anhalten. Erfolgschance hundertprozentig, sagt er.

Wieder Anruf ans Ministerium: Ob wir die Pässe bekämen, wenn wir auf den für den Großen verzichteten? – Zögernde Zustimmung. – Gut, dann nehmen wir sie. –

Mittags schon der Bote vom Ministerium: Es sei ein Irrtum geschehen. Nicht nur für David gäbe es Schwierigkeiten, auch Benjamin bedürfe als Schüler der Zustimmung des Ministeriums für Volksbildung. – Und das fällt Ihnen nach vier Monaten ein? – Achselzucken.

Nachmittags – Fühmann ist da, und Kurt und Irene kamen – Brief an Honecker. Noch vor Feierabend hinübergelaufen und abgegeben in der Poststelle, Eingang Kurstraße.

Nachzutragen der Besuch bei Erich Loest in Leipzig. Er hat kommenden Freitag Termin bei Höpcke wegen seiner Ausreise. Abschiedsstimmung bei ihm und seiner Frau. Seine liebevolle Unbeholfenheit. Beide sehen aus wie nach einer großen, nutzlosen Anstrengung. Loests Satz wie eine Aufmunterung: Klaus, auch dort ist Deutschland. –

Ein anderer Satz fällt mir ein, wir saßen in der Leipziger, eine kleine Runde, Martin war da und Kurt, Loest aus Leipzig gekommen, und wir lästerten über den Spruch, der auf einer Verlegertagung irgendwo im Süden, in Seiffen, glaube ich, gefallen sein sollte: daß es in Berlin wohl eine Gruppe Heym gäbe, die im Schriftstellerverband und anderswo eine oppositionelle, obstruktive Politik betreibe, unsere Namen seien genannt worden, auch der von Martin Stade, und das Witzige war, daß Martin Stefan Heym noch nie gesehen, geschweige denn gesprochen hatte – wir lachten und lästerten über die Stupidität der Literaturverwalter, nur Loest nicht, der, in eine Pause hinein, in seiner bedächtigen Art fragte, wie wir darüber lachen könnten? Er sei als Mitglied der Gruppe Harich zu siebeneinhalb Jahren verurteilt worden und habe ihn, Harich, zum ersten Mal auf der Anklagebank gesehen . . .

Dienstag, 26. Februar. – Wo immer ich Leute treffe, ob in Kneipen, Taxis, Wohnungen, irgend jemand kommt auf die Sache zu sprechen, drückt seine Anteilnahme aus, möchte ein Buch haben oder sonstwas. Noch nie so viel zustimmende Post bekommen wie nach dem Ausschluß. Dennoch das Gefühl zu versteinern.
Sonne scheint, aber es ist alles diesig. Als würde es in dieser Stadt niemals mehr klar werden.
Beim Verfertigen meiner Steuererklärung bestätigt sich der schroffe Niedergang der Einnahmen: Jetzt sind sie auf ein knappes Drittel gesunken.

Wie ein Geschehen schlagartig an Tempo gewinnt! Wie sich einhundertzwanzig Tage zähen Flusses von Zeit in einen einzigen Tag ergießen!
Der Anruf von Höpcke am frühen Vormittag, ob wir ihn um halb fünf besuchen könnten? Den ganzen Tag über extreme Spannungen, Herzklopfen. Nicht länger als zehn Minuten auf einem Platz ausgehalten. Halb fünf im Büro. Warten im Vorzimmer. Irgend etwas schien noch nicht geklärt. Dann an dem Tisch, der für dieses Zimmer zu groß ist. Die Eröffnung, es sei entschieden worden, daß wir die Pässe bekämen. Alle fünf. –
Helenes Jubel, draußen, auf der Straße. Wir fallen uns in die Arme. Helene lacht. Das Ziehen in meinem Leib, ganz heftig, ganz schlimm. Daß jetzt alles zu Ende ist. Daß jetzt alles anfängt.
Spannungsabfall noch auf der Rückfahrt. Jetzt hinlegen können, jetzt schlafen. In der Leipziger starke Polizeipräsens. Es dämmert schon. Drei Männer vor unserer Haustür. Einer drückt auf einen Klingelknopf. Ich sage: Das ist doch Honecker. –
Helene sagt: Seine Tochter wohnt im Vierzehnten. – Näherkommen, Grüßen, Aufschließen, Bitteschön, Dankeschön. Vor dem Fahrstuhl Vorstellen. Wir seien die und die und wollten uns bedanken. –
Weiches Gesicht, überraschend zarte Haut. Geste des Erinnerns: Achja. Hats geklappt, ja? Alles in Ordnung? – Kopfnicken. Alles in Ordnung. Und noch mal Dankeschön. – Wir steigen in den Fahrstuhl. Die drei bleiben draußen. Wollen Sie denn nicht mitfahren? – Blicke stummer Absprache. Wenn noch Platz ist? –

Ein Leibwächter begleitet ihn, der zweite bleibt vor dem Fahrstuhl.
Knopfdrücken. Einmal die Zehn, einmal die Vierzehn. Das leichte Beben, mit dem sich die Tür schließt. Der Ruck der Anfahrt.
Er steht in der hinteren Ecke und sagt: Also ist alles erledigt. Alle Kinder, ja . . .? –
Ich stehe mit dem Rücken zur Tür und sage: Ja, alle Kinder . . . Mal sehn, ob's gut geht. –
Er: Ja, alle Kinder . . . –
Lächeln, Kopfnicken. Auch der Leibwächter lächelt. Auch Helene lächelt. Die ganze Kabine voller Lächeln und Kopfnicken.
Irgendwo zwischen dem vierten und sechsten Stockwerk das Bedürfnis . . . nein, schon der Zwang, etwas zu sagen, was das Einverständnis sprengt, was uns wieder trennt von ihm, aber mir fällt nichts anderes ein als die Frage: Kann's nicht mal besser werden? –
Er antwortet nicht sofort, erst nach kurzem Zögern. Er sagt: Hoffen wir's!, und macht eine Pause, wie wenn er nachdenkt, und fügt hinzu: Es stürmt ja überall auf der Welt!, und dann noch, als müsse er relativieren: Andere sind doch zufrieden! –
Der Fahrstuhl hält, wir steigen aus, drehen uns noch einmal um und sagen: Auf Wiedersehen, und er tritt einen halben Schritt vor und lächelt, und mir ist die Widersinnigkeit ganz bewußt, wie er uns hinterherruft: Viel Glück! –

Aufbruch

1

Mai 1980, Berlin-West. – Stürmisches Hin und Her – geographisch, meteorologisch, seelisch. Neue Welt, neue Wohnung, neue Liebe: Drei Tage Euphorie durch Marie und die Ahnung von Frühling; zwei Tage Depression, das Gefühl, als fließe Blei in den Adern, durch neuerlichen Frosteinbruch und die Feststellung, daß mir nichts von der Hand geht.
Die Zeit rast hier. Das ist mir schon öfter aufgefallen. Einen Nachmittag war mir der Kaffee ausgegangen, ich warf die Jacke über, lief um zwei Ecken und stand vor dem geschlossenen Supermarkt. Jetzt fiel mir auf, daß die Straßen leerer, die Reihen der parkenden Autos lichter waren: Wochenende. Dabei war mir, als wäre ich gestern erst, nein, vorgestern im Kino gewesen, und zum Kino verabredet hatte ich mich, das wußte ich genau, für einen Dienstag.
Ja, die Zeit rast. Was für ein Konglomerat von Bildern, Gedanken, Gesprächen im Kopf, im Körper. Die Klarheit auf der Place des Vosges, die schroffen Wechsel in der Welt der Metro, der Gefühlssturz auf der Place d'Italie, Frankfurt, Mainz, die neue Wohnung, Sarah und Wölfchen, Achim und Yvonna, und die Stunde des Wartens inmitten einer Schneewehe am Grenzübergang Heinrich-Heine-Straße, die

Kälte, die mir die Beine hochkroch, der Gedanke, auf alles zu verzichten – –
Wann war das? Schon für die Chronologie der letzten Tage muß ich meine Notizen zur Hand nehmen: Rummel, Straßenfest, Möbelkauf, Handwerker . . .
Der Rummel liegt zehn Minuten von uns entfernt auf einem weitläufigen Ruinengrundstück. Ein Lärm, ein Gedrängel, ein Gestoße. Jede dritte Bude, scheint mir, ist ein Schießstand, jede zweite ein Losverkauf. Karussells, Autoscooter, chinesische Computerhoroskope. Die Technik vom Modernsten. Die Sensation ist ein Panoramakino. Vor einer um fast 180 Grad gewölbten Leinwand sind Filmmontagen von einem Starfighterflug, einem Autorennen, einer Bobfahrt zu sehen. Die Illusion ist total. Du rast um halsbrecherische Kurven, fliegst auf einen schneebedeckten Gipfel zu, und wenn das Flugzeug auf der Rollbahn landet, spürst du das Aufsetzen als einen Ruck durch den ganzen Körper. Erschrockenes Lachen, grelles Gekreisch. Draußen schwankt der Boden unter deinen Füßen.
Zum Fest in Kreuzberg fahre ich mit Sarahs und meinem Sohn. Marie hatte angerufen, das solle ich mir mal ansehen, und zwar mit den Kindern, als Kontrast zu all dem technischen Kram. Auch hier, auf dem Lausitzer Platz, eine Menschenfülle, aber das Erscheinungsbild ist ganz anders, junge Leute mit uralten Lederjacken, schlampigen Pullovern, zotteligen Haaren unter Großväterhüten, und nach jedem unvermeidlichen Stoß, nach jedem Rempler ein Blick, ein Lachen, entschuldigend, freundlich, offen. Hinter der Backsteinkirche spielt ein Straßentheater, vor

einer Kneipe ein Blasorchester, weißgeschminkte Clowns laufen uns über den Weg, an jedem dritten Stand, scheint mir, werden Bücher verkauft und an jedem zweiten türkisches Hammelfleisch, selbstgebackener Kuchen oder Eierpfannkuchen. Einmal sind wir um den Platz herumgegangen, aber als ich mich in den Kreis reihen will, der sich um eine Kabarettgruppe gebildet hat, drängen die Kinder auf Rückfahrt. Ihnen gefällt das hier nicht so. Rummel ist besser, sagt Moritz, nicht so langweilig, und man kann was gewinnen.
Maries Erstaunen, daß unsere Kinder so fasziniert sind von allem Technischen und vom Kriegsspielzeug. Was da kompensiert werde? Oder hätten sie das Zeug in der Fülle noch nicht gesehen? Seit sie Moritz kennt, spielt er Krieg. Benjamin läßt sich hundert kleine Soldaten mitbringen, dazu Raketen und Kanonen. Spielt begeistert. Jakob ebenso.

In den Straßen ein traumhaftes Licht, die Sonne steht tief, es ist kalt, der Himmel blau. Vormittags Markt auf dem Winterfeldplatz in Schöneberg, wieder Trubel, die Leute auf eine lockere Weise bürgerlich, elegante Mäntel über zerfransten Jeans. Die Verkäufer mit Berliner Marktkolorit, brüllende Anpreisungen, Blumen, Textilien, Thüringer Bratwürste, Kaffee aus Nicaragua. Ein Bier in der RUINE, der Zapfer taucht die Lindenbergplatte, bevor er sie auflegt, in das Spülbecken; eine Kneipe wie in den Leipziger Slums, mein Stuhl hat einen Riß in der Sitzplatte, es stinkt nach kaltem Tabakrauch und Urin. Dann sitzen wir, Achim, Yvonna, Sarah und ich, in der Autoren-

buchhandlung, Sekt mit Kollegen, wie jeden Samstag.
Eine Nachricht trifft mich in der Runde: Richartz, ein Autor, den ich vor Jahren auf einer Lesung im Hungener Schloß kennenlernte – ein großer schweigsamer Mann um die fünfzig mit auffallend bedächtigem Urteil – Richartz hat sich umgebracht. Er sei vor kurzem in Berlin gewesen, getrennt von Frau und Kindern, hat aber da, wie sich herausstellte, schon Abschiedsbriefe geschrieben: daß man ihn diesmal nicht finden würde wie im November (wo er es schon einmal versucht hatte). Dann sei er zurück nach Frankfurt gefahren und irgendwo bei Aschaffenburg in den Wald. Drei Wochen galt er als vermißt, dann hat man ihn gefunden.

Mit Marie durch Kreuzberg. Wie in einer anderen Stadt. Die Bauten alt, mit groben Fassaden, aus denen der Putz bröckelt. Auffallend viele Häuser mit gardinenlosen, staubblinden Fenstern. Abrißarbeiten in der Nähe der U-Bahn, die als Hochbahn bis zum Schlesischen Tor führt. Ein graugestrichener stählerner Trakt wie in der Schönhauser Allee. Und ein Pendant der Markthalle, paar Karrees weiter, steht doch Invaliden Ecke Brunnen, im Bezirk Mitte! Empfindung von Wärme trotz des scharfen Windes und der blanken Sonne. Wohin wir blicken türkische Geschäfte, Kneipen, Imbißstuben, Reisebüros. Männer mit dichten schwarzen Bärten, Frauen mit straffen weißen oder schwarzen Tüchern um den Kopf. Um die Auslagen der Gemüsegeschäfte müssen wir einen Bogen schlagen, so weit reichen sie auf den Gehsteig.

Deutlich mehr Sprayschriften an den Hauswänden als im bürgerlichen Charlottenburg oder Wilmersdorf. Einmal müssen wir unangemessen lachen. Gegenüber von Maries neuer Wohnung eine Inschrift mit hohen kantigen Buchstaben: Folter im Isolationstrakt. – Trakt ist mit ck geschrieben.
Später, in einer arabischen Kneipe am Lausitzer Platz, deren Scheiben bis auf einen ovalen Ausschnitt schwarz verklebt sind, entdeckt Marie mir ihren Fluchtpunkt, eine winzige Insel vor der jugoslawischen Mittelmeerküste. Da habe sie einen Tisch und eine Schreibmaschine stehen. – Und wie wir durch den Park vom Bethanien gehen, sagt sie: Da ist es wie in der DDR, aber irrsinnig schön.

Tito gestorben. Gestern abend, nach »monatelangem, schwerem Leiden«.

Heute, Montag, ist das Telefon angeschlossen. Zwei Stunden telefoniere ich in alle Himmelsrichtungen, durch halb Europa.
Noch immer ist mein Konto gesperrt. Solange ich einen blauen Paß habe, darf ich nur 1000 DM im Monat abheben. Das reicht nicht mal für die festen Ausgaben. 500 DM kostet der Abriß der Kochmaschine, 2000 der Teppichboden plus Verlegen, 250 DM das Telefon. Drei Wochen mußte ich nur warten. Immer wieder die Verwunderung, daß dieses Land funktioniert, das erste Mal empfunden auf dem Bahnhof von Bremen, fünf, sechs Jahre her, ich wollte nach Hamburg, der Zug sollte 15 Uhr 13 fahren, und er fuhr 15 Uhr 13.

Die Vorteile der Geld-Wirtschaft. Du bestellst einen Ofensetzer, er kommt morgen, spätestens übermorgen. Du kaufst einen Teppichboden, er wird dir in zwei Tagen ins Haus geliefert. Gibt es Schwierigkeiten, gehst du in den nächsten Laden. Du zahlst nur. Du mußt nur zahlen können.

Sarah erzählt, sie habe beim Einkaufen so dreißig, vierzig englische Soldaten im Laufschritt über die Bismarckstraße ziehen sehen, sie sangen irgend so ein markiges Lied. Es war, sagt sie, als würde es gleich losgehen.
Marie erzählt, wie wir an den Kreuzberger Abrißhäusern vorbeifahren, dort hätten Amerikaner Straßenkampf geübt. Die Mpi im Anschlag seien sie aus den Fenstern gesprungen und geduckt und im Zickzack über die Trümmerberge gestürmt. Eine ganze Kompanie, sagt sie. Wahnsinn! –

In der Sonne warm. Dann wieder eisiger Wind. Trotz der Kälte Schweiß überall, Ströme von Schweiß: Im Kaufhaus, in der Apotheke, bei Sarah beim Weintrinken, in der Vorhalle des Kantkinos. Schweiß im Autoladen und bei Ikea, Schweiß im Bett mit Marie.

Noch einmal Geld-Wirtschaft. Die Schwierigkeiten beginnen dort, wo die gewinnbringenden Bereiche aufhören. Stunden kann man auf den Ämtern zubringen. Dutzende Anrufe braucht es, um einen Zuständigen in der Verwaltung ausfindig zu machen. »Nein, da sind Sie bei mir falsch. Wenden Sie sich an das Referat Soundso.« »Das fällt nicht in unsere Kom-

petenz. Ich verbinde Sie mal.« »Ja, da könnte Ihnen vielleicht Herr X Auskunft geben, aber der kommt erst nächsten Montag wieder.« – Das kenne ich doch?
Ein systemüberschreitendes Telefongespräch mit meinem Sohn Benjamin, der unbedingt das Mönchengladbachspiel sehen möchte, wird beim Thema der Reiseorganisation unterbrochen. Ich wähle eine Stunde lang die Nummer meines Telefons in Berlin-Mitte: fortdauernder Besetztton.
Auch das kenne ich.

2

Gegen drei ins Bett, halb sieben aufgewacht nach wüsten Träumen, deren Zusammenhänge mir beim Kaffeekochen zerfallen. Der Eindruck, den ich auf andere mache, muß vernichtend sein: Gestern abend, bei Costa im Terzo Mondo, Achims besorgter Blick. Er hätte mir nicht so zureden sollen, vor einem halben Jahr, in der Leipziger. Sein Tonfall war ein einziger Selbstvorwurf.
Meine Abwehr. Daß ich meine Entscheidungen selbst verantworte. Auch deren Konsequenzen. Ich reagierte schroffer als ich wollte. Erschrak. Wurde mißtrauisch. Als hätte nichts und niemand einen Einfluß darauf gehabt. Als hätte ich alle Konsequenzen bedacht! Weggehen, scheint mir, hat auch einen epidemischen Charakter. Wie Kinderkriegen. Es ist auf eine rätselhafte Weise ansteckend.

Wahr ist: Als Brasch ging, kam es mir vor, ich würde plötzlich und heftig Antikörper entwickeln. Ich? Weggehen? Nie! – Als Jurek Becker (mit einem 2-Jahres-Visum) ging, dachte ich: Der wird nie wiederkommen! – Als Krug ging, sagte ich zu Kurt: Wenn ich je gehen sollte, dann erst, wenn die Konjunktur fürs Weggehen vorbei ist. – Als Sarah Kirsch ging, fiel mir schon nichts mehr ein.

Schwierigkeiten, den Überblick zu behalten. Ich habe Termine, aber sie haften nicht mehr im Gedächtnis. Zögern beim Annehmen neuer Termine. Häufig Gedanken an die Wohnung in der Leipziger oder an die in der Brunnenstraße. Das Haus, von dem aus du nach draußen gehst, in andere Städte, andere Länder. Da lag alles vor dir. Jetzt das Gefühl, draußen zu sein, das Gefühl einer unvollständigen Existenz.
Der Abend mit Achim geht mir im Kopf herum. Wir haben über Hitler gesprochen. Später über Stalin.
Die Einflüsse. Das Verhältnis von Innen- zu Außengeleitetem. Die (liebevolle) Strenge meiner Mutter, die mich aufzog. Die Wärme, die von meinem Vater ausging, der, als ich acht war, das Haus verließ und nie mehr wiederkam. Das bedingungslose Anerkennen der Autorität in der Kindheit. Eltern, Lehrer, Polizisten, Generäle, Der Führer. Als Sechs- oder Siebenjährigem wurde mir heiß, wenn ich seine Stimme im Radio hörte.
Die Suche nach meinem Vater. Die Suche nach einem Vater. Vater Staat, Mutter Partei? Der Vater der Partei war Stalin. Meine Immunität, erworben durch die Enttäuschung mit Hitler. Da kam keiner

mehr ran. Obgleich er mich faszinierte, dieser Stalin, aber das war doch genauso aufgebaut, sah ich, spürte ich.

Die Suche nach einem Haus, nach Schutz, nach Antworten. Der Versuch, das Haus selbst zu bauen, die beiden Ehen, die Kinder. Die Unfähigkeit, in dem Haus (auf Dauer) zu wohnen. Meine Provisorien ...

Bei Umzügen stellte ich die Möbel so, daß sie am wenigsten im Weg waren. Die Bücher schnell in die Regale, erst mal provisorisch. Nach fünf Jahren standen sie immer noch so. Die Abwehr gegenüber Uhren. Ich trage seit zwanzig, fünfundzwanzig Jahren keine Uhr. Ich hasse die Bindung meiner Hand an die Zeit. Befürchtung, daß ein unmittelbarer Zusammenhang besteht zwischen meinen Provisorien und meiner Aversion gegenüber Uhren.

Achim, der Mitte der Fünfziger aus Thüringen nach Westen ging, hat von Stalin nichts gemerkt. Wahrscheinlich, sagt er, weil er so behütet aufgewachsen sei. Politik sei in seinem Elternhaus etwas gewesen, mit dem man sich nicht beschäftigt.

Nach Treff mit den Leuten vom Fernsehen der Eindruck, daß ich noch nicht ganz hier bin. Nicht ganz echt bin. Komisch, wie ich taktisch wurde (wo ich doch nie taktisch gewesen bin). Wie ich mich gespreizt habe. Wie mir plötzlich alles egal wurde.

Der Felgentreu-Stoff, der fertig vorliegt, ruft, nach anfänglicher Begeisterung, Distanz hervor. Ich rede mit Engelszungen: Eine deutsche Richterkarriere des Jahres 1811 sei brandaktuell. Der Konflikt Geist und

Macht! Das Subalterne als Grundlage der Macht! Undsoweiter.
Der Redakteur zieht die Unterlippe zwischen die Zähne und schweigt.
Uwes Satz: Ihr werdet noch alle zu Kaufleuten. –

Die Gerüchtemaschine läuft auf Hochtouren. Das Absurdeste: Helenes Beharrung, drüben zu bleiben, wird mit der Behauptung erklärt, sie bekomme keine Kinder. Unsere drei hätte ich mit in die Ehe gebracht. Deshalb kämpfe Helene so um sie und wolle nicht weg.
In Hamburg, höre ich, soll Hermann Kant nach einer Lesung im privaten Kreis geäußert haben, daß der Verband auf Leute wie Jurek großen Wert lege, auf solche wie mich nicht so sehr.
Gestern, sagt Anke von der Autorenbuchhandlung, habe ein Redakteur vom SFB angerufen, ob es stimme, daß ich wieder ins Ländchen zurückgegangen sei.

Wenn ich Hitlers Stimme hörte, wurde mir heiß. Noch kurz vor Kriegsende knallte ich, wenn ich den Lebensmittelladen im Nachbarhaus betrat, die Hacken zusammen und warf den rechten Arm nach vorne. Noch zwei, drei Jahre nach dem Krieg spielten wir in der Schule die Nürnberger Prozesse nach. Ich wählte mir, weil Göring schon von einem anderen besetzt, Keitel. Lange nach den Exekutionen unserer Leitbilder standen ihre letzten Worte, soweit überliefert, hoch im Kurs. Je standhafter der Indentifikant angesichts des

Stranges, je angesehener der Identifikator. Generalfeldmarschall Keitel soll ausgerufen haben: Es lebe der Führer. Es lebe das Großdeutsche Reich! – Ich war zehn damals. Oder elf.
Stalin kam übergangslos. Plötzlich war er in jeder Zeitung, in jedem Kulturraum, in jedem Parteibüro. Der erste politische Satz, der mir in Erinnerung blieb, stand bald nach dem Krieg auf großen Schildern in den Straßen: Die Hitler kommen und gehen, das deutsche Volk aber bleibt. Stalin. – Von Stalin war die erste politische Schrift, die ich las, mit vierzehn, ein rotes Heft, für paar Pfennige am Alexanderplatz in einem Kiosk zu haben. Bei Aufmärschen – da war ich schon Lehrling – schwebte das Stalin-Porträt über unseren Köpfen. Stalin-Zitate standen am Anfang und am Schluß jeder Rede.
Alle Sätze, die ich von ihm las, stießen nicht aus, sie lockten, schlossen ein. Jedenfalls einen Heranwachsenden aus dem Prenzlauer Berg, Vater Arbeiter, Mutter Hausfrau, später Arbeiterin.
Sein (millionenfach reproduziertes) Bild: Eine Mischung aus Strenge und Güte. Die Strenge überwog. Ein wenig. Erst viel später, auf dem Faksimile einer Illustrierten aus den dreißiger Jahren, sah ich ein Foto, das ihn – aus tieferer Perspektive – viel weicher zeichnete. Er ähnelte, fand ich, Biermann.

Zwei Sätze, die mir aus dem Gespräch mit dem Fernsehen haften geblieben sind. Erstens: Ja, wir wollen Ihr Buch, aber wir wollen es anders. – Zweitens: Es lebt sich gut in unserer Fernsehfamilie. –

3

Die letzten acht, neun Wochen das Gefühl, daß die Beschleunigung meines Lebens seit meinem Seitenwechsel noch zugenommen hat. Bewegungen kreuz und quer, hinüber und herüber. Der erste Grenzübergang. Ich fuhr allein. Bis zur Paßkontrolle ging alles gut. Dann winkte mich ein Grenzer an die Seite. Ich fuhr in eine Schneewehe. Wartete. Eine halbe Stunde, eine Stunde. Ein Grenzer mit geschulterter Mpi, immer mit einem Seitenblick auf mein Auto, patroullierte auf und ab. Meine Stumpfheit. Weder Angst noch Aufregung. Nur Sauerheit stieg hoch wie die Kälte. Irgendwann der Gedanke, umzukehren. Auf alles zu verzichten, auf die Ausreise, auf den Paß. Dann winkte mir ein Offizier, gab mir meinen Paß und entschuldigte sich für die lange Wartezeit.
Schon nach einigen Tagen klar, daß das Pendeln auf Dauer tödlich ist. Wechselbäder der Gefühle, des Verhaltens. Überforderung meiner Sinne. Kurzerhand zwei Koffer gepackt und zu Achim gezogen, nach Dahlem. Abends in die Kneipe. So viel geredet wie nie. Pläne gemacht. Bei Sarah im Haus ist, direkt unter ihr, ein alter, halbblinder Mann gestorben. Achim wird aktiv, Sarah telefoniert, Wölfchen sondiert für mich auf dem Amt. Paar Tage später habe ich die Wohnung unter der Bedingung, daß ich sie renoviere. Drei Zimmer in der Witzlebenstraße, Charlottenburg, zweiter Stock.
Oft bei Sarah und Wölfchen. Viel Wein, viel Bier, viel Besuch. Einmal saß Krista Schädlich bei ihr. Ihre Fragen an mich, die Richtigkeit der Entscheidung betref-

fend, waren Fragen, die sie sich selbst stellte. Hans Joachim, ihr Mann, will wieder zurück, sagte sie. Jochen sagt, es war ein Fehler, sagte sie. Sie sei aber anderer Meinung. Ich sagte, daß ich dazu nichts sagen könne. Um zu sagen, daß etwas falsch war, müßte ich wissen, was richtig ist.

Die Rituale der Ankunft. Es war wie die Vorstellung in einem neuen Betrieb. Du wirst von Abteilung zu Abteilung geführt. Die Reaktionen: größtenteils freundlich.
Bei den Freunden erst Unglaube, dann Jubel, dann Wein oder Bier. Zuerst gingen alle mit einem essen.
Christoph Meckel ging mit mir in ein italienisches Restaurant. Sein ernster, nachdenklicher Ausdruck, als er über die Lage eines Schriftstellers unter Marktbedingungen sprach. Liebesprobleme auch bei ihm. Lange geredet über die Dominanz des Körperlichen in den Beziehungen zu Frauen, über die mit wachsendem Alter wachsende Unfähigkeit, neue Verhältnisse einzugehen. Christoph ist jetzt fünfundvierzig und lebt, momentan, allein. Er lächelte, als ich vor seiner Tür stand, aber die Skepsis in seinen Augen hatte ich nicht übersehen.

Einfall: Paßgeschichte. Ironische Beschreibung des Grenz-, des Schwebezustandes, noch nicht weg, noch nicht hier. Eine Person mit unsicherem Status, in beiden Ländern wechselweis Inländer, wechselweis Ausländer.
Merkwürdigerweise hatten Sarah und Marie, die ich

Sonntag vor zwei, nein, drei Wochen kennenlernte, gerade über eine Anthologie mit Paßgeschichten gesprochen. Großes Lachen über die abenteuerlichen, absurden Stories, die wir beitragen könnten ...
Marie war mit Sarah und Kurt in Leipzig am Literaturinstitut und ist, was ich nicht wußte, als erste Autorin aus der DDR ausgebürgert worden, vierundsechzig oder fünfundsechzig, und ohne Rummel und Remmidemmi, wie sie betonte. Hat erst in Island, dann zehn oder zwölf Jahre in Frankfurt/Main gelebt und war zur gleichen Zeit wie ich in Westberlin angekommen.
Erster Eindruck: Schwierige, harte Frau, extrem im Verbalen, achtete auf jeden Satz, kritisierte mich einmal scharf für eine Großkotzigkeit; ich fiel in Schweigen, war so unsicher, daß ich mich weder verteidigen konnte noch wollte, so angeschlagen, daß mich die kleinste Spitze umwarf. Zehn Pfund Gewichtsverlust seit Dezember. Bei größerer körperlicher Anstrengung zittern mir die Hände noch lange nachher.
Zweiter Eindruck nach zufälligem Treff im Terzo Mondo: lebendige, anziehende Frau, in Gefühlsdingen absolut und mit aufregender Biographie. Ich hätte stundenlang zuhören können. Und streiten. Sentenz, auf einer Gitanesschachtel notiert: Liebe erklärt man wie Krieg.

Die Reise. Erst Mainz und Frankfurt, dann Paris. Besuch im Verlag. Welcher Art meine Vorstellungen seien? Ich habe keine. Ich will arbeiten, schreiben. Will etwas für meine Bücher tun, mit den Mitteln eines Autors. Keine spektakulären Sachen. Wenig

Fernsehen. Ein-, zweimal Presse. – Fernsehen? Wäre Ende Mai am besten. Das käme gut zur Neuerscheinung und wäre noch nicht so weit von der Übersiedlungsnachricht entfernt. –
Ich sagte, jemand habe ein Astropsychogramm für mich gemacht. Danach liefe geschäftlich vor August sowieso nichts. Wir lachten, und heraus kam: Wenn ich Geld brauchte, solle ich es sagen. –

Heidis Astropsychogramm. Wir saßen bei meinem Freund Johannes in der Albinistraße, und was ich vor einem halben Jahr nicht für möglich gehalten hätte: Ich hörte ihr zu, aufmerksam und mit einem feinen Lächeln um den Mund; die Sache interessierte mich. Wenn man sich nichts mehr erklären kann, wächst die Bereitschaft nach Irrationalem offenbar sprunghaft. Es war eine heitere Haltung, die ich einnahm, aber ich verdeckte damit nur mein Bedürfnis nach Erklärung. Ich will wissen, wie es weitergeht, mit mir, mit den Kindern, mit Helene – und da ich es nicht wissen kann, da es niemand wissen kann, ist mir das Spekulative, wenn es sich intelligent gibt, gerade recht.

Im Hessischen, vor einem Monat, war die Luft mild, auf den Straßen Spuren von Frühling. Sonne schien und hob meine Stimmung. Dennoch, bei aller vordergründiger Heiterheit, tiefe Verunsicherung. Passivität. Als scheute ich die Festlegung.
Der nüchterne Uwe, mit dem ich in einer Frankfurter Eckkneipe saß, fand den Plan, den Übergang von Ost nach West zu thematisieren, wichtig. Diese Arbeit sei noch nicht geleistet worden, und in drei, vier Monaten

finge schon die Gewohnheit an. Schreibe es mit aller Wucht, sagte er und machte eine nicht zu ihm passende, heftige Handbewegung. Mit welcher Wucht –? Seit acht Jahren war ich in jedem Jahr hier. Ich kenne das Land, wie man es als ein Besucher kennen kann. Ich sehe die Reklame zwar noch, aber sie überrascht mich nicht mehr. Damals, Dezember zweiundsiebzig, bei meiner ersten Reise elf Jahre nach der Mauer, war der Eindruck enorm. Dieser Betrieb, dieses Leben, diese Farbigkeit! Aus einem dominierenden Grau in ein leuchtendes GelbOrangeBlau. Die Läden vollgestopft, die Schaufenster überquellend, das Preisgeld für meinen ersten Roman in der Tasche. Schock eines keinesfalls armen, aber in einer Mangelgesellschaft aufgewachsenen Mittdreißigers. Das Suchen nach einem Wildledermantel für Helene, der Radiokauf, die Begegnung mit meinem Freund Johannes auf dem Hamburger Hauptbahnhof, und wie wir gleich weiterredeten, weiterreden konnten!, als wären wir nicht elf Jahre getrennt gewesen.
Zweiundsiebzig, die Brandt-Scheel-Wahl war ein paar Monate her, der Grundlagenvertrag stand in Aussicht – ein Klima von Freundlichkeit hüllte uns ein, von Hilfsbereitschaft und Offenheit, daß ich mich damals fragte, wo denn nun der Sozialismus herrsche: hier oder bei uns?
Unsicherheit, das Gefühl von Ausgeliefertsein, manchmal auch Wut erst ein, zwei Jahre später, als ich mit dem *Betrieb* in Berührung kam. Als sich das Atmosphärische Jahr für Jahr veränderte, zum Kühleren hin.
Jetzt fragte Herr Freund, jüdischer Emigrant, der erst

fünfundsechzig nach Westdeutschland zurückgekehrt war: Wie es mir gefalle, dieses Land, in dem alle zufrieden seien und niemand glücklich? –

Wann immer ich in den letzten Jahren westlich reisen durfte, ob nach Köln, München oder Bremen – egal, ich fuhr immer über Mainz, Albinistraße, als wollte ich ein Hochgefühl, vor acht Jahren erfahren, noch einmal bestätigen.

Damals, vor acht Jahren, saß ich in Hamburg, berauscht von dieser prosperierenden Unwirklichkeit um mich herum, aber das erste, was ich tat, als ich in meinem Hotelzimmer allein war: ich ließ mir eine Verbindung nach Mainz geben, zu Johannes.

Mit achtzehn hatte ich ihn kennengelernt, in Berlin, ein Bürgersohn aus Eisenach, drei Jahre älter als ich und mit starker Neigung zum Extremen, eine neue Welt für mich, eine neue Schicht, neue Musik und neue Bücher, Sartre und Wells, Huxley und Samjatin, eine Zeit der Debatten, der philosophischen Spekulationen, Bars, Kunstkinos und Jazzkonzerte, durch ihn traf ich die erste Frau, mit der ich schlief, durch ihn bekam ich mein erstes eigenes Zimmer, durch ihn meine Stellung an der Charité. Wir galten als unzertrennlich, zogen jahrelang durch die Berliner Kneipen, Klubs und Konzertsäle, verbunden durch die verschlungenen Riten einer Freundschaft junger Männer bis – ja, bis zum Osterfest zweiundsechzig, als er, ein dreiviertel Jahr nach dem Mauerbau, in den umgebauten Tank eines amerikanischen Autos stieg und über die Grenze nach Westen verschwand.

Anfangs Briefe von Ost- nach Westberlin, jede Woche einen, später, als er nach Mainz gezogen war, Karten aus Holland, Mallorca, Sardinien, und alle zwei Jahre, wenn die Verbindung, was selten der Fall war, gelang, ein Telefongespräch; einmal sah ich ihn im Fernsehen, im Publikum eines Mangelsdorff-Konzerts, ein anderes Mal hörte ich über westdeutschen Besuch von ihm, aber etwas, schien mir, war zwischen uns gerückt: die Entfernung, die Jahre, die Umstände – und jetzt, im Hamburger Hotel, der Griff zum Telefon, die Stimme.
Daß er überrascht, daß er irritiert war – keine Frage. Aber daß er zögerte, auf der Stelle nach Hamburg zu reisen, daß er auf eine freundliche Weise alles im Vagen ließ, bestätigte mein Mißtrauen. Waren wir nicht schon länger getrennt, als wir je zusammengewesen?
Einer Enttäuschung vorbauend, ließ ich mich die nächsten zwei Tage durch die Straßen treiben, glotzte in prunkende Schaufenster, stöberte in verstopften Bücherregalen, den Kopf voller Preise, die Taschen voller fremdem, zu Hause noch immer verbotenem Geld.
Zufall, daß ich plötzlich vor dem Hauptbahnhof auftauchte, Zufall, daß der Zug aus Frankfurt gerade in diesem Moment einfuhr, Zufall, daß ich an jener Treppe stand, auf die mein Freund zukam, den Kopf zu mir wendete und nach dem Ausgang fragte, um im nächsten Moment zu stutzen, mich zu erkennen: Hej, Mann. –
Gut zehn Jahre vorher hatten wir uns das letzte Mal gesehen, Berlin-Mitte, Nordbahnhof, früher Stetti-

ner, ein letztes Bier in der Kellerkneipe, die es schon lange nicht mehr gibt, ein letztes stilles Resümee: wir hatten alles vorbereitet, seine wichtigsten Bücher zum Nachschicken ausgelagert, einen Scheinbrief zum Abschied geschrieben, um mir den Straftatbestand, der Beihilfe zur Republikflucht hieß, vom Hals zu halten, hatten ein Codewort ausgemacht für den Fall, daß ich den gleichen Wunsch haben sollte wie er, dann kam die Straßenbahn neunundvierzig, Richtung Pankow, unterkühlter Abschied, ein letztes Kopfnicken, die Hände in den Taschen, ich drehte mich weg, bevor die Bahn wieder anfuhr – und jetzt, auf dem Hamburger Bahnhof, fielen wir uns in die Arme, gingen in die nächste Kneipe, bestellten Bier und begannen zu reden, übergangslos, als hätten wir, unabhängig voneinander, das gleiche Leben geführt, mit den gleichen Nöten, den gleichen Hoffnungen, den gleichen Enttäuschungen.
Ich weiß noch, damals kam ich zurück nach Berlin, Brunnenstraße, mit einem Gefühl tiefer Befriedigung: daß nicht alles scheitern, nicht alles zerfallen mußte ...

Fahrt nach Paris, wie beim ersten Mal, mit dem Zug. Die Grenze schattenhaft. Uniformierte huschten durch den Zug, weiter nichts. Die Veränderung der Landschaft. Die Dörfer viel ungepflegter, wenig weißer, meist grauer Verputz, wie zu Hause. Bröckelnde Fassaden, Neubauten in anderem Stil, anderen Farben. Die luftigen Namen der Stationen. Etwas weitete sich in mir. Die Seele? Ich mußte durchatmen.

Vor fünf Jahren, ich erinnere mich genau, war ich Mitternacht in Mainz in einen völlig leeren Zug eingestiegen, hatte mir Mühe gegeben, nicht einzuschlafen, aber zwei Stunden vor Paris waren mir die Augen zugefallen. Ich träumte chaotisch, etwas Nasses, Ekelhaftes war in meinem Gesicht, ich wachte auf und erstarrte, ein riesenhafter doggenähnlicher Hund über mir, mit hechelnder Zunge, und die Frau, der er gehörte und die in der Zeit, da ich schlief, zugestiegen sein mußte, amüsierte sich über meine unglückliche Lage und kommandierte ihn zurück. Wieder Schlaf, wieder Aufwachen, diesmal durch Stille. Leer das Abteil, leer der Bahnsteig, Gare de l'Est. Die alte Furcht, der Zug könnte abfahren, zurück oder auf ein Abstellgleis, und ich wäre noch nicht ausgestiegen. Nicht die Furcht, den Zug, sondern das Ziel zu verpassen. Ich griff in aller Eile meine Siebensachen, stürzte hinaus auf den Bahnsteig, stand in einer mächtigen Vorhalle zwischen Ständen, Läden, Bistros, ängstlich, verhemmt, wollte als erstes einen Kaffee trinken, getraute mich aber nicht, der Sprache nicht mächtig, irgend etwas zu verlangen, lief hin und her, sah an einem Kiosk den Spiegel, las den Preis in französischen Franc, kaufte ihn und hatte von da ab eine gewisse Sicherheit, konnte hinaus auf die Straße treten, tastend noch, zögernd, sah diesen Platz vor dem Bahnhof, die Sonne schien, es war April, sah diese hohen Häuser mit den eigentümlich gerippten Fensterläden, den schmiedeeisernen Gittern vor den Balkons, den Orgelpfeifen-ähnlichen Röhren der Schornsteine, eine weiße, blendende Stadt, die mir ganz nahe, ganz bekannt war, und da dachte ich an meinen Vater, den ich vergessen glaubte, er war mir so nah wie diese Stadt, ich sah mit seinen Augen, hier hätte er gestanden haben mögen, dreißig, fünfunddreißig Jahre früher, mit den gleichen Gefühlen, der gleichen Überwältigung, nur daß die Stadt, fiel mir ein, damals etwas dunkler gewesen sein mochte, und die anderen Kleidermoden, die anderen Autoformen, die anderen Läden . . . und dann fiel mir ein, als was mein Vater hier gestanden haben mochte: als deutscher Polizist, als Besatzer, und ich wurde wieder verhemmt, konnte den Leuten mit einem Mal nicht mehr ins Gesicht sehen, lief in irgendein Hotel in der Avenue Magenta, das erste beste, legte meine Sachen ab, rauchte eine Zigarette und ging wieder hinaus in die Stadt.

Diesen März das vierte Mal in Paris. Erst bei Barbara, dann bei Carole gewohnt. Wolf kennengelernt. Den Verlagsagenten besucht und Nicole Casanova.
Mit dem Verlagsagenten ging ich nach dem Essen durch die engen Straßen des St. Germain des Prés. Es war Markttag, die Bürgersteige voller Leute, die Stände überladen mit allen Früchten der Erde und des Meeres, ein erhabenes Konzert aller Farben und Gerüche – da wandte der Agent sich zu mir und sagte etwas, das ich nicht verstand, weil das grelle Geheul eines Polizei- oder Unfallwagens jedes Wort übertönte; ich beugte mich näher zu ihm, und er rief mir ins Ohr: Ich habe gesagt, diese Straße ist für mich der Ausdruck höchsten Friedens! –
Einmal, ich saß im Café, hielt vor mir ein schwarzer Golf an der Ampel. Der Mann im Auto rauchte, telefonierte, warf einen Blick auf die Beine der Frau, die

über die Straße ging, zog an seiner Zigarette, blickte auf die Ampel, griff Richtung Schalthebel, lachte ins Telefon, legte es auf, gab Gas und verschwand.
In dem Café hatte ich mich mit Nicole Casanova getroffen, die ich von ihren Recherchen in Berlin her kannte, eine weiche, alleinlebende Frau mit zwei heranwachsenden Söhnen.
Ihre Skepsis, als ich vorsichtig andeutete, ich würde gern in Paris leben. Das Geldverdienen sei hier schwer. Auch seien die Regeln des Umgangs viel konventionsgebundener als in West- oder Ostdeutschland.
Sie arbeitet neuerdings bei einer Zeitung der französischen Rechten, fühlt sich dennoch frei zu schreiben, was sie wolle. Undenkbar, sagte sie, daß ihr jemand hereinrede in ihren Bereich, die Kultur. Was aber wichtiger sei: Nach sieben Jahren freiberuflicher Existenz bekäme sie das erste Mal ein richtiges Gehalt.

Auf der Rückfahrt, unten in der Metro Place d'Italie, wo sonst der Blinde saß und so disharmonisch Harmonika spielte, hockte diesmal ein Mädchen, ganz klein, ganz zart, den Kopf auf den Knien, die Hände über den Kopf gelegt. In einer zierlichen Schrift hatte sie mit Kreide etwas auf den Steinboden geschrieben, ein paar Franc lagen darauf . . .
Ich lief durch die Schwingtür auf den anderen Bahnsteig, biß auf die Lippen, rempelte eine Frau an, die sich erschrocken umdrehte und Pardon Monsieur sagte, freundlich lächelnd, fast heiter, und ich war wieder in Ordnung.

Umzug aus Barbaras winzigem Studio zu Carole; vom fünften in den dreizehnten Bezirk. Carole kenne ich seit fast zwanzig Jahren, seit zweiundsechzig. Erste Begegnung an einem Montag im Februar in einer Jazzkneipe hinterm Bahnhof Friedrichstraße. Dreiundzwanzigjährige Auslandsstudentin mit weißer Bluse, Ostermarschzeichen und pittoreskem Akzent. Jahrelange Verbindung, jahrelange Faszination. Ihr Aufbruch nach zwölf Jahren Leben im Osten wie eine Flucht. Zufall, daß ich sie wiederfand vor fünf Jahren, in einer Achtmillionenstadt.

Relative Ruhe. Gelebt wie ein Ehepaar nach der Silberhochzeit. Zwei Pfund zugenommen.
Das Essen zum Pessachfest in ihrer Familie. Zwölf oder dreizehn Gänge, Karpfen polnisch, Karpfen russisch, Rindfleisch mit Knödeln, Kalbfleisch und Geflügel. Knapp zwanzig Leute um einen riesigen Tisch. Wodka aus ganz kleinen Gläsern, weißer Wein, Champagner. Die Männer hatten sich, Zufall oder nicht, mehr am hinteren Teil des Tisches plaziert. Die Hausfrau, eine resolute Kürschnerin Anfang fünfzig, trug alles allein auf, zeigte aber nicht die Spur von Angestrengtheit, alles ging wie von selbst.
Nach dem zweiten Schnaps zogen die Männer die Jacketts aus, in meinen Ohren summte es, ich sah in freundliche Gesichter, in prüfend blickende auch. Alle suchten ein paar deutsche Wörter zusammen: eine Frau, Jacqueline mit Namen, die aussah wie meine Nenntante Trudchen, nur daß sie dicker war, konnte ein wenig Jiddisch, noch von ihrer Mutter her, sagte sie, und nach einer Weile redete sie nur noch

Jiddisch, und dann wurde gesungen, Caroles Mutter sang mit einer feinen, hellen Stimme As der Rebbe tanzt und Drei Schwestern, Carole wurde aufgefordert, aus der Haggadah zu lesen, und tat es mit leicht distanzierter Stimme, und als jemand einwendete, hier seien doch vornehmlich weltlich orientierte Leute beisammen und er fände das Verlesen religiöser Texte ein wenig anachronistisch, wurde Juliette, die Hausfrau, prinzipiell: Er möge, bitte, Tradition nicht mit Religion verwechseln! –
Aufbruch gegen Mitternacht, müde, ausgefüllt, geborgen.

Probleme mit der Sprache: Ich sei auf dem Stand eines Dreijährigen. Carole, die drängte, ich solle Französisch lernen. Barbara, die meinte, sie würde mir in zwei, drei Wochen das Nötigste beibringen. Meine Zurückhaltung. Warum? – Ich sagte, daß ich das Französische gerne hörte. Ich sähe den Leuten in die Augen, sie sähen mir in die Augen, und manchmal lächelten wir uns zu. Aber meine Teilnahme sei ausgeschlossen. Ich könne nicht verwickelt werden. –

Wolf ist Professor für Politologie und hat sich gerade von seiner Freundin getrennt. Er sagte, er wolle jetzt allein leben und fühle sich seither ruhig und wieder erlebnisfähig, weil er aus dem Anspruch heraus sei. – Neue Wörter tauchten auf und irrten in meinem Kopf herum: Beziehungsfalle, double-bind. – Wolf sagte nicht: Ich habe eine Frau geliebt. – Oder: Ich war fünf Jahr mit einer Frau zusammen. – Er sagte: Ich kam

damals aus einer Beziehung und ging in eine neue, die fünf Jahre gehalten hat, hinein. –
Einen großen Teil seines Einkommens spendet er für politische Projekte und Fonds, aus denen arbeitslose Freunde unterstützt werden. Er fährt ein kleines, gebraucht gekauftes Auto und lebt in einer Wohngemeinschaft.

Carole erzählte von einem jungen Mann, der immer Pech hatte bei Frauen. Meist lernte er solche kennen, die gerade umgezogen waren, sich neu einrichten oder renovieren wollten, und da er ein praktisch veranlagter Mensch ist, stellte er seine Fähigkeiten sofort zur Verfügung, strich eine Woche lang die Wände oder tapezierte sie, wusch Decken, weißte sie und verliebte sich im Lauf der Arbeit unsterblich in die jeweilige Frau, lief zu allen Freunden, erzählte, was sie geantwortet, wenn er dies oder jenes zu ihr gesagt habe, wie sie sich bewege und wie sie ihn manchmal ansähe, und zum Schluß fragte er seine Freunde, ob sie glaubten, er hätte bei ihr Chancen? –
Carole riet ihm, die Betreffende, wenn sie die Tür öffne, einfach in die Arme zu nehmen und zu küssen. Aber wenn sie mich ohrfeigt? – Na, dann weißt du, daß du keine Chancen hast. –
Härter urteilte sein Vater. Er sagte: es gibt eben Männer, die tapezieren, und Männer, die küssen. Du gehörst zu denen, die tapezieren. –

Rückfahrt Freitag nach Ostern. Sarah hatte am Telefon angedeutet, daß meine Anwesenheit wegen der Wohnungsrenovierung wichtig werde. Ich stand in ei-

ner Telefonzelle am Boul. St. Michel und zögerte einen Moment mit der Antwort. Die Vorstellung vom Leben in Berlin, Witzlebenstraße, war mir ferner denn je.
In Berlin, in der U-Bahn Richtung Innenstadt, stand auf den Kacheln in roter Farbe: Angst vor dem Tod? / Viel zu verlieren ist viel Angst / Nichts zu verlieren wovor also Angst? –

4

Wir laufen herum wie im Winter. Es will und will nicht warm werden. Die Leute mufflig, verbiestert. Hochgezogene Schultern, Ellbogen herausgestreckt. Rempeleien auf der Straße, im Supermarkt.

Abends in der neuen Wohnung. Nach Wochen das erste Mal kein Treff, keine Kneipe, übers Telefon habe ich ein Kissen gelegt, ich blättere in Zeitschriften, in neuen Büchern, noch immer habe ich nicht mehr als Koffer, Tasche und Schreibmaschine hier, das Notwendigste ist gekauft, paar Möbel, zwei kleine Regale, Küchentisch, Stühle, Fernseher. Marie wunderte sich: Ohne ihre Bücher könnte sie nicht leben. Ich gab eine ausweichende Antwort, zu viel Aufwand jetzt, kann ich mir nicht leisten, zu viele Formalitäten. In Wahrheit sträubt sich alles in mir, wenn ich nur an Umzug denke. Diese Ahnung von Endgültigkeit.
Ich schalte den Fernseher ein, starre eine halbe Stunde auf das laufende Bild, höre den plärrenden

Ton und muß abschalten. So ist es mir letztens schon ein paar Mal gegangen, selbst bei den Nachrichten. Ich konnte nur Fakten aufnehmen; kam zu ihnen nur eine Spur von Wertung, Kommentar durch Stimmfall, Wortwahl, Mimik, spürte ich Abwehr, Ekel.
Offenbar eine Phobie, ähnlich der vor drei Jahren, als wir, noch drüben, in die Leipziger, in den Neubau zogen. Dreizehn Jahre hatten wir am Rosenthaler Platz gewohnt, in der Brunnenstraße, drei Zimmer zur Untermiete, mit Küchenbenutzung; die letzten Jahre zu fünft. Das Haus hundert Jahre alt, die Gegend drekkig, die Straße mit Durchgangsverkehr; wenn im Sommer die Straßenbahn vorbeifuhr, konntest du, bei offenem Fenster, dein eignes Wort nicht verstehen. Auf dem gleichen Flur war eine Hals-Nasen-Ohren-Praxis, unsere Kinder hatten Dauerinfektionen; zum Schluß wollten wir nur noch raus. Dann die neue Wohnung. Sechs Zimmer, Miete zweiachtzig pro Quadratmeter, warm. Jeder hatte sein eignes Zimmer, hundertachtzig Quadratmeter Wohnfläche allein; Balkons, Flur, Klosetts, Duschraum und Bad nicht eingerechnet. Dieser Platzrausch! Diese Erleichterung, die drei, vier Monate anhielt. Dann eine eigentümliche Spannung, ein Unwohlsein auf der Haut, schon früh morgens, beim Aufstehen. Mittags unerträglich. Zwei Flaschen Bier, dann gings wieder. Auf der Straße die hohen quadrigen Häuser, kachelweiß, mit blassem Blau durchsetzt, und die weiten Flächen zwischen den Häusern, die flachen Kaufhallen – auch hier ein Unwohlsein, dessen Ursache ich nicht näher beschreiben konnte und das einmal ganz plötzlich verging, als ich in meine alte

Gegend kam, die Brunnen- rauf, die Ackerstraße, der Weinbergsweg: die Höhe der Häuser, die Breite der Straßen hatten wieder ein menschliches Maß, und mir war, als wäre – trotz Lärm, Dreck und Verfall – die Temperatur um zwei, drei Grad gestiegen . . .

Wenn ich registriere, daß die Zeit hier rast, liegt das sicher auch an der Unzahl meiner Bewegungen. Wenn sich ein Koeffizient errechnen ließe, der die Summe der Ortswechsel, der Termine, der Begegnungen, der persönlichen und telefonischen Gespräche in einer bestimmten Zeiteinheit ausdrückt, wäre er bei mir hüben sicher dreimal so hoch wie drüben. Widersinnigerweise entwickeln meine persönlichen, amtlichen und arbeitsmäßigen Verhältnisse eine Zähigkeit, die in umgekehrtem Verhältnis zu diesem Koeffizienten steht. Ich bewege mich rasend und erschrecke, wenn ich mir ansehe, wie wenig ich bewegt habe.

Die Abwehr bei kommentierenden, wertenden Äußerungen eine Sehnsucht nach Neutralität?
Mich nicht hineinziehen lassen; keine Stellung einnehmen müssen. Nur registrieren, objektiv und – wie sagt man hier? – überparteilich.

Zweiundzwanzig Uhr dreißig. Vor einer halben Stunde habe ich das Kissen vom Telefon genommen, der Fernseher läuft ohne Ton, die Kulturzeitschriften, in denen ich geblättert habe, liegen neben meiner Matratze. Ein, zwei Essays habe ich angefangen zu lesen, aber schon nach wenigen Zeilen spürte ich, daß ich keinen Zugang zu ihnen finden würde. Ich habe lange gebraucht, bis ich die Sprache der Frankfurter Schule so notdürftig beherrschte, daß ich wenigstens verstand, worum es ging. Inszwischen muß sich der Essaytechnik eine neue Sprache, eine neue Methodik bemächtigt haben. Ein Thema wird hin- und hergewendet, von dieser und jener Seite angegangen, die Pointen sind brillant gesetzt, es blitzt und leuchtet in jeder zweiten Zeile, aber ist das Feuerwerk verpufft, stellt sich Finsternis ein.

Die Straße liegt still. Zwischen den kahlen Zweigen des Rotdorns unter meinem Fenster flimmert das Licht der Laternen auf den blanken Dächern der Autos. Von der Bismarckstraße her ein dumpfes, kaum abreißendes Motorengeräusch. Gegenüber patrouilliert die Wache vom Kammergericht, zwei Polizisten, die Maschinenpistole über der Schulter; der eine, der Größere, tritt näher an den Bordstein, wirft kurze Blicke in das Innere der geparkten Wagen, stutzt vor meinem, blickt auf die fremde Nummer, vergleicht sie mit der am Heck des Wagens, ruft seinen Kollegen, beide beugen sich herunter, ich kann ihre Gesichter nicht sehen, aber ich weiß, auf meinem Sitz liegen Bücher, Zeitschriften, Flugblätter und der Kram, der sich so ansammelt, der Größere richtet sich wieder auf, führt sein Sprechfunkgerät an den Mund, ich öffne das Fenster, vielleicht kann ich was verstehen, aber ich kann nur ein Krächzen hören, der Kleinere hat sich ebenfalls wieder aufgerichtet, drückt ein paar Mal das Kreuz durch, als hätte ihm das Bücken Schwierigkeiten bereitet, sie stehen noch einen Moment, blicken in Richtung Bismarckstraße, dann wenden sie sich um und schlendern zurück zum Kammergericht.

Was macht man, wenn man sich in dieser Stadt alleine fühlt? Christoph Meckel sagte, man telefoniert.

5

Aufgewacht mit schwerem Kopf und blasser Erinnerung an den Abend. Zuerst Zwiebelfisch, später Dicke Wirtin, Cour Carree oder Terzo Mondo. Alles um den Savignyplatz herum.
Willst du einen treffen, von dem du nicht weißt, wo er ist, setz dich in eine Kneipe am Savignyplatz. Einmal am Abend kommt er bestimmt vorbei.
Es gibt vier-, fünftausend Kneipen in dieser Stadt, französische, griechische, türkische, polnische, chinesische, vietnamesische, Ossi-Wiener-Kneipen, indische, italienische, arabische, spanische, portugiesische, Revi-Kneipen, Sponti-Kneipen, Säuferkneipen, Touristenkneipen, Spießerkneipen, Arbeiterkneipen, Künstlerkneipen.
Das Grenzenlose: Keine macht zu einer bestimmten Zeit Schluß. Der Betrieb läuft, solange Gäste da sind. Einmal, gegen vier oder fünf, fielen mir die Augen zu. Ich sackte, bei Musik und Hochbetrieb, einfach weg und wurde erst wieder wach, als der Wirt an meine Schulter faßte, er wolle jetzt auch ins Bett. Die Stühle waren hochgestellt, draußen war es hell – kurz nach halb sieben. Ein Leben in Kneipen . . .

Und was alles passiert! Zwischen elf und zwei Uhr nachts treten nacheinander auf: Junge Leute mit Taschen voller Platten und Bücher; eine hennarote Frau mit indischem Rock, die Sesambrot anbietet; ein Zeitungsverkäufer; eine Pakistanerin mit einem Strauß roter Rosen; ein junger Mann mit Rucksack, der, nach kurzem Gespräch mit dem Wirt, seine Gitarre herausholt und Lieder von Bob Dylan singt; zwei Flugblattverteiler, stumm und ohne Blick für die Leute; ein Afrikaner, der Bongos, Lederhüte und Lederpeitschen feilbietet; eine Frau mit österreichischem Akzent und einer Kollektion selbstgefertigtem Schmuck; zwei Bärtige mit Mundharmonika und Gitarre, die zwanzig Minuten Blues spielen.

Sarah erzählt von einem Anruf, den sie erhielt, nachdem bekannt war, daß sie in den Westen gehen würde. Der Anrufer, ein russischer Intellektueller, teilte seine Trauer, aber auch sein Verständnis mit. Er sagte: Wenn schon untergehen, dann mit Musik! –

Eine Art, sein Leben in Geschehnisse aufzulösen, ist das Leben in der Kneipe. Eine andere Art: der Besuch aller Feste und Lesungen.
Marie, wenn wieder eine Einladung ins Haus steht, stöhnt: Immer ist was! – Und zieht sich die Pelzjacke an. Innerhalb von vier Tagen zwei Lesungen, ein Fest. Die erste Lesung: Johannes Schenk. Ein kleiner Raum über einer alten Kneipe in Kreuzberg. Schenk mit schwarzem Großvateranzug und Hut, unter dem die strähnigen Haare hervorquellen. Ein Geiger aus Odessa begleitet ihn. Brillanter Schmalz an

der Grenze zwischen Großen Gefühlen und Parodie der Großen Gefühle. Schenks Verse, offen und rebellisch und von einer Lebensbejahung, daß ich immer wieder an Whitman denken muß. Der Raum, der sechzig, siebzig Leute faßt, ist voll. Voll auch das Theater im Hansaviertel. Fast fünfhundert Leute. Peter Paul Zahl liest aus einem neuen Berliner Roman, Handlungsraum Kreuzberg, Milieu: die soziale Unterschicht. Kriminalität als Ausdruck von Rebellion.

Zahl ist ein schlanker, asketisch wirkender Mann, der jetzt im achten Jahr in Haft sitzt, augenblicklich im offenen Vollzug; er hat die Chance, nach Verbüßung von zwei Dritteln der 15jährigen Haftstrafe entlassen zu werden. Die absurde Vorstellung, Erich Loest wäre während seiner Haft für eine Lesung in der Akademie beurlaubt worden. Der Hinweis des Diskussionsleiters, der vom Genossen Zahl spricht, daß das hier auch kein Regelfall und, wie er sagt, schwer erkämpft worden sei. Und der Hinweis von Zahl, daß es im Knast einen ähnlichen Fall wie seinen gebe. Eine Büchse geht herum; es wird für den Mann gesammelt.

Die Fragen aus dem Publikum zielen meist auf die Haftbedingungen. Zahl spricht von den Überlebenstechniken, die Kampf heißen, Kampf um jedes bißchen Recht, um jeden Bleistift, jedes Blatt Papier. Seine Rede ist präzis; er wirkt jung. Erst später, im Büro des Theaters, zehn, zwölf Leute sitzen noch zusammen, trinken Wein, sehe ich in seinem Gesicht die Spuren, die Isolationshaft und Hungerstreiks hinterlassen haben.

Das Fest bei Schenk, am Nachmittag nach seiner Lesung. Er wohnt in einer ehemaligen Fabrik nahe dem Oranienplatz. Die Wände weiß getüncht, Möblierung spärlich, ein langer Tisch und viele aufgetürmte Koffer, die in der Weite der Etage provozierend demonstrativ wirken: als könnte er jeden Augenblick auf Nimmerwiedersehen verschwinden.
Keine halbe Stunde, da war der Raum voller Leute in so putziger Aufmachung und von so schrillem Ausdruck, daß Marie und ich für eine Weile spazieren gingen. Gleich um die Ecke die andere Seite der Mauer, die gedrungenen, vierstöckigen Häuser, die halbierten Straßen. Ich hasse das alles, doch es zieht mich auf eine schwer beschreibbare Weise an.
In der Lindenstraße stiegen wir auf die Aussichtsplattform neben dem Springerhaus, ich streckte die Hand vor, wies auf den kantigen Beton im Hintergrund, zweihundert, dreihundert Meter entfernt, auf die schmale Fensterreihe über der blauen Vertikallinie, die vierte Reihe, wenn man von oben zählt, Leipziger 55, Wohnung elf-eins, und sagte: Da wohne ich – drüben. –
Wahnsinn, sagte Marie.

Zweiundsiebzig, nein, dreiundsiebzig – ich hatte einen Paß für einen Vortrag in Westdeutschland ergattert, Ausreise fünf Tage – flog ich von Fuhlsbüttel nach Tempelhof, der erste Flug meines Lebens und das erste Mal nach zwölf Jahren wieder im Westen der Stadt, mein Körper wie elektrisiert, das Herz raste, Bahnhof Zoo, die Kantstraße, das Knie, das Kranzler-Eck, Meingott, wie sich das verändert hatte – – damals, vor der Mauer, war es schon ein wenig anders gewesen, aber es hatte noch Ähnlichkeiten zwischen den beiden Teilen der Stadt gegeben, die großen Ruinenflächen, der Rauhputz auf den renovierten Häusern, die Neubauten der späten fünfziger Jahre – nun jedoch, neunzehnhundertdreiundsiebzig, schien mir alles verändert, alles neu, eine andere Stadt, und von welchem Glanz, welcher Prosperität! – aber das nahm ich nur oberflächlich wahr, fuhr bei nächster Gelegenheit an die westliche Seite der Mauer, Potsdamer Platz, Brandenburger Tor und, natürlich, Bernauer Straße.

Die Bernauer. An ihrem nördlichen Anfang stießen drei Berliner Stadtbezirke aufeinander, Mitte, Prenzlauer Berg, Wedding, wie oft war ich hier langgegangen, an der Hand meiner Mutter, die Danziger rauf, die später Dimitroff hieß, die Eberswalder runter, vorbei am ehemaligen Exerzierplatz, der Sportplatz geworden war, vorbei an dem monumentalen Bau der Post N 58, Hakenkreuzfahnen beiderseits, dann über den Damm in die Bernauer, rechts der Güterbahnhof und ein weiter Himmel, links die Gründerzeithäuser, und hinein in die Swinemünder, in der meine Tante wohnte, die Schwester meiner Großmutter. Jahre später, nach dem Krieg, ich ging schon alleine, die Schilder hinter dem Exer, dem ehemaligen Sportplatz, auf dem jetzt haushoch die Trümmerreste der zerbombten Häuser aus der Umgebung lagerten, die Post stand noch, die Straßenbahn fuhr noch, Linie 4, Warschauer Brücke–Stettiner Bahnhof, später Nordbahnhof, und jetzt die Schilder, Sie verlassen den sowjetischen Sektor und, von zehn Metern gepflastertem Damm getrennt, genau am Anfang der Bernauer, Sie betreten den französischen Sektor; und wieder später, Währungsreform, Buden wuchsen vor dem Gelände des Güterbahnhofs, Milkakäseecken, Storck-Riesen, Bohnenkaffee, Kurs eine Mark West gleich vierkommasiebenfünf Mark Ost, die Straßenbahn fuhr immer noch, jetzt hielt sie an der Stelle vor der Post etwas länger, grauuniformierte Männer und Frauen gingen durch die Reihen, musterten Taschen, Einkaufsnetze, Garderobe der Fahrgäste, führten einige, stichprobenartig, in ein Nebengebäude der Post, Durchsuchung, die Schwester meines Vaters wurde ertappt mit paar Kilo Bleirohr in der Einkaufstasche, Buntmetalldiebstahl, Ermittlungsverfahren, ein halbes Jahr später stürzte sie sich aus dem vierten Stock ihrer Wohnung in der Weißenburger Straße, später Kollwitzstraße, und dann, über Nacht, die Uniformierten vor den Schildern, blauer grober Stoff, Ausweiskontrollen, endlos wiederholte Dialoge, Hören Sie, ich will auf die andere Straßenseite, weshalb verlangen Sie meinen Ausweis?, Sie passieren eine Staatsgrenze!, Staatsgrenze? Wo denn? Ich geh doch nur über den Damm!, die Endstation der Linie 4 war jetzt vor der Post, der Autoverkehr unmöglich, quer über dem Damm in der Eberswalder waren Bodenwellen aus Asphalt gegossen worden, und eines Tages – auf dem Schild hinter dem Exer, der schon lange von Trümmern freigeräumt und wieder Sportplatz war, stand statt dem Wort sowjetischer Sektor das Wort demokratischer Sektor – eines Tages war das alles verschwunden, die Grauuniformierten, die Blauuniformierten, waren die Schilder umgeworfen, die Bodenwellen zerschlagen, Menschengruppen an der Ecke, an der die Schwedter, die Oderberger, die Eberswalder und die Bernauer zusammenliefen, Gebrüll, Geschrei, Reden, Diskussionen, und plötzlich ein Aufschrei, Pfiffe, Gejohle, Mannschaftswagen der Volkspolizei rasten die Eberswalder hoch, bogen mit kreischenden Reifen in die Oderberger ein, die Menge stob auseinander, Asphaltbrocken der zertrümmerten Bodenwellen flogen durch die Luft, landeten auf den Autodächern oder zerbarsten auf dem Pflaster, die Blauuniformierten im Fond zogen die Köpfe ein, das war am frühen Nachmittag des siebzehnten Juni dreiundfünfzig, und am späten Nachmittag standen Panzer an der gleichen Stelle, die Rohre in Richtung Westen gerichtet, paar Wochen war der Übergang unmöglich, dann lief wieder alles seinen gewohnten Gang, es wurde gewechselt, geschmuggelt, zur Arbeit gegangen oder ins Kino, ein-, zweimal in der Woche besuchte ich meine Schwester, die in der Bernauer wohnte und einen Fernsehapparat hatte, ich brachte Wurst und Butter hinüber, unter der Jacke verborgen, und Zeitschriften und Taschenbücher herüber, ebenfalls unter der Jacke verborgen, Sonntag gingen wir gruppenweise in ein westliches Kino oder in eine Spielhalle, bis eines Tages wieder Panzer in der Bernauer standen, die Rohre diesmal nach Osten gerichtet, es war ein Sonntag, es nieselte und war zu kalt für einen Tag Mitte August, ich lief damals die ganze nördliche Grenze ab, mein Gefühl eine Mischung aus Verstörung und Verständnis, ein Satz prägte sich mir ein, irgendwo aufgeschnappt in einer Ansammlung fassungsloser Menschen zwischen Rheinsberger und Oderberger, Das können die doch nicht machen!, Zurufe über die Köpfe der Sperrketten hinweg, die mit gesenktem Karabiner auf dem Damm, dem Bürgersteig standen, noch wochenlang nach diesem Tag winkende Gruppen auf beiden Seiten der Grenze über die schnell gebaute Mauer hinweg, einmal sah ich meine Schwester für Minuten in der vorderen Reihe auf einem eilig gezimmerten Holzpodest stehen, zwölf Jahre her; nun, dreiundsiebzig, stand ich an der gleichen Stelle wie sie damals, das Holzpodest war einem Stahlgerüst gewichen, ich starrte hinüber in die Häuserflucht der Oderberger, auf den grauen Bau der Post, auf die grasbewachsene Anhöhe des Sportstadions, die Buden auf westlicher Seite verrottet, die Häuser auf östlicher bis auf die Höhe des ersten Stockwerkes abgerissen, herabgelassene Jalousien, in denen sich Gardinenfetzen verklemmt hatten, verblassende Ladeninschriften, Puppenklinik oder Holz und Briketts, Fensterhöhlen, aus denen die Mauer hervorstach, anderthalb Meter dahinter gebaut, das Haus meiner Schwester auf der Westseite war abgerissen, das Kino Vox Ecke Strelitzer, in dem ich Wajdas Kanal sah, ebenfalls, Neubauten gegenüber der Kirche auf der Ostseite, die verlassen war wie der Friedhof daneben und nur an Sonn- und Feiertagen mit polizeilicher Genehmigung zu betreten, Metamorphosen einer Berliner Straße, die das Schicksal hatte, an der Grenze dreier Stadtbezirke zu liegen, ich zog den Kragen meiner Jacke höher, es war November, lief hinunter bis zur Brunnen, auch sie eine geteilte Straße, deren Hausnummern, vom Rosenthaler Platz aus ge-

zählt, auf der rechten Seite von der Nummer eins bis zur Nummer neununddreißig und auf der gegenüberliegenden Seite von der Nummer einhundertsiebenundachtzig bis zur Nummer zweihundertzweiundzwanzig führte, zum Rosenthaler Platz, die fehlenden Nummern waren hier, auf der Westseite zu finden. Auf der Ostseite aber, manchmal, wenn man über die Straße ging, ein leichtes Zittern der Erde und ein Luftstrom aus den Gitterrosten an den Straßenecken, kaum bemerkt und selten auf ihren Ursprung zurückgeführt, daß die Westberliner Linie Gesundbrunnen–Leinestraße genau unter dieser Straße verlief, unbeachtet auch die vergitterten Treppenschächte auf dem Rosenthaler Platz, das verdreckte blaue Schild des ehemaligen U-Bahnhofes.
Dreiundsiebzig lief ich bis zur Voltastraße, stieg die Treppe hinunter in den Schacht, noch immer die warnende Stimme aus dem Lautsprecher, dies sei der letzte Bahnhof in Westberlin, wieder dieses Herzklopfen, dieses Gefühl der Enge um die Brust herum, der Zug setzte sich in Bewegung, der dunkle Tunnel, dann Bahnhof Bernauerstraße, heruntergekommen, schummrig, eine Minute später Rosenthaler Platz, der Zug fuhr auf den Bahnhöfen langsamer, ich starrte in das dämmrige Licht, sah schattenhaft die Umrisse eines Bahnpolizisten, sah uralte Reklameschilder, die schmutzigen schwefelgoldenen Kacheln, und ungefähr auf der Höhe des zweiten Schildes mit dem Namen der Station hatte ich das Bild der Straße vor Augen, die fünf Meter über mir lag, das Haus Nummer fünf, in dem wir damals wohnten, zweiter Stock, drei Zimmer, Untermiete, es war gegen eins, die Kin-

der mußten aus der Schule gekommen sein, saßen um den Tisch im Vorderzimmer unter einem Druck von Miró beim Mittagessen – da, in diesem Augenblick, zog sich etwas in mir zusammen, ich saß, das Gesicht an die Scheibe gepreßt, und konnte sekundenlang keine Luft holen.

Wahnsinn, hatte Marie auf dem Podest in der Lindenstraße gesagt.
Es dämmerte, Licht sprang in die Fenster gegenüber.
Wir stiegen hinunter.
An der Ecke Oranien, noch auf dem Gelände des Springerhauses, fiel mir das Schild ins Auge, auf dem Namen und Entfernungen ehemaliger deutscher Städte angegeben sind, Schwarz auf Gelb: Königsberg i. Pr. 590 km, Breslau 330 km, Stettin 147 km, Danzig 490 km.
Auschwitz nicht.

6

Wieder schwerer Kopf: Mit Max, dem Redakteur, und Christian, dem Rechtsanwalt, in einer Kneipe am Kreuzberg. Kaum Zeit, alles aufzuschreiben. Fasse höchstens die Hälfte dessen, was ich sehe, erlebe. Die Hälfte? Ach, ein Drittel. Zwei Lesungen, ein Fest in den letzten Tagen – und eine Demonstration. Meine erste in dieser Stadt. Anlaß: Strauß redet in Westberlin. – Fünf, sechs Kilometer durch Charlottenburg.

Fast alles Leute unter fünfunddreißig, und Leute vieler Richtungen: Jusos, Spontis, Gewerkschafter, SEWler. Lieder, die ich schon lange nicht mehr gesungen habe: Solidaritätslied, Internationale. Beginn bei schönem Wetter, Ende bei Regen. Hervorstechender Eindruck am Versammlungsort: die fotografierenden, filmenden Polizisten. Am Weg: Polizisten mit Schild, Schutzhelm und Plastikvisier. Wie römische Krieger in Hollywoodfilmen. Bei hochgeklapptem Visier: junge Gesichter, gespannt. Einmal, da steckt sich ein Polizist eine rote Nelke, die ihm jemand gereicht hat, ins Knopfloch; die Demonstranten klatschen Beifall. Der Zug ist lang, mehr als zehntausend Leute. Flugblatt- und Zeitungsverteiler. Nach einer halben Stunde ist meine Hand voller Papier. Sprüche von hinten, von vorn; meist heiterer Art. Einer entsteht spontan, es nieselt schon, drei, vier junge Leute, die neben uns laufen, skandieren ihn: Kaum ist Strauß in Westberlin, ist das schöne Wetter hin! –

Die Leute, die aus dem Fenster schauen, meist ältere, haben unbeteiligte Gesichter, jedenfalls drücken sie keine Feindlichkeit aus, wenn auch keine Zustimmung. Auffallend die Vorsicht der Demonstranten: Nicht provozieren lassen! – Von wem? Von Polizisten? Von Demonstranten? Ich weiß es nicht. Einmal setzt sich eine Gruppe eigentümlich gekleideter Leute an die Spitze, schwarze Lederjacken, schwarze Tücher, schwarze Fahnen. Der Lautsprecherwagen vorne fährt langsamer, läßt den Raum zwischen der Gruppe und dem Rest der Demonstranten größer werden, biegt dann überraschend in eine Nebenstraße ab, hat wieder die Spitze. Ein anderes Mal blechernes

Geschepper, die Demonstration stoppt, alle blicken sich um, Rufe wie Aufhören! Aufhören!, dann wieder Ruhe, und weiter gehts. Nicht zu verleugnen: mein Hochgefühl. Für zwei, drei Stunden völlig identisch. Dann der Entschluß umzuziehen. Ja, sage ich zu Wölfchen, der neben mir läuft, ich brauche meine Bücher. Ich ziehe um. –

Am Vormittag Franz Fühmann zu Besuch und Hans Georg Soldat. Erstes Interview über Motive des Passes. Drei Monate habe ich nichts gesagt. Sonntag Ausstrahlung. Rias. Nachmittags, als Ulli Schwarz kam, vom Spiegel, erzählt er, daß Jureks Buch in der DDR nicht erscheinen würde. Grund: Sein Interview im Spiegel. Noch während wir sitzen und Kaffee trinken, kommt ein Anruf aus Rostock. Das Manuskript Leben im Winter sei vorigen Dienstag in die Leipziger geschickt worden. Ich könne es zu Fischer weiterleiten. – Ist die Druckgenehmigung da? – Nein. – Läuft es bei Jurek? – Nein. – Warum denn nicht? – Mit dem Autor ist schon gesprochen worden. –
Für einen Moment denke ich daran, das Interview zurückzuziehen. Andererseits: Ich kann nicht für den Rest meines Lebens in Schweigen verfallen. Und das Interview mit Becker ist zwei Monate alt. Noch vor 14 Tagen hörte ich aus Rostock, daß mit dem Buch alles in Ordnung sei.

Die merkwürdige Zusammensetzung unserer Runden. Franz mit blauem Paß und Wohnort DDR. Ich mit blauem Paß und Wohnort Westberlin. Sarah mit (grünem) Westberliner Ausweis, die nicht in die DDR kann. Marie mit isländischem Paß und ebenfalls ohne Möglichkeit, in die DDR einzureisen. Auch nicht nach Ungarn. Yvonna mit polnischem Paß und Wohnsitz Westberlin. In die DDR darf sie nur zum Zweck des Transits Richtung Polen. Achim, ihr Freund, mit grünem Paß und Einreisemöglichkeit in die DDR. Wenn Moritz, Sarahs zehnjähriger Sohn, seine Großmutter in Halberstadt besuchen will, bringt ihn Wölfchen dorthin, Sarahs Freund, der einen Westberliner Ausweis hat.

Der moralische Zwang zu zahlen, wenn Besuch von drüben kommt. Bei Franz den Salat, den Nicki für seine Tochter. Franz, der sich wehrt. Meine Entschuldigung: Das sei nicht großspurig gemeint, aber ich wollte es nun einmal ... (Stottern) ... das sei meine Sache!
Dennoch Anpassung an die neuen Sitten. Hier bezahlt jeder für sich. Gestern, in der Osteria, wußte ich schon anzusagen: Drei Bier, eine Ministrone.

Die Besucher aus Ost und West geben sich derzeit die Klinke in die Hand. Drei Kollegen mit blauem Paß abwechselnd bei Sarah und bei mir. Unsere Gespräche über die Querelen mit Lektoraten, Verlegern, Zollbehörden haben mitunter einen süffisanten Unterton, der die allgemeine Ratlosigkeit nicht überdekken kann. Keiner weiß so recht, wo es lang geht. Hinter dem Wort Zukunft stehen drei Fragezeichen, und oft wird ein Thema mit einem Sarkasmus beendet, nach dem Motto Was haben wir alles gewollt und was ist herausgekommen? So bleiben die kleinen Geschichten. Joachim Walther erzählte, daß Konrad Wolfs Film Solo Sunny, dem hierzulande wegen seiner kritischen Haltung respektvolles Lob gezollt wurde, das Tonbandprotokoll einer Sängerin zugrunde liegt, das ursprünglich in der neuen Kulturzeitschrift Temperamente gedruckt werden sollte. Natürlich ging das nicht, sagt Walther, das Protokoll war zu hart, kein Vergleich zum Film. – Franz erzählte von der aggressiven Stimmung zu Haus. In seinem märkischen Dorf habe ein Mann, der eine bestimmte Ware nicht bekam, den Laden unter wüsten antikommunistischen Beschimpfungen (und unter freundlicher Anteilnahme von Kassiererin und Kunden) verlassen. – Wertungen verkneifen wir uns . . .

Schwierigkeiten bei der Wertung habe ich auch mit einer West-Geschichte, die Christian andeutet. Seit ein paar Monaten läuft in Moabit ein Prozeß gegen vier – wie es hier heißt – mutmaßliche – Mitglieder der Bewegung 2. Juni. Sie sind unter anderem der Entführung des CDU-Politikers Lorenz angeklagt. Die Angeklagten schweigen, aber die Indizienkette ist lükkenlos; Überführung und Verurteilung nur eine Formsache. So erscheint es jedenfalls nach der Lektüre der Presse. So sei auch die Stimmung im Gerichtssaal, sagt Christian.
Einer der Angeklagten ist Fritz Teufel, der für Anklage und Öffentlichkeit unausgesprochen als Haupttäter gilt. Teufel will nun nach 5 Jahren Untersuchungshaft kurz vor Abschluß der Plädoyers ein Alibi

für die Tatzeit vorlegen. Er hätte seinerzeit in einem Betrieb in Westdeutschland unter falschem Namen gearbeitet. Zeugen seien in Hülle und Fülle vorhanden.
Wie? Er sitzt fünf Jahre in einer Zelle und kann doch beweisen, daß . . . –
Christian erklärt: Wenn Teufel, von den gleichen Indizien belastet wie seine Mitangeklagten, nun ein hieb- und stichfestes Alibi liefere, würde er die Glaubwürdigkeit der Indizien doch nicht nur für die Öffentlichkeit, sondern auch für das Gericht entscheidend erschüttern. Freisprüche seien dann nicht ausgeschlossen . . . eigentlich sogar folgerichtig . . .
Christian erwartet bei aller Skepsis der Justiz gegenüber eine spektakuläre Wendung des Prozesses, setzt aber auf die Öffentlichkeit, die Presse. Und du, sagt er, halt erst mal den Mund. –

7

Zweimal habe ich schon gesagt: Hier, bei uns . . . und meinte Westberlin. Ich habe schon Deutschland gesagt: Wann kommst du zurück nach Deutschland? – Rapides Verschwinden von DDR-Realität. Vor paar Wochen, ich war hinübergefahren, saß bei Kurt in Baumschulenweg, da kam eine schwedische Journalistin, zog einen Kassettenrecorder aus der Handtasche und wollte wissen, weshalb die Lage der Schriftsteller im Moment so prekär sei. Kurt antwortete wie aus der

Pistole geschossen. Ich mußte überlegen. Ja, wie ist das bei mir, wie *war* das . . .?
Kunert, der ein halbes Jahr vor mir gegangen war und nun in Nordwestdeutschland wohnt, äußerte in einem Telefongespräch seine Verwunderung über die Schnelligkeit, mit der er das Ländchen vergessen habe. – Vergessen? So kurz war mein Gedächtnis doch nie. Offenbar passiert einfach zu viel. Jeden Tag mindestens drei Ereignisse, die im Detail aufschreibenswert wären. Überlagerung durch zu rasche Ereignisfolgen. Selbst die Träume lösen sich rascher auf, als ich es kenne. Zurück bleiben nur Strukturen, Stimmungen, Bilder. Einmal eine Verfolgungsjagd (der Verfolgte war ich), das drückende Gefühl des Eingesperrtseins ein anderes Mal. Wer die Verfolger waren, wo ich eingesperrt war und von wem – vergessen . . . weg . . .
Tiefer sitzen die Denkmuster. Ich sage angesichts der veränderten Töne gegenüber der DDR, aber auch gegenüber der Regierung Schmidt, die mir beim Zeitungslesen, beim Fernsehen aufgefallen sind: Die westdeutschen Medien haben eine neue Linie. –
Abwehr bei Raddatz, und später bei Ulli Schwarz. So möchten sie den Meinungsbildungsprozeß der Presse nicht verstanden wissen. – Aber es müsse ihnen doch aufgefallen sein, daß die Töne gegenüber der DDR distanzierter, die gegenüber der Regierung Schmidt kritischer geworden seien. Und das überall, egal ob Zeitung oder Fernsehen. – Die Vorgänge seien komplizierter. Schließlich habe man hier kein ZK, das die Genossen Chefredakteure wöchentlich zu Argumentationshilfen rufe. Nein, da sei ich auf dem Holzweg, bestimmt. –

Kopfschütteln, ein verzeihendes Lächeln ob meiner Naivität. Ich verfolge das Thema in den Gesprächen nicht weiter, aber es verfolgt mich. Soll mich mein Eindruck, der aus der Summe gelesener und gehörter Sätze, Haltungen, Tonlagen entstanden ist, so trügen? Habe ich ein Defizit an Begriffen, mit dem die anscheinend höchst komplizierten Vorgänge der Meinungsbildung in diesem Land beschrieben werden können? Neige ich zur Vereinfachung?

8

Acht Uhr früh, Leipziger Straße, Balkon. Sonne über der Stadt. Die Silhouette Berlins im Dunst, die Türme vom Bethanien, das Hochhaus der AOK, der verschwommene bedächtig kreisende Stern des Europa-Centers. Im Hintergrund die Aufbauten der Kräne. Ich weiß nicht, ob sie im Osten stehen oder im Westen. Gegenüber das Springerhaus und die Lindenstraße. Das Holzpodest, auf dem ich mit Marie stand, ist leer.
Gestern vormittag kurzentschlossen herübergefahren. Mit dem Auto die Leipziger runter, am Alex vorbei, in die Mollstraße hinein. Das Neue Berlin. Das Eckige, Betonierte, Kühl-Preußische bei unscharfem Blick aus der Frontscheibe. Allerdings: Nach dem Mittagessen im Café Moskau, als ich auf die Straße ging, das Gefühl einer Entsprannung. Als ruhten die Sinne aus. Besuche im Eiltempo. Hastiger Informationsaustausch. Obst für Thomas Klein, der noch im-

mer in Haft ist. Abends Stephans kurzer Besuch. Ein Wiedersehen nach drei Monaten. In den letzten zehn, zwölf Jahren haben wir uns noch nie solange nicht gesehen.
Stephan ganz aufgeregt. Er könne im September für ein viertel Jahr in einem Birminghamer Institut arbeiten. Außerdem habe er ein Lehrstuhlangebot von der Universität: Immunologie. Da sei er allerdings unsicher. Lieber wäre ihm die Akademie gewesen. Gegen die Universität spreche die verfehlte Nachwuchspolitik der letzten zwanzig Jahre. Prinzip: Treue vor Können. Von Ausnahmen abgesehen, gäbe es dort keine Forschung von Weltrang mehr, naja. Kennst du Schnabel? –
Doktor Schnabel. Blasse Erinnerung an einen schmalen quecksilbrigen Mediziner, der Mitte der Sechziger als Assistent an das Virologische Institut kam, ehrgeizig, bemüht.
Der würde dann bei mir arbeiten. –
Die Geschichte seiner Unterschrift unter die Resolution zum Einmarsch in die ČSSR 1968. Wie er, der Gewerkschaftsvorsitzende, sich weigerte, eine Versammlung einzuberufen. Das könne man von ihm nicht verlangen. Er sei gerade zu dieser Zeit paar Monate an einem Institut in Bratislava gewesen, habe alles miterlebt – keine Spur von Konterrevolution! – Wie die politische Auseinandersetzung mit ihm begann. Rosenberg als Vizedirektor: Schnabel könne natürlich glauben, was er wolle, und es ginge bestimmt nicht um seine Meinung, nur, er sei als Angehöriger der Universität potentielle Lehrkraft und würde, egal ob jetzt oder später, mit Studenten zu-

sammenkommen, und in diesem Falle könne man es nicht verantworten, einen Lehrer mit so divergierenden politischen Ansichten zu beschäftigen, er würde verstehen, ja? – Die Auseinandersetzungen gingen tagelang. Unterschrift oder Aufgabe seiner Tätigkeit an der Universität. Nach einer Woche unterschrieb er.
Ich weiß nicht, sagte Stephan und sah zur Uhr, er macht einen schlaffen Eindruck für einen Forscher. So wenig besessen. –

Nach einem Tag und einer Nacht in der Leipziger ist meine Hektik gewichen. Beim Spaziergang mit Hussel durch die Kollwitzstraße spürbar Ruhe im Körper.
An der schäbigen Hinterfront des alten jüdischen Friedhofs in der Schönhauser empfand ich den farbigen Westen, seine überall präsente Reklame, die mannigfaltige Architektur plötzlich als schrill, als komplexen Angriff auf meine Sinne.
Und das Grau der Fassaden hier, vor einem Jahr noch als einförmig und bedrückend wahrgenommen, ist die pure Erholung. Seltsame Umkehrung . . .

Vorgestern, nein, vorvorgestern, jedenfalls einen Tag nach der Demonstration gegen Strauß, war in der Witzleben ein Geheul von Feuerwehrsirenen zu hören, stundenlang, in wechselnden Abständen. Später die Nachricht, die Kongreßhalle im Tiergarten sei eingestürzt. Ein Toter, mehrere Verletzte. In den Kneipen war es das Gesprächsthema Nummer eins. Jeder

mit Erinnerungen an diesen Bau und mit Erinnerungen an die Zeit, in der er errichtet wurde. Noch am gleichen Tag pilgerte die halbe Stadt in den Tiergarten. Jeder wollte einen Blick auf die Trümmer werfen, als wäre nicht nur ein unkonventioneller Spannbetonbau zusammengebrochen. Auf den Fotos ist zu sehen, daß sich das einst konkav gewölbte Dach über den Unterbau gelegt hat wie ein welkes Blatt über seinen Stiel. Die Halle war ein Geschenk der Amerikaner. Auf dem Fernsehschirm sagt der dicke Ristock, einst Falkenvorsitzender, jetzt Bausenator, über die Zukunft des Trümmerhaufens befragt: Er glaube nicht, daß ein solches Symbol der deutsch-amerikanischen Freundschaft einfach abgerissen werden könne.
Ich erinnerte mich einer anderen Halle, deren Bau in die gleiche Zeit fiel und einen ebenso symbolhaften Charakter hatte, erinnerte mich der Spaziergänge mit Franz Fühmann Ende der Sechziger, Anfang der Siebziger, quer durch den Bezirk Friedrichshain, auch durch die Straße, in der Gladow zu Hause war. Einmal, wir waren lange gelaufen, es war schon dunkel geworden, wir schritten über spärlich beleuchtete Bürgersteige, in irgendwelche Debatten versunken, bogen um eine Ecke und standen plötzlich vor einer hell erleuchteten Fläche, die eine Art Bauplatz war: Schwarze, an Ketten befestigte Eisenkugeln polterten gegen die Reste eines Bauwerks, das wir erst nach Momenten der Orientierung als die Rückseite der berühmten Sporthalle in der *ersten sozialistischen Straße Berlins* erkannten (und jetzt fiel uns ein, daß dort schon seit Jahren keine Veranstaltungen mehr stattgefunden und man gemunkelt hatte, sie sei baufällig),

Mauerstücke zerbarsten am Boden, Staub nahm uns den Atem, wir umgingen den Platz, traten auf die Karl-Marx-Allee, früher Stalinallee, früher Frankfurter Allee, und staunten ein zweites Mal. Da prangte die monumentale Fassade (die auch in Minsk, Odessa, Moskau hätte stehen können) im Licht zweier Scheinwerfer wie eh und je, und hätten wir es nicht eben mit eigenen Augen gesehen, es wäre uns nicht aufgefallen, daß ihre Existenz nur noch ein, zwei Tage dauern würde.

Schlacht unterwegs

1

Halb neun Uhr abends, Terzo Mondo, Savignyplatz. – Draußen leichter Regen nach staubigem erstem Sommertag mit 27 Grad. Als wäre der Frühling übersprungen worden. Pfingsten ist vorüber und meine erste Lesung nach dem Übergang, die sich zufällig ergab, in Gorleben. Euphorie, wenn ich daran denke. Seltsamer Gegensatz zur Stimmung in dieser Stadt, auf die noch immer der Schatten einer nahen Katastrophe zu fallen scheint.

Es war am Nachmittag, und wir zogen, gleich Hunderten von Menschen, einen Sandweg entlang, Kiefernwald zu beiden Seiten. Die Luft staubtrüb; Wolken stoben auf bei jedem Schritt. Ein graues Schild, vier Zahlen darauf, gleich einem Code, eins, null, null, vier, die Richtung weisend, der wir nun folgten, quer durch einen Wald, eine provisorische Schranke, schweigende Männer davor, die sie aufließen, da wir uns näherten; erhitzte Gesichter neben uns, meist junge Menschen, Rucksäcke auf den Schultern, Zeltbündel auch, in den Händen pralle Taschen; schon von Ferne helles Gehämmer, das sich verstärkte, je näher wir dem roh zusammengeschlagenen Tor kamen, das die Grenze zur Freien Republik war.

Dahinter ein wimmelnder Haufen und eine wirre, den Gesetzen des Zufalls gehorchende Anhäufung von Hütten, Häusern, Zelten und Buden, zwischen denen sich die Menschenmenge hindurchschob, Neuankömmlinge, Siedler, Besucher aus der Umgebung, Sonntagsausflügler ...
Gegen meine Erwartung kein basarhaft-fröhliches Lärmen, kein ruhiges Betrachten dessen, was links und rechts und vor uns und hinter uns lag, eher ein Hasten, ein Eilen, als stünde eine Katastrophe bevor, und man wollte noch alles gesehen haben.
Wir suchten eine Frau, von der gesagt wurde, daß sie Auskunft geben konnte über das, was sich hier abspielte, und wir mußten uns den Weg durch verschlungene Gassen bahnen, über Bänke und Gepäckanhäufungen steigen, über gespannte Seile und frisch angepflanzte Blumen- oder Gemüsebeete, ehe wir ihrer ansichtig wurden, mitten in einem Kreis von Menschen, die sie mit Fragen bedrängten, Christoph begrüßte sie, ich verbeugte mich kurz, stand fremd daneben, hörte, daß die Zahl der Besucher schon die Zehntausend erreicht habe, daß die der ständigen Bewohner anfangs zweihundert betragen hätte und jetzt auf sechshundert angewachsen sei, daß die Bewohner der Umgebung, die Bauern, Dörfler und Kleinstädter täglich Suppe lieferten und Hühner und Brot – die Unterstützung wäre einhundertprozentig! – Und wieviel Häuser, wieviel Hütten? – Achselzucken. Achtzig bis neunzig vielleicht, vorige Woche wären es sechzig gewesen, aber es würden täglich mehr werden, keiner käme nach mit dem Zählen. –
Tatsächlich hatte das Gehämmer noch zugenommen

an Intensivität, füllte dieses abgebrannte Waldstück; Gehämmer beim Kaffeetrinken, beim Suppelöffeln, beim Diskutieren, und wo nachmittags noch der leichte, kühle Wind durch ein Holzskelett strich, wurde abends schon am Dach gearbeitet. Die Häuser in allen Formen. Rundbauten, viereckige, sechseckige. Fahnen darauf und Wimpel, rote, schwarze, rotschwarze, grüne, regenbogenfarbene. Massive Dächer und Dächer mit Pappe vernagelt. Ein Haus, ganz licht, fast nur Glas, darin der fahlblaue Himmel. In einem anderen waren die Seitenwände aus leeren Flaschen – gedämpft blattgrünes, weiches Licht im Innern. Ein Turm in der Mitte des Dorfes, zehn, zwölf Meter hoch, ohne Leiter; ein Mann mit nacktem Oberkörper hangelte sich über ein Tau auf die Plattform und spähte über die Hütten ins Weite. Im größten Haus, einem Rundbau, brannte ein kleines Feuer, Tee wurde gereicht; später füllte es sich mit Menschen, und es gab nur ein Thema: Wann werden sie kommen?! –

Leute suchten nach Nägeln und sprachen davon, holten sich Bauholz und fragten als erstes, ob jemand Näheres wisse? Einer hatte gehört, sie zögen schon Truppen zusammen. Eine andere glaubte sicher zu wissen, daß über Pfingsten gar nichts passieren würde. Einem dritten war es egal, wann sie kämen, Hauptsache, er würde noch fertig werden mit seinem Haus. Und auf eines sei er gespannt, sagte er und grinste: Ob sie den Hacky fänden. – Da lachten alle so beziehungsvoll und verschworen, daß ich die Stirn runzelte und Christoph mich ein paar Meter weiter zog zu einer kreisrunden, mit Laub getarnten Öffnung, die vier, fünf

Meter in eine dunkle Tiefe führte, und er sagte mit einer Art stolzem Trotz – nein, Widerständigkeit in der Stimme: Hier lebt er. Das ist Hackys Loch! –
Und zog mich weiter in eine Art Ladenstraße: ein Unabhängiges Freies Klinikum, Erste Hilfe und Blutdruckmessung gegen eine Spende; ein Fahrradladen daneben, uralte Stahlrösser, aufgemöbelt; daneben der Friseur, über dessen türlosem Eingang das parodierte Symbol seiner Zunft hing – der gewölbte Deckel einer Bonbonschachtel ...
Und am Waldrand das öffentliche Klosett, Mann neben Frau. Auch Duschen war möglich, im Freien.
Ein Leben in Gruppen? Alle schienen sich zu kennen, irgendwie und von irgendwoher ...
Abends auf der Bühne am Rand des Dorfes eine Rockband, rhythmisch zuckende Körper, der Geruch nach Kiefernholz und indischem Hanf.

Trotz totaler Erschöpfung lange kein Schlaf. Das Bild zweier junger Männer vor Augen: konzentrierte Gesichter, Nägel zwischen den Lippen, sie sägten, raspelten, hämmerten und versenkten einen Sparren so exakt in einen Balken, als bauten sie ins nächste Jahrhundert ...

Ich hatte mich anfangs gesperrt, als Christoph Buch anrief: ich solle kommen über Pfingsten, ein Platz sei besetzt worden im Wendtland, bei Gorleben, an dem die Industrie ein Endlager plane für radioaktive Brennstäbe aus Atomkraftwerken, ich sollte unbedingt kommen, ich würde den Westen besser verstehen, wenn ich das erlebte.

Warum hatte ich mich gesperrt, anfangs? Aus instinktiver Abwehr vor der Flut neuer Eindrücke, neuer Bilder? Oder wegen der blitzhaften Erinnerung an jenen Mann, der Physiker war und dessen Name mir nicht einfällt, fünfzehn Jahre her, Kiefern, Sand, Rheinsberg in der Mark, das Kernkraftwerk Rheinsberg? Der Stolz des Mannes, der es mit aufgebaut hatte, Worte wie *friedliche Nutzung* oder: *Die Zukunft gehört dem Schnellen Brüter*, seine Begeisterung, als er die *kommende Zeit* beschrieb, die er – fügte er hinzu – wahrscheinlich nicht mehr erleben würde (er war erst achtunddreißig, schwer herzkrank); er saß auf einem breiten Lehnstuhl, eine Decke über die Beine gebreitet, und sprach über seine Arbeit, seine Krankheit, sein gefährdetes Leben in so zuversichtlicher Weise, als hätte es einen sinnvollen Abschluß schon gefunden an jenem märkischen Gewässer ganz in der Nähe, in jenem geduckten Bauwerk, dessen konsequente Verbreitung über das ganze Land zwangsläufig in eine lichte, glückliche Zukunft führen müßte – wollte ich seinen Worten glauben, und ich hatte keinen Zweifel daran.
Kurz vor dem Einschlafen sah ich sein Gesicht wieder ganz deutlich, aber ebenso deutlich war die Erinnerung daran, daß Begriffe wie *Zwischenlager* oder *Entsorgung* nicht gefallen waren in den drei Tagen, in denen wir miteinander sprachen . . . –

Frühstücken in Christophs Landhaus. Fahrt durch die Umgebung, ein, zwei Stunden. Polizei und Bundesgrenzschutz in fast jeder Ortschaft um das besetzte Areal auf dem geplanten Bohrloch eintausendvier;

wie eine Belagerung. Mittagessen in einem Restaurant an der Elbe, ein Tisch in der Veranda, die übers Ufer ragt. Der Fluß breit und träge. Die Überreste der alten, bei Kriegsende gesprengten Brücken. Der Blick auf die Silhouette der Kirche am anderen Ufer, schon *drüben*. In der Nacht, sagte Christoph, sei das andere Ufer hell erleuchtet.

Nachmittags Lesung. Sechzig, siebzig ganz junge Leute, dichtgedrängt im NRW-Haus. Berliner Geschichten. Bei den Sujets (Kinder, Mauerbau) ohne Schwierigkeiten mit der Verständigung. Anders bei der Szenerie: Das Ländchen, schien mir, lag ihnen ferner als die Sahara. Abfahrt 17 Uhr.

2

Wenn ich recht verstanden habe, sollte ich in der Landeszentralbank, wo ich nun schon zum zweiten Mal saß, einen *Lebensmittelpunktnachweis* erbringen, damit mein gesperrtes Konto entweder für die *Dauer meines Hierseins*, in dem ich also *Gebietsansässiger* bin, zu meiner vollen Verfügung steht, also *entsperrt* wird, oder aber – wenn dies nicht möglich sein sollte – die Sperre, ohne sie aufzuheben, *zeitweise gelöst* wird, um meine *hauptsächlichen, zum Leben notwendigen Aufwendungen* über dieses *praktisch freie*, aber *prinzipiell gesperrte* Konto abwickeln zu können. Wenn ich, weiterhin, recht verstanden habe, ist für den Lebensmittelpunktnachweis *hauptsächlich von Wichtig-*

keit, daß meine Ehefrau *baldmöglichst* nachkommt und ständig hier wohnt; daß ich schon einen *Wohnungsmietvertrag* habe; daß ich *Verträge* mit Fischer, ARD und ZDF vorweisen kann; daß meine Kinder hier arbeiten bzw. zur Schule gehen und daß meine Ehefrau ihr *Einkommen* ebenfalls in der Bundesrepublik und Westberlin bezieht.
Wir wollen Ihnen helfen, sagt der *Vizeabteilungsleiter Innerdeutscher Zahlungsverkehr*, ein freundlicher Beamter in mittleren Jahren angesichts meiner völligen Hilflosigkeit gegenüber seinen detaillierten, mein halbes Leben offenbarenden Fragen, wir wollen Ihnen helfen, sagt er und wiederholt es später ein drittes Mal.
Der Antrag hat anderthalb eng mit der Hand beschriebene Seiten.

Während auf die Fage des finanzrechtlichen Status eines in Westberlin wohnenden Ostberliners die Antwort noch gesucht wird, ist sie zollrechtlich schon gegeben: Ich darf all das ein- oder ausführen, was jeder andere Ausländer ein- oder ausführen darf. Aber: Ein Ausländer, dessen Land nicht der Europäischen Wirtschaftsgemeinschaft angehört, kann sich vom Zoll die im Land erhobene, Mehrwertsteuer genannte Staatseinnahme von zwölf Prozent erstatten lassen. Mir wird das verweigert mit dem Hinweis darauf, daß ich als Bewohner eines Territoriums, das sich innerhalb der Grenzen von 1937 befindet, als Deutscher gelte und damit den EG-Richtlinien unterliege, deren Vorteile mein Staat im übrigen – so wird ironisch vermerkt – zu nutzen wisse, indem er sich den Genuß der Zoll-

freiheit innerhalb der EG-Staaten keinesfalls versage.
Eindeutiger sind die Vorstellungen der Honorarabteilungen über die staatsbürgerliche Definition meiner Existenz: Solange ich noch nicht beim Finanzamt registriert bin, belegen sie mich, wie früher, als ich hier noch keine Wohnung hatte, mit einer 15prozentigen Ausländersteuer. Aufschlußreich war auch der Dialog mit einem Polizisten, als ich vor dem Moabiter Kriminalgericht kurz hinter einem grün-weißen VW-Bus parkte, aus dem auch gleich ein Uniformierter ausstieg und mein Auto mit der fremden Nummer ebenso mißtrauisch wie neugierig umkreiste. Ich stieg aus, fragte, hier sei doch Parken erlaubt?, und er antwortete im typisch belehrenden Tonfall seiner Kollegen jenseits der Grenze mit einer Gegenfrage: Ob ich wisse, was man zu beachten habe, wenn man ins Ausland führe? – Mir fiel ein, daß mein Nationalitätenkennzeichen im Autoatlas lag, und ich ging in die Offensive: Ob er wisse, daß es ein Grundsatzurteil des Bundesverfassungsgerichts gäbe, wonach das westliche Deutschland, auch das westliche Berlin, für mich kein Ausland sei. – Aber ihr, konterte er, seht uns doch als Ausland! – Ich fragte ihn, warum er voraussetze, daß mein Standpunkt in dieser Frage mit dem meiner Regierung identisch sei?, aber er ging nicht darauf ein, sondern bestand auf seiner Forderung. – Interessant, sagte ich, daß mir von einem Westberliner Polizisten bestätigt wird, ich sei im Ausland. – Da hob er beide Hände. Er meine das nicht politisch. Er meine das lediglich verkehrsrechtlich. Ich bewegte mich ja außerhalb des Zulassungsbereiches meines

Autos. – Ich fragte, ob er glaube, das Verkehrsrecht stünde über dem Verfassungsrecht? – Aber er wiederholte, daß er es nicht politisch meine und schloß definitiv: Jedenfalls muß das Schild ran! –
Eine Pointe hatte auch die Geschichte meiner polizeilichen Anmeldung, die ich brauchte, damit mein Mietvertrag gültig werde. Vom zuständigen Polizeirevier wurde ich ins Notaufnahmelager Marienfelde geschickt, vom Notaufnahmelager Marienfelde wieder zum Polizeirevier, und vom Polizeirevier, nach längeren Telefonaten einer kühlen Beamtin, schließlich in die Puttkamer Straße, wo ich von dem Strom fremdländisch aussehender Menschen aufgesogen wurde, der sich im Schrittempo träge auf den Eingang eines Dienstgebäudes zubewegte. Die Miene der Frau, die hinter der Tür saß, die Pässe kontrollierte und jeder Person Etage und Zimmernummer anwies, hellte sich auf, als sie meinen blauen Paß sah. Ich stieg durch dichtgedrängt auf Podesten, in Fluren stehende Gruppen vieler Nationen, und je höher ich kam, desto lichter wurde es. Ich befand mich im Gebäude der Ausländerpolizei, und auf dem Pappschild an der Tür im vierten Stock stand groß die Aufschrift: Deutsche.

Ernst Busch gestorben und Henry Miller.

3

Erste öffentliche Lesung in Hamburg (wenn ich absehe von der zufälligen in Gorleben). Kommunales Kino, das den Ikarus-Film zeigt.

Nächsten Tag Interview bei Raddatz. Das Wetter war schwül, ich schwitzte zum Gotterbarmen, im Kopf nur Blei. Schattenhafte Erinnerung an nobles, einstöckiges Haus in noblem Stadtteil, an gediegenes, kalkuliert plaziertes Mobiliar eines feinen, mir aber fremden Geschmacks.
Kalkuliert schien mir auch die Sitzordnung während unseres Gesprächs. Ich saß ihm schräg gegenüber und sogar etwas erhöht, glaube ich, und zwischen uns war eine Distanz von drei, vier Metern, die ich bei allem Bemühen während der einen Stunde (oder waren es anderthalb?) nicht überwinden konnte, jeder Satz zerfloß mir nach dem ersten Teil, in Gedanken war ich bei Jakob, den wir, unter Aufsicht einer Wirtschafterin, draußen gelassen hatten, ich kam mehr und mehr ins Stottern, und obgleich mir Raddatz geduldig half, es half mir nichts, ich ahnte in diesen Momenten, daß meine gut vierzig Jahre einigermaßen bewußt verbrachten Lebens hier keinen Pfifferling wert waren, gleichgut könnte ich alles vergessen, von einer Stunde auf die andere, wenn ich es vergessen könnte, es war Ballast geworden, aber Ballast von einer teuflischen Art, den abzuwerfen unmöglich war, vielleicht zu überdecken oder zu substituieren, ja, und ich dachte, ich sollte wieder in die Fabrik gehen, früh halb sechs aus dem Bett, um sieben an der Stempeluhr, wie damals, als Fünfzehnjähriger, Weißenseer Spitze raus aus der Straßenbahn, rein in den Menschenstrom, Richtung Lehderstraße, schmaler Gehweg unter Lindenbäumen, vorbei an den flachen Industriebauten der letzten Jahrhundertwende, staubige vergitterte Fenster in Erdgeschoßhöhe, der Geruch nach Maschi-

nenöl und unter Hitze verpreßtem Bakelit, der in der Kleidung hing als ein Stigma, Konsumkiosk, Fabriktor, Stempeluhr: Schichtpreßstoff- und Kondensatorenfabrik, gegründet von Jaroslav, Ignatz im Jahr nullsechs (Jude aus Galizien, Schicksal unbekannt), arisiert in den Dreißigern von den Herren Scherb und Schwer (nach Westen gemacht), enteignet sechsundvierzig auf Anordnung der Sowjetischen Militäradministration, nun Volkseigener Betrieb Turbonit, fünfhundert Leute, dreiviertel Frauen, dieses gemischte Gefühl, dieser Druck zwischen Darm und Solarplexus, als ich das erste Mal den kopfsteingepflasterten Fabrikhof betrat, das erste Mal die Feuerschutztür zum Labor öffnete (noch heute habe ich das eigentümliche metallische Flappen im Ohr, wenn sie ins Schloß fiel) – zwei Jahre später kannte ich jeden Winkel hier und beinahe jede Person beim Vornamen, Kesselhaus, Prüffeld, die Glimmerkleberei, dreißig Frauen über Leuchttische gebeugt, Spiritusdämpfe und subtropische Hitze, so daß sie die Kittel weit geöffnet und deren unteren Teil in die Beine der kunstseidenen Unterhosen gesteckt hatten, die schmale Lydia, die alles im Griff hatte, die Norm, die Abteilung und vor allem den Meister, Mutter und Tochter Metz, Aktivistinnen beide und beide mit brandroten Haaren und Schandmäulern, daß mir jedesmal das Blut in den Kopf stieg, wenn ich die Halle durchqueren mußte auf dem Weg zur Lackkammer, zu Willy Lehmann, der die stählernen Ringe mit einem trockenen Hammerschlag von den Harzfässern sprengen konnte, oder zur Wickelei, wo Stelter einen eigenen Raum hatte, ein hagerer Jüngling mit knopfbraunen Augen und unreiner Haut, der mit seinem Avancement vom Former zum Betriebsingenieur auch seine Schüchternheit verlor und mit dem anachronistischen Stolz des Aufsteigers jedem Mädchen, jeder Frau nachstellte, bis Kutte vor versammelter Mannschaft androhte, ihm die Fresse zu polieren, wenn Stelter noch einmal, wie auf dem letzten Betriebsvergnügen, seine, Kuttes, Betriebsliebe aus der Buchhaltung, ein scheues Mädchen im dritten Lehrjahr, beim Tanzen unsittlich berühren würde – Kutte der Dreher, verheiratet, zwei Kinder, der seine Werkbank *mit diesen Händen* (und er streckte sie vor) fünfundvierzig aus den Trümmern gegraben hatte und der bei Anspielungen moralischer Natur wie ratlos die Schultern hob: Er braucht die Kleine aus der Buchhaltung einfach, verstehst du, in der verdammten Mühle hier . . .

Kleist-Film beim ZDF gescheitert. Der Redakteur will seine Konzeption von der »Inszenierung des Selbstmordes durch Kleist« nun doch verwirklichen.

Noch immer keine Freigabe meines Kontos durch die Landeszentralbank. Gestern das erste Mal kein Geld. Pfandflaschen zusammengesucht und verkauft. Alle Jacken- und Hosentaschen nach Kleingeld durchforscht. Mieses Gefühl bei der Vorstellung, du sitzt hier in all diesem Überfluß und hast keinen einzigen Pfennig in der Tasche.
Hundert Mark von Sarah geborgt.

Im Westen leben heißt: mit Papier leben. –
Ich lese jeden Morgen den Tagesspiegel (unabhängig, überparteilich) und jeden Abend, meist in der Kneipe, die tageszeitung (links, radikal); jeden Donnerstag kaufe ich Die Zeit (Politik, Wirtschaft, Handel und Kultur), jeden Montag Der Spiegel und am Wochenende oder zu besonderen Anlässen die Frankfurter Rundschau (unabhängig), die Frankfurter Allgemeine Zeitung (für Deutschland) oder die Süddeutsche Zeitung. Monatlich fallen an: Konkret und Titanic (Satire), vierteljährlich der Freibeuter und das Kursbuch. Letztere sind buchförmig und lassen sich ins Regal stellen; der Rest wandert auf einen Haufen neben meinem Stuhl in der Küche; ich sortiere den Haufen in unregelmäßigen Abständen und lege, was ich aufheben möchte, in der Speisekammer ab. Dazu kommt eine Unzahl von Prospekten in Hochglanz und mit Vierfarbendruck oder mit Stempelkasten gefertigte Zettelchen, die ich im Hausbriefkasten finde; sämtliche Einkaufsmärkte der Umgebung werben mit Sonderangeboten, ein Glaser bietet sich an und ein Mann, der Flecken aus dem Teppich entfernt und aus Polstermöbeln, ein Fernsehreparaturdienst (superschnell, superbillig), ein Schlüsseldienst, ein Blumendienst, ein Getränkedienst ...
Ungefähr alle zwei Monate hängt ein Zettel an der Haustür, der auf einen bestimmten Tag hinweist, an dem die »sauber gebündelten (keine Pappen!)« Zeitungs- und Drucksachenstapel am Straßenrand deponiert werden können. In all meiner Hektik verschwitze ich meist den Termin, und es läßt sich

absehen, daß meine Wohnung in einem halben Jahr aussehen wird wie die Altstoffsammelstelle, in der meine Kinder drüben alle zwei Wochen mit dem Abliefern leerer Flaschen, Gläser und den (dort kleineren) Papierstapeln ihr Taschengeld aufbesserten und die drüben, wie früher die Kinos, immer »um die Ecke« lagen.

17.30 Savignyplatz. Sind es zehntausend, zwanzigtausend Leute? Ein zerlumpter, lärmender, pfeifender Haufen jedenfalls, der – begleitet von gepanzerten und durch Gitter geschützte Polizeifahrzeuge – Richtung Kudamm marschiert: das Gorlebendorf ist geräumt worden. Im Fernsehen Bilder: die Leute sitzen im Kreis, Leib an Leib, und sie werden einzeln abgeführt, weggetragen, weggeschleift. Ein Trupp junger trainierter Grenzschützer mit schwarzgeschminkten Gesichtern. Schwere Bagger, die sich durch das geräumte, menschenleere Dorf fressen. Haus für Haus bricht zusammen wie nichts. Schließlich der leere Platz. –
Zusammenstoß Nähe Olivaer Platz, als ein langhaariger Fotograf eine von Polizisten mit Schildern und hochgeklappten Visieren bewachte Bank fotografieren will. Diese Szene: die Ruhe des Fotografen, der geduldig zu erklären scheint, was und warum er fotografieren will, das gespannte Gesicht des Polizisten, der sich plötzlich bläht und den jungen Mann, der gleich danach abgeführt wird, vor die Brust stößt. Pfeifen, Johlen. Der Zug bleibt solange stehen, bis der Fotograf wieder frei ist: fünf Minuten.

Nächster Halt auf der Kreuzung am Kranzler-Eck. Alles, was auf den Platz paßt, setzt sich nieder. Und jetzt heult etwas, heult wie eine Sirene, die Alarm gibt, ein ständig auf- und abschwellendes Heulen aus tausend Kehlen, so daß sich mir die Haare aufstellen im Nacken und ich an den Krieg denke.
Weiter Richtung Tauentzien. Ein dumpfes monotones Trommeln, und im Takt dieser Trommeln zwei Leute auf hohen Stelzen, die sich von hinten durch die Demonstranten schieben: der eine trägt einen Vogelkopf und quärrt auf der Trompete das Deutschlandlied, der andere ist als Polizist kenntlich gemacht, schwingt einen langen schwarzen Knüppel und fordert: Straße frei! – An beiden hängt eine lila Schleppe, von weißgeschminkten, im Rhythmus der Trommeln sich wiegenden Gestalten gehalten – in deren Schlepptau sich wiederum, an Händen gefesselt, angebunden an Stricken, Gefangene winden mit erschöpften, klagenden Gesten.
Scheu lächelnd weichen die Leute vor dem Symbol des Atomstaates zur Seite. Als würde die Pest angekündigt, und so richtig will es noch niemand glauben.

4

Im Zug. Frankfurt–Würzburg. – Was mir auffällt: In der Zeit, als Marie auf Distanz ging zum Realsozialismus, d. h. auf Distanz gebracht, ausgebürgert wurde, hatte ich meine größte Nähe zu ihm: Mitte der sechziger Jahre. Auffällig, mit welcher Sicherheit ich aus

Frischs erstem Tagebuch für die kleine Spektrum-Reihe all jene Passagen filtrierte, die entweder aus politischen oder aus Gründen einer anderen Weltsicht beim Lektorat oder beim Ministerium auf Ablehnung gestoßen wären, ihm, Frisch, keinesfalls gerecht werdend, lediglich der Nützlichkeit für die Gesellschaft, fürs System unterworfen. Andererseits, es war die erste Tagebuch-Auswahl, und sicher wäre sie anders nicht erschienen, und er hatte sie ja gebilligt ...
Die Zensur, die innere Zensur ... diese gottweißwie installierte Instanz der Selbstkontrolle, gegen die ich später, als ich mein erstes Buch schrieb, so verzweifelt kämpfte –

Würzburg, Bahnhof. Traditionslinien: Der Intercity-Zug Frankfurt–München heißt Heinrich der Löwe, und der, der auf dem gegenüberliegenden Bahnsteig gerade hält: Fugger ...

Meine Nähe zum System in den Sechzigern – –
Zweiundsechzig der Roman Schlacht unterwegs, ein russisches Buch über die Zeit nach Stalins Tod, über den Umbruch von der Kriegs- zur Friedenswirtschaft, über Karrierismus und Personenkult, bemerkenswert ausführlich besprochen in den Zeitungen; und dreiundsechzig, im Frühjahr wohl, Gemunkel auch an Kantinentischen, in Kneipen, auf Festen, daß etwas im Gange sei, *oben*, die Wirtschaft zu reformieren, ausgehend von einem gewissen Libermann, Ökonom aus der Sowjetunion, Tenor: mehr Verantwortung für die Betriebe statt starrer Planung, materieller Anreiz statt

neuem Bewußtsein, Qualität statt Masse, Ulbricht, wurde gemunkelt, soll anläßlich einer ZK-Tagung die Leiter der wichtigsten volkseigenen Betriebe, die staatlichen Planer mit einer Ausstellung westlicher Konsum- und Industriegüter konfrontiert haben, natürlich intern. Seht euch das an – so wollen wir es haben! – Übersetzt in die hypertrophe Sprache der Administration hieß das: Einführung des Neuen Ökonomischen Systems der Planung und Leitung der Volkswirtschaft – wir winkten erst ab, wieder eine Kampagne, wieder Sitzungen, Schulungen, Konferenzen, nannten es kurz und mit ironischem Unterton NÖSPL; mag sein, daß auch in dieser Zeit der Begriff Weltniveau, über den wir Kübel von Sarkasmen leerten, geprägt wurde – dennoch wuchs eine stille Hoffnung nach all den deprimierenden Jahren, die dem ungarischen Aufstand, der Isolation nach dem Mauerbau gefolgt waren; über Mette, eine Freundin aus den Tagen unserer Jazzklubs, hatte ich Marcel kennengelernt, Reporter aus der Schweiz, Kommunist, der nun im Ländchen wohnte und unter dem Pseudonym Villain in der Weltbühne schrieb, kraushaariger Enddreißiger mit engstehenden Augen, dessen Mischung aus scharfem, marxistisch geschultem Intellekt und einem leidenschaftlich verfolgten Missionarentum mich faszinierte; statt mit meinem Freund Johannes, der Ostern zweiundsechzig nach Westen verschwunden war, saß ich mit Stephan, der vor dem Medizinerdiplom stand, in meinem Labor, trank Tee und diskutierte die möglicherweise neue Lage – – und tatsächlich, einmal kam Mette zu mir und erzählte, ganz nebenbei, ihr Lebensgefährte Marcel suche junge Leute, um sie zu Reportern auszubilden

für ein geplantes sozialistisches Nachrichtenmagazin, und ob ich Interesse hätte?
Wenn mit allem zu rechnen war – aber mit einem Nachrichtenmagazin? Unmöglich. – Waren wir vor dem 13. August etwa nicht jahrelang über die Grenze gefahren, mein Freund Johannes und ich, und hatten unter dem Hemd, unter der Jacke, aus der Lesestube Ost in der Potsdamer Straße das kostenlose, neueste Exemplar des Spiegel herübergeschmuggelt, waren wir etwa nicht den Visitationen der Grenzorgane entgangen, jahrelang mit einem einfachen Trick? Näherten wir uns der ruinenumstandenen Ödnis des Potsdamer Platzes und wandte sich einer der uniformierten, vor den – ich glaube: vier – Eingängen des Bahnhofes postierten Grenzern uns zu, hatte ich dafür gesorgt, daß aus der Tasche meiner Jacke, meines Parkas kaum merklich, aber dem geübten Auge sichtbar, der Rand einer zusammengekniffenen Zeitung hervorschaute und mit hundertprozentiger Sicherheit die Aufforderung nach sich zog, ich solle herzeigen, was ich verborgen hielte. Mit der widerstrebenden Geste des zu Unrecht Belästigten zog ich die Zeitung aus der Tasche, reichte sie ihm, er faltete sie auseinander und sah mit irritiertem Blick auf verschlungene, ihm völlig fremde Lettern, fragte dann mit kühler, strenger Stimme, was das sei und woher es käme? – Es sei eine jiddische Zeitung, und sie käme aus der Volksrepublik Polen, aus Warschau genau, antwortete ich in selbstverständlichem Ton, und er darauf: So! Warschau also! Na, das zeigen Sie mir mal!, worauf ich mit dem Finger unter die Titelzeile fuhr, genau unter den in hebräischen Buchstaben gedruckten Herkunftsort,

hier stünde es doch!, um gleich danach – genaugenommen in der Zeitspanne, die nötig war, seine Unterlegenheit vorzuführen – auf die andere, kleine Spalte zu verweisen, und hier auch!, ganz unten, in der linken Ecke: *Folks-Sztyme, Warszawa*, in lateinischen Lettern.

Wöchentlich geübtes Ritual der Täuschung, die die personifizierte Macht begrenzte durch List und die Unwürde des Kontrollierten, potentiell Gemaßregelten vergessen ließ, wenn nicht aufhob. Die ersten Male prusteten wir aus uns heraus, wenn wir in der S-Bahn standen mit durchgedrücktem Kreuz, auf dem Leib die Konterbande, deren Einfuhr und Besitz bei Strafe verboten war, später grinsten wir nicht einmal mehr, so sehr war alles Routine geworden.

Ich hatte geglaubt, mich verhört zu haben, aber Mette schüttelte den Kopf vor lauter Ärger über meinen Skeptizismus. Es sei tatsächlich der Fall, daß ein Nachrichtenmagazin geplant sei und parallel dazu ein Reportagekurs, über zwei Jahre, geleitet von ihrem Freund Marcel, finanziert von einer Berliner Illustrierten, sechshundert Mark im Monat, veröffentlichte Beiträge extra honoriert – eine neue Form sozialistischen Journalismus' solle entstehen, der über die von Lenin für die Gewerkschaftspresse formulierte Rolle des kollektiven Organisators hinausginge, sie quasi auf eine andere, qualitativ höhere Stufe hob, indem sie sich, parallel zur wirtschaftlichen Selbständigkeit der Betriebe und der reduzierten staatlichen Aufsicht, zu einer Art öffentlichen Kontrollorgans aufschwang – ein analytischer Journalismus, der seinen Lesern die objektiven Zusammenhänge vorur-

teilsfrei darstellen, die Mißstände anprangern und den Verantwortlichen in Staat und Gesellschaft mit positiver Respektlosigkeit auf den Pelz rücken solle; was sagst du dazu? –
Ich war damals im virologischen Institut der Berliner Universität angestellt, hatte drei Jahre zuvor meine erste Geschichte veröffentlicht, meine zweite, ein Entwurf, war gerade fertig geworden, ich wollte langsam vorwärts, wollte ein Thema, mein Thema, einkreisen über die nächsten Jahre, vom Fragment zur Erzählung, von der Erzählung zum Roman – und jetzt Journalismus, Reportage? – Nicht Reportage schlechthin. Literarische Reportage selbstverständlich. Kisch, du kennst doch Kisch! Oder Reisner, Larissa. Oder John Reed!? – Mettes energisch fordernde Geste, als könne es, außer sofortiger Zusage, gar nichts anderes geben. Mir war wie vor dem Kopfsprung eines Flachschwimmers vom Zehn-Meter-Turm. Kisch war mir bekannt, von den beiden anderen hatte ich nie gehört, saß dennoch ein Vierteljahr später inmitten eines Kreises von vier, fünf jungen Leuten das erste Mal im Balkonzimmer einer Niederschönhausener Reformbauwohnung aus den zehner Jahren, analysierte die Klassischen Reportagen, die Entdeckungen in Mexiko, las Marx, Mehring, Sweezy, übte den Brechtschen Verfremdungseffekt in Etüden über Straßenbahnfahrten, Eishockeyspielen, Friedhofsbesuchen, lernte die Story eines Markttores zu reportieren, das einst im kleinasiatischen Milet, jetzt im Pergamonmuseum stand, ließ mich später ins letzte Obdachlosenasyl unseres Teils von Berlin einweisen, Prenzlauer Berg, Kastanienallee; die ersten

Reportagen erschienen in der NBI, der Neuen Berliner Illustrierten, und während eine Etage über uns ein aus allen Redaktionen der Republik ausgewähltes Team an der Nullnummer des Nachrichtenmagazins bastelte, das PROFIL heißen sollte, praktizierte die NBI diese neue Qualität sozialistischen Journalismus: Titelgeschichten über die Ersatzteilmisere, über den Krebs, über die wachsende Zahl der Scheidungen und über steigende Preise; Reportagen über die Probleme des Braunkohleabbaus, der Transplantationschirurgie, über die der Jugend und die der Alten, am Rand lebenden – die Leute kauften das Blättchen und lasen wieder, was sie anging – – Bewegung plötzlich, Weite im Kopf, der Blick aufs Ganze und auf seine Widersprüche; heuristische Momente, wenn ich bei Marcel saß, zweimal die Woche, oder mit Gert diskutierte, unserem Verbündeten in der Redaktion, ein Riese Anfang Dreißig, mit jungenhafter Begeisterung und mecklenburgischem Stoizismus, oder wenn ich *auf Reportage* fuhr, quer durchs Land, mit geschärftem Sinn für die realen Dissonanzen, für die Differenz zwischen Schein und Wesen, für die Widersprüche – ja, das war das Wort!, die Gesellschaft bewegt sich in Widersprüchen, und die gilt es darzustellen, damit sie aufgehoben werden können, dialektisch natürlich, schonungslose Wahrheit beim Aufdecken der Widersprüche zum Nutzen der Gesellschaft ...
Zwei Jahre ging ich auf in dem Projekt, eine solidarische, entfremdungsfreie Gesellschaft aufzubauen, die erkämpft werden mußte gegen die Trägheit der Apparate, gegen Bürokratie und kleinbürgerliches Beharrungsvermögen mit den Waffen der Auseinan-

dersetzung, Offenheit und Transparenz – von irgendwelchen Reibungen hinter den Kulissen spürte ich anfangs wenig und wenn, dann hielt ich sie für eine notwendige Folge des Kampfes zwischen magischem und wissenschaftlichem Sozialismus; dann wurde Hans Otten krank, der die Regie führte beim Nachrichtenmagazin und bei der NBI, ein neuer Mann kam, kommissarisch, hager und mit nachdenklichen Augen und sachlicher Argumentation, der fünf Jahre später, zu unser beider Erstaunen, mein Schwiegervater wurde, er blieb nur kurz, dann kam, aus Leipzig, ein zweiter, mit deutlich schwächerem Intellekt und flachem Ausdruck, was soll's, kein Thema für uns, wir arbeiteten, lernten unbeirrt und mit fahrlässiger Naivität weiter, bis irgendeine Journalistenkonferenz ins Land ging, eine fünfte, glaube ich, und kurz darauf ein ZK-Plenum, das elfte, das weiß ich genau, fünfundsechzig im Dezember – da lasen wir das Neue Deutschland mit Kopfschütteln, das konnte nicht wahr sein!, Heym, Havemann, Biermann als Adepten eines vom wahren Ziel abweichenden Weges; die Nullnummer des Nachrichtenmagazins, die in fünfhundert Exemplaren erschien und sofort zur Geheimen Verschlußsache erklärt wurde, soll bei Ulbricht, so ging die Fama, lediglich einen sächsisch gefärbten, grunzenden Laut der Verachtung hervorgerufen haben; ich war mir sicher, das war erfunden, aber die Gesichter waren blaß auf den Korridoren der Redaktion, Achselzucken und Galgenhumor, rin inne Kartoffeln, raus aus de Kartoffeln, der Vorsitzende gibt, der Vorsitzende nimmt, alles andere war zum Lachen.
Zum Lachen –? Ich danke. Schon im Mai hatte eine

Straßenumfrage in Berlin und Moskau, welche Person das »gute Deutschland« repräsentiere und bei der Ulbricht mit 31 Prozent auf den ersten Platz kam, noch vor Marx und Goethe!, harsche Kritik im Zentralkomitee hervorgerufen (Wollt ihr ernsthaft behaupten, 69% seien gegen ihn? fragten die Kritiker, ernsthaft), und im Sommer stieß Marcel, einer der geistigen Väter unseres Neuen Journalismus, auf Publikationsschwierigkeiten mit einer Reportageserie über Westdeutschland – die neue Leitung, hieß es auf den Korridoren, wolle auf Distanz zu ihm gehen; ich wurde zum Vizechef gerufen, der mir einen neuen, großzügigen Vertrag anbot, ab sofort, wenn ich aus dem Kurs ausstiege, dessen einziger Teilnehmer ich inzwischen geworden war; ich sagte Nein, pochte auf meinen alten Vertrag, der Marcel und mich noch bis zum Jahresende band an die Redaktion, sagte auch offen den Grund: daß ich mir schweinisch vorkäme, ihm gegenüber, wenn ich das Angebot annähme, stieß überraschend schnell auf Verständnis, selbstverständlich, klar, deine Haltung ehrt dich, Kollege, und wir schieden im Einvernehmen, meine neuen Konditionen erst nach Ende des Kurses mit einem Vertrag zu besiegeln; Marcel saß in seinem Erker und blickte nachdenklich ins Vorhofgrün; als ich ihm von meinem Gespräch erzählte, reagierte er kaum und gab mir den Auftrag, eine Bilanz zu schreiben über meine Zeit im Kurs, der mir eine Welt geöffnet hatte, von deren Faszination ich vor zwei Jahren noch keinen blassen Schimmer hatte. Davor aber eine Feier, offizieller Geburtstag der NBI, der zwanzigste, Empfang, kaltes Bufett, viel Wein, und hinterher in *kleinem Kreis* in der Chefredaktion, dummerweise lief ich mit, trank viel Schnaps und machte einige ironisch provozierende Bemerkungen zur Informationspolitik, dummerweise auch in Anwesenheit zweier Mitarbeiter des ZK, oder gerade deswegen, schwerer Kopf am nächsten Tag, schlechte Gefühle die ganze Woche über, die dann zerstreut wurden durch das verführerische Angebot des Vizechefs. Weihnachten kam, Silvester, ich kam mir großartig vor und ging selbstbewußt und meiner analytischen Qualifikation sicher in die Redaktion zum Perspektivgespräch, traf mich mit Gert in seinem Zimmer, eine viertel Stunde war noch Zeit, wir tranken Tee und frotzelten so herum, saßen schließlich im Zimmer des Chefredakteurs, ich wunderte mich ein wenig über den personellen Aufwand, sechs oder sieben Leute außer mir – anderthalb Stunden später war ich gefeuert, vertragslos und mit Hausverbot belegt, und einen Tag danach erfuhr ich zum ersten Mal bewußt den Zusammenhang zwischen Physis und Psyche, fiel mit einem Schrei auf die Couch, konnte mein Bein bis zur Hüfte hinauf nur unter Schmerzen bewegen, mein Freund Stephan, jetzt in der Facharztausbildung, diagnostizierte eine Neuritis, drei Wochen lag ich und starrte gegen die Stuckdecke unserer plötzlich viel zu teuren Wohnung in der Brunnenstraße, Biberkopfgegend, Nähe Rosenthaler Platz, geschüttelt von Selbstzweifeln und Existenzsorgen, was soll werden, und warum und wieso alles, eben noch mit allen Fasern verbundenes Teil eines lebendigen Organismus, jetzt draußen, gedemütigt, allein – diese Sehnsucht, ganz unvermittelt, nach Nähe zu den Leuten, mit denen ich zwei Jahre versucht hatte, eine, wie wir fanden, stagnierende Gesellschaft auf Trab zu bringen, aber sie blieben aus, offenbar zu beschäftigt, den gegenreformatorischen Sturm ohne großen Schaden zu überstehen, blieben aus, bis auf einen, der am Tag meines einsamen 29. Geburtstages überraschend in der Tür stand, ein wenig verlegen erst, dann Zuversicht vortäuschend, in der Hand eine selbstgemachte Collage, deren Botschaft sich in zwei Sätzen zusammenfassen ließ: Es war alles richtig. Hör nicht auf die anderen. Gert.

Schon kurz danach hatte ich Schwierigkeiten, mir klarzumachen, mit welcher Begründung ich gefeuert worden war, die Bilder in meinem Kopf waren schemenhaft, die Argumente meiner Widersacher nur in Bruchstücken erinnerlich, verfluchtes Beteiligtsein, verfluchte Gefühle, die meine Wahrnehmung immer dann einschränkten, wenn ich sie am nötigsten hatte, keinen Dialog könnte ich über mehr als drei Sätze rekonstruieren, eher weniger, nur Tonlagen sind haften geblieben und rhetorische Bilder – jene schneidend wie mit kaum verhohlener Aggressivität, diese nach einfachstem Muster demagogisch – – Sonja beispielsweise, die Parteisekretärin, die in der Kantine einmal gesagt hatte, sie habe die Geschichte der KPdSU, in Klammern B, fünfmal gelesen, worauf einer, ich weiß nicht mehr wer, antwortete, das sei mindestens viermal zuviel gewesen, und sie lachte darüber wie wir, wenn auch verhaltener – die Parteisekretärin Sonja also, die anfangs mit einfühlsam registrierendem, später nachdrücklichem, fast hartem Alt die Feststellung traf, sie nähme mir nicht übel, daß ich *das* und *das* gesagt habe, auch nicht *dieses* und *jenes* – und es folg-

ten ein paar ungenau wiedergegebene, aus dem Zusammenhang gerissene, im großen und ganzen jedoch stimmende Nebensächlichkeiten, Kantinensprüche bestenfalls – bis die Periode ihrer bagatellisierenden Aufzählung meinerseits geäußerter Sätze mit einer völlig aus der Luft gegriffenen Behauptung schloß: ... aber daß du *das* und *das* gesagt hast, das nehme ich dir schwer übel! –
Was sie mir vorwarf, muß ich im selben Augenblick vergessen haben, in dem ich es dementierte, heftig, erbost, das stimme doch nicht, und ich möchte wissen, wann, wo und zu wem ich so etwas gesagt haben solle – – da fiel ihre Stimme in die Lage einer tiefen Verletztheit, ob ich denn glaubte, sie sei so eine, die Buch führe über die Äußerungen anderer Menschen?, die sich hinterher aufschreibe, was einer gesagt habe?! –
Empörung, durch ein kurzes, verletztes Auflachen verstärkt: Das glaubte ich also von ihr? ..., und ehe ich mein Aber hervorstoßen konnte, rief eine andere Stimme, weit neben mir, ich sei offenbar von dem Mißverständnis befallen, hier solle etwas geklärt werden, aber hier gehe es darum, nur eines festzustellen, und das sei mein fehlerhaftes, um nicht zu sagen: feindliches Verhalten. Plötzliche Stille im Raum, dann nachdrückliches Räuspern, erleichtertes Aufatmen, als sei endlich gesagt, was zu sagen war. Wahrscheinlich bin ich blaß geworden oder rot, schockartig, in meinem Kopf ein Rauschen, so daß ich alles, was danach kam, nur gedämpft und wie von Ferne wahrnahm – intuitiv erfassend, daß die Verhandlung bereits stattgefunden hatte, ohne mich, das Urteil be-

reits gefällt und jede Argumentation, jede Richtigstellung zwecklos war, also Schluß, Aus, Ende – – gedämpft und wie von ferne die kühle Stimme eines Redaktionssekretärs: daß ich natürlich auf die Unterstützung der Leitung rechnen könne, fallen ließe man keinen!, ich hätte nur Einsicht zu zeigen in unvermeidliche Notwendigkeiten und mich zu bewähren in einer, zugegeben, schwierigen individuellen Situation, könne ja die Produktion an der Basis studieren, beispielsweise, könne ein Tagebuch führen und zu meinem und der Gesellschaft Nutzen von den erregenden Vorgängen bei der Veränderung des Bewußtseins unserer Menschen berichten, und warum nicht auch, später einmal, in dieser Zeitung? – Ja! rief der Alt der Parteisekretärin. Mach was draus, Junge. Stell dich auf deine Hypothek!, und sie blitzte mich aus dunklen Augen an, aufmunternd, fast heiter, und pflanzte in die Wüstenleere meines Kopfes tatsächlich so etwas wie eine vage Hoffnung, an die ich mich klammern konnte, als ich den Raum verließ, geschlagen, und die Treppe hinunterging, vorläufig zum letzten Mal sicherlich, Gert lief neben mir und hatte kurz die Hand auf meine Schulter gelegt, jetzt, zwischen dem dritten und dem zweiten Stock, verhielt er unvermittelt und sagte: Nun könne ich ihm eins in die Fresse haun. Bittesehr. – Auch ich blieb stehen, hob die Schultern, wir sahen uns an, aber merkwürdigerweise konnte ich seinem Blick nicht standhalten, so traurig schien er mir, so verloren – also wieso, warum?, und ich ging weiter, er folgte mir, und ich hörte ihn sagen, weil er gewußt habe, was geschehen würde und mir nichts gesagt habe vorher, deshalb, aber ich winkte ab, es schien

mir unwesentlich oder zumindest von nachgeordneter Bedeutung, und sein offenes Bekenntnis war mir eher peinlich, so daß ich es überspielen wollte und sagte, was mich am meisten ärgere, sei die Tatsache, daß ich extra meinen Anzug angezogen hätte, und Gert nahm den Sarkasmus auf und antwortete, es gäbe überhaupt nur zwei Gelegenheiten im Leben, bei denen es sich lohne, einen Anzug zu tragen: bei unserer Hochzeit und bei unserem Begräbnis.
Dann gingen wir in die Kneipe nebenan ...

Betrieb

1

Berlin, Checkpoint-Charly. – Eben erfahren, daß Leben im Winter im Ländchen nicht erscheinen wird. Mein neuer Rostocker Verlagsleiter, der mir eröffnete, daß die ursprünglichen Bedenken des Verlages zu Recht erfolgt seien. Sie hätten keine Genehmigung zum Druck bekommen. Wegen der vier *Stellen* im Text. Vor allem aber wegen Trotzki. Ja, wegen Trotzki . . .
Wir saßen im neuen Handelszentrum am Bahnhof Friedrichstraße, das die Japaner erbaut haben, ein hochkant gestelltes Rechteck aus Aluminium und dunklem, spiegelndem Glas; erzählten, als das Wichtigste heraus war, von allem möglichen – ich von meinen Reisen, von Island, von Paris, von Gorleben.
Schock später, als ich bei Kurt saß, der seinen Paß im September bekommen soll. Eigenartiges Gefühl; wie vor einer Krankheit. Meine Stimme schlug einmal über.
Ich hätte nicht gedacht, daß mich die Ablehnung derart mitnimmt, zumal der Band bei Fischer erscheinen wird.

Schwierigkeiten auch mit einem Brief ans Fernsehen, die Ikarus-Zensur betreffend. Schon das dritte Mal

den Ton verfehlt. Aber welcher paßt –? Der ironische, der polemische, der sarkastische? –
Vor zwei, drei Wochen war Benjamin am Telefon ganz aufgeregt: Er habe letzten Sonntag den Film im Fernsehen gesehen, und es hätte die Schulszene gefehlt, und dann noch etwas, aber da sei er sich nicht sicher.
Ich will gleich anrufen in Adlershof. Das lasse ich mir nicht gefallen, zumal der Film dort schon zweimal ungekürzt gelaufen ist. Aber dann kommt heraus, daß Benjamin das Westfernsehen meint.
Ich rufe Heiner Carow an, den Regisseur, aber der meldet sich nicht. Ich rufe den Bayerischen Rundfunk an, der für die Ausstrahlung verantwortlich ist, aber die zuständige Person ist nicht erreichbar.
Einen Tag später Rückruf der Redakteurin vom Familienprogramm. Man habe zwei Schnitte vorgenommen. Einmal die Szene, in der ein Klassenkamerad des Protagonisten *Stellung nehmen* muß zu einem läppischen Kaufhausklau. Zum zweiten die Szene, in der ein Kriminalpolizist über den Einmarsch der Roten Armee in Berlin erzählt und den Begriff Befreiung benutzt. Diesen Schnitt habe man getan, weil den jungen Menschen hierzulande diese Begrifflichkeit nicht geläufig sei. Jenen aber, weil man derart unmenschliche Verhältnisse dem vorwiegend jungen Publikum nicht zumuten wollte. Diese bittere Szene ist ja auch nicht gerade eine vorteilhafte Darstellung Ihres Staates, sagt die Redakteurin und fügt wenig später hinzu: Ich rede jetzt mit Ihnen wie mit einem Westdeutschen. –
Ich bin einigermaßen fassungslos ob dieser Argumen-

tation und reagiere gereizt: daß sie mich, bittesehr, nicht als Propagandisten sehen möge; daß ich genau wisse, weshalb ich diese Szenen so und nicht anders geschrieben hätte, und daß ich jeden Eingriff in meine Autonomie als Zensur betrachte.
Aber sie läßt sich von ihrem Konzept nicht abbringen. Zensur –? Davon wolle man um Gottes willen nicht reden. Sie habe die Verantwortung für ein Familienprogramm ... Komisch, daß beide Dinge zusammenfallen: die Ost- und die Westzensur.

Moabit, Kriminalgericht. Prozeß gegen Christian. Die Architektur gleicht der des Stadtgerichts in der Littenstraße aufs Haar: einschüchternd, bedrückend. Gründerzeitmonstrosität. Eine Sperre mit Polizisten, ich muß alles Metall aus den Taschen nehmen, werde mit einem Detektor abgetastet, meine Plastiktüte wird durchforscht, der blaue Paß ohne sichtbare Verwunderung studiert.
Der Prozeß läuft seit neun Uhr früh. Ich bin der einzige Besucher.
Linkerhand der Staatsanwalt, ein Mann Ende Fünfzig mit vollem Gesicht. Frontal die Bank der Richter, drei im Talar, sechs in Zivil. Der Vorsitzende verliest ein Schriftstück, ich habe Mühe zu verstehen, die Fenster neben mir sind weit geöffnet. Christian sitzt mit dem Gesicht zum Richter, neben ihm seine beiden Verteidiger.
Nach dem Vorlesen des einen Schriftstückes folgt das Vorlesen eines weiteren Schriftstückes. Das geht zwei Stunden so. Nach jeder Verlesung der Blick auf den

Angeklagten: Was sagen Sie dazu? – Erklärung Christians: Das habe ich an anderer Stelle schon ausgeführt. Oder: Daran kann ich mich nicht mehr erinnern. Oder: Das ist zu lange her. – Christian ist angeklagt der Unterstützung einer terroristischen Vereinigung, und zwar während der Zeit, in der er RAF-Leute verteidigt hat, unter anderem auch Ulrike Meinhof. Gegenstand der Verhandlung sind die beschlagnahmten Akten des Rechtsanwaltbüros, ein Berg von Ordnern auf dem erhöhten Tisch; gesucht wird nach einem Zusammenhang zwischen der RAF und dem Angeklagten, und zwar im Sinne einer auf die Zukunft bezogenen Tätigkeit der RAF – wenn ich das richtig verstanden habe.
Verlesen wird an diesem Tag ein Brief Grashofs, ein Brief Meinhofs, eine Lektüreliste (die interessiert mich), Marx kommt vor (wie lange schon habe ich Marx nicht mehr gelesen), und sogenannte Infos unbekannter Urheberschaft. Die Sprache ist ideologisiert, hat manchmal einen rigid-befehlenden, manchmal einen verzweifelten Tonfall, besonders in dem Grashof-Brief, in dem die katastrophale psychische Auswirkung der Isolationshaft beschrieben wird. Einmal, die Herren in den Roben lösen beim Vorlesen einander ab, kommt einer ins Stottern: ... die Rev ... Revolution in der Rev ... Rev ... – Verständnisloser Blick zum Vorsitzenden. Hilfe von der Anklagebank: Revolution in der Revolution ... –
Dennoch Ermüdung. Der Staatsanwalt wischt sich die Ecken seiner Mundwinkel aus und blickt an die Decke, ich sacke weg, zweimal, muß mich zusammenreißen, dann sind fünf Minuten Pause, wir stehen auf

dem Flur und rauchen, und Christian fragt mich in seiner zurückgenommenen Art, wie ich sie fände, die Klassenjustiz? –
Meine letzte Begegnung mit der Justiz fand vor zwei Jahren in der Littenstraße statt. Rudi war angeklagt wegen staatsfeindlicher Hetze (oder war es staatsfeindliche Verbindungsaufnahme?). Wir waren zehn, zwölf Leute, nahmen auf den Bänken Platz, hörten die kurze Vernehmung zur Person – dann wurden wir ausgeschlossen. Rudis dankbarer Blick auf uns, als er den Gang in Handschellen hinabgeführt wurde ... – –
Die Vorgänge im Prozeß gegen Christian spielen im Jahr 1973, also vor sieben Jahren, wer soll sich da schon so genau erinnern?
Interessant ist, daß der Vorsitzende schon damals Vorsitzender war. Der Angeklagte war damals Verteidiger der Angeklagten Meinhof.
Die Menge der Leute hinter der Richterbank erklärt mir Christian so: Eigentlich seien nur ein Richter und zwei Schöffen erforderlich. Die anderen seien Ersatzleute, damit – falls einer krank werde – die Verhandlung nicht ausgesetzt werden müsse.
Was ihn am meisten treffe, sei die Tatsache, daß er jede Stunde, die die Verhandlung länger dauere, bezahlen müsse. Sein Kollege Croissant habe eine Rechnung über 261 Tausend DM bekommen. Er, Christian, rechne mit 40 bis 100 Tausend.
Zweimal weist der Vorsitzende darauf hin, daß heute um 16 Uhr Feierabend sei für vier Wochen. Um zehn nach vier ist dann Schluß. Man verabschiedet sich kollegial.

Auf der Straße fährt Christian mit den Akten auf dem Gepäckständer seines Fahrrades an mir vorbei, ich hupe, er winkt mir zu, kommt ins Straucheln, sein Fuß sucht Halt auf dem Rinnstein, einen Moment sieht es so aus, als stürze er, dann fängt er sich wieder und fährt um die Ecke.

21. August 1980. – Vor zwölf Jahren Einmarsch in Prag. – In Polen soll die Zahl der Streikenden eine Million erreicht haben, trotz der Appelle seitens der Parteiführung. Am Montag hielt Gierek eine Rede – uns fiel auf, er spricht zu den Arbeitern wie zu Kindern.

Vorhin, wir fuhren mit der DDR-Nummer, aber ohne Nationalitätenschild, die Bismarckstraße hinunter, überholte uns, bevor wir in die Witzleben einbogen, ein Tandem: vorn ein glatzköpfiger Mittfünfziger, hinten ein junger Mann, und der Glatzköpfige beugte sich zu uns herunter, schrie: Scheißausländer! – und trat in die Pedale. Wir wendeten sofort, mußten eine rote Ampel auf uns nehmen, traten aufs Gas und hatten ihn Höhe Schiller-Theater eingeholt, überholten ihn hupend und mit heruntergelassenem Seitenfenster, bremsten ab, und ich brüllte, als er uns wieder passierte: Scheißnazi! –

Ein Bild aus der Stadt, das bei mir hängengeblieben ist: Ich fuhr mit dem Bus durch Moabit, da steht an einem Platz vor einem Schuhladen, der gerade eröffnet wurde, ein junges Mädchen im Clownskostüm und dreht die Kurbel eines Leierkastens und zieht an einer Leine, an der ein Äffchen zieht, das auf dem Pflaster fortstreben will – ich höre nichts im Lärm des Busmotors, und auf diesem Platz ist sonst kein Mensch zu sehen ...

Lesung vor zwei Dutzend Deutschlehrern und Professoren aus allen Teilen Westeuropas und aus Jugoslawien. Lockere Atmosphäre. Lange nicht so verkrampft wie hierzulande, wenn es um die sogenannte deutsche Frage geht.
Der Irländer: Er lebe auch in einem geteilten Land. Das würde mich sicher interessieren. Auch wenn man reisen könne: das Land sei geteilt. – Er macht eine Pause, sieht von einem zum anderen, reckt sich plötzlich und fährt vehement fort: Und die Toten! Und die Gefängnisse! Sie glauben gar nicht, welche schrecklichen Zustände in den nordirischen Gefängnissen herrschen! –

Normales Gewicht wieder erreicht. Zehn Pfund hatte ich seit Dezember abgenommen. Dieses Körpergefühl, damals. Wie wenn ich elektrisiert wäre. Wie wenn ich gleich abheben wollte. Wie wenn ich jede Zelle in mir spürte; spürte, wie alles floß: Säfte von Kopf bis Fuß. Außer sich sein als körperliche Empfindung ...

15 Uhr. Prenzlauer Berg. Eine Woche Sommerwetter mit einschneidenden Ereignissen. Einigung der streikenden polnischen Arbeiter mit der Regierung.
Das Bild, in dem der Danziger Streikführer Wałesa, ein Elektriker, und der Vizepremier Rakowski das Abkommen paraphieren: Wałesa mit unterarmlangem Kugelschreiber, auf dessen Schaft das Bildnis des derzeitigen Papstes Woytila zu sehen war. –
Besuch bei Franz, der vom größten Ereignis seit der Oktoberrevolution spricht. Gert, den ich eben besuchte, war eher deprimiert. Er meint, daß die Mehrzahl der Leute im Ländchen nicht versteht, was in Polen vorgegangen sei. Sie wollen es nicht verstehen, sagt er. Sie haben eine Sperre im Kopf. –
Mitten im Streik die Rede des polnischen Kardinals, in der er praktisch zur Wiederaufnahme der Arbeit aufrief. Es ginge nicht an, daß der eine Teil der Nation das erarbeiten müsse, was durch den Streik des anderen verlorengehe.
Die Predigt hielt er bei einer Feierlichkeit anläßlich eines Jubiläums der heiligen Madonna von Tschenstochau. Am Tag nach der Predigt hing ein Schild am Tor der Danziger Werft: Die Madonna streikt.

2

Ein wichtiger Teil des Schriftstellereinkommens entsteht hierzulande durch Lesungen. Manche Kollegen machen, wenn ein neues Buch vorliegt, sechswöchige (oder noch längere) Tourneen, quer durch die Repu-

blik. Veranstalter sind private Buchhandlungen oder städtische Bibliotheken; organisiert wird so eine Lesereise meist von den Werbeabteilungen der Verlage. Die Honorare liegen zwischen 400 und 500 DM.
Ich schaffe es höchstens zwei Wochen, von Stadt zu Stadt zu ziehen. Spätestens nach der dritten Lesung kann ich mir zusehen. Alles läuft dann automatisch, unbeteiligt. Marie geht es noch schlechter: spätestens nach der vierten Lesung fällt sie in eine Krise und muß die Tournee unterbrechen.
Die Rituale gleichen sich. Lesen, Diskutieren, Signieren und anschließend, in kleinem Kreis, in die Kneipe. In München unterbrach der Veranstalter, ein Germanistik-Professor, zum Leidwesen des Publikums, die Diskussion, weil er, wie mir hinter vorgehaltener Hand berichtet wurde, schnellstens in die Kneipe wollte. Er steht im Ruf eines handfesten Trinkers. Wir schoben zwei Tische aneinander und das Reden begann. Selten fühlte ich mich so in Besitz genommen. Jeder zweite hatte eine Frage, auf die ich ihm eine persönliche, d. h. auf seine Verhältnisse zugeschnittene Antwort geben sollte. Nach einer halben Stunde schwirrte mir der Kopf, und ich versank in Bier.

Die Sonderlichkeit des Künstlers als Schutz vor Einvernahme durch den künstlerischen Menschen. Das Devote des Publikums (Wir freuen uns ... gerade Sie! ...) als Verkleidung: Es hat gekauft (500 DM) und hat ein Recht auf das Produkt wenigstens für diesen Abend.

Eine Quelle der schriftstellerischen Existenz sind die Lesungen; eine andere die Subventionen. Erstaunen, als Hannes Schwenger vom Schriftstellerverband (der hier mehr eine gewerkschaftliche denn eine korporative, ständische Vereinigung ist) meine Möglichkeiten bei finanzieller Not beschrieb.
Künstlerhilfe, Wohngeld, zinslose Kredite – es ist ein sicher nicht engmaschiges, aber doch großes Netz unter die Balanceakte einer freien literarischen Existenz gespannt. Wer lebt hier schon allein von seinen Büchern? Eine Handvoll Leute, nicht mehr.
Die Auflagen meiner Bücher, die mir im Vergleich zu jenen im Ländchen gering erscheinen, sind nach Ansicht der meisten Kolleginnen und Kollegen hier von respektabler Höhe, auch wenn ich sie vor allem mit den weniger einträglichen Taschenbüchern erreiche.
Es gibt auch Stipendien. Die projektgebundenen müssen beantragt werden, persönlich, und das Peinliche an ihnen ist weniger die Bittstellergeste eines, wie man so sagt, ausgewiesenen Autors, als seine Furcht, nicht zu den wenigen Erwählten zu gehören.
Jemand erzählte mir, daß ein Schriftsteller, der weit über sechzig und aus der Literatur der Bundesrepublik, besonders aus ihren Anfängen, nicht wegzudenken ist, jahrzehntelang Romananfänge schrieb, die von Stipendienjurys honoriert, von ihrem Autor allerdings nie zu Ende geführt wurden – nie zu Ende geführt werden konnten, weil er mit seinen drei, vier Romanen das Wesentliche, heute noch Wichtige, gesagt hatte; eine Leistung für die Gesellschaft, die ihm eine Existenz hätte sichern müssen. Was hat sie verhindert?

Die ortsgebundenen Stipendiaten heißen hier Stadtschreiber. Jede Stadt, jede Gemeinde, die kulturell etwas auf sich hält und es sich leisten kann, hat im Haushalt einen Posten, der einem Schriftsteller, einer Schriftstellerin reserviert ist.

Marie zum Beispiel ist im vorigen Jahr der Stadtschreiberposten einer kleinen, nördlich von Frankfurt/Main gelegenen Gemeinde verliehen worden, das heißt: sie kann für die Dauer eines Jahres monatlich mit 2000 DM rechnen und ein Einfamilienhäuschen mit Garten nutzen. Der Preis ist von bundesweiten Zeitungsartikeln begleitet, es gibt das Ritual des Schlüsselempfanges, das der Schlüsselübergabe, wieder ist die Presse dabei, wenn auch nur die lokale (nicht zu vergessen die Honoratioren), und er steht bei den Autoren hoch im Kurs. Erwartet wird natürlich, daß du die meiste Zeit vor Ort lebst, Lesungen abhältst in Schulen, Gemeindehäusern, daß du Besuche empfängst und erwiderst. Für unabhängige, kontaktfreudige, an den Geschehnissen einer Provinzstadt interessierte Leute keine schlechte Sache – aber für die anderen?

Ich weiß von einem Autor, der einen halbjährigen Aufenthalt in einer südwestdeutschen Industriestadt angeboten bekam: 1500 DM im Monat und ein Zimmer in einem Turm mit Blick über die Stadt. Er war sich lange im Zweifel, ob er zusagen sollte. Die Grundlebenskosten in seiner Heimatstadt, die ja weiterliefen, betrugen schon 1200 DM, seine Frau würde mit zwei schulpflichtigen Kindern und allen familiären Belastungen allein bleiben, und erfahrungsgemäß, fügte er hinzu, stiegen die persönlichen Ausgaben in einer fremden

Stadt um fünfzig Prozent. Er sagte schließlich mit der sarkastisch klingenden, aber durchaus realistischen Begründung ab, zur Zeit könne er sich die Annahme dieses Stipendiums nicht leisten. –
Die wichtigste Einnahmequelle für freie Autoren sind die elektronischen Medien. Ich kenne kaum einen Autor, eine Autorin, die nicht schon ein Hörspiel, ein Feature geschrieben haben. Marie verfügt über einen Fundus hervorragend dialogisierter Stoffe; meist aus dem Material ihrer literarischen Produktion geschöpft. Sie weiß nicht einmal mehr, wie viele es sind, aber wenn sie Geldnöte hat, kann sie bei den Sendern nachfragen, ob eine Wiederholung möglich sei und stößt meist auf offene Ohren . . .
Was die Literatur betrifft, scheinen Profession und Konfession als Antagonismen zu gelten. Wann immer ich bei Lesungen die Standardfrage, weshalb ich schreibe, mit dem Hinweis beantworte: Weil ich Schriftsteller bin und nichts anderes kann! –, gehen die Fragenden auf leichte, aber spürbare Distanz. Ihre Erwartung liegt offenbar auf moralischer Ebene (»Suche nach Wahrheit«) und wäre durch Weglassung zweier Buchstaben (Weil ich nicht anders kann!) zu befriedigen gewesen.

Coesfeld – Billerbeck – Münster. Lesungen Freiheit statt Strauß. Rast unter drei alten Kastanienbäumen, zwischen denen sich ein Gedenkstein befindet an den letzten Bischof von Münster, der, wenn ich mich recht erinnere, hier einst Rast machte, bevor er nach Billerbeck ging, um zu sterben.
Erntezeit. Vor uns ein frisch gepflügtes Feld. Ein

Traktor, der seine Kreise zieht. Ein Phantomjäger, der fauchend über die Landschaft fegt.
Billerbeck: ruhig, vergleichsweise verträumt.
Das Münsterland ist reich an Burgen und Schlössern, sagte die Frau, die im Park des Klosters saß.
Die Lokalzeitung wollte die Ankündigung nicht drukken: eine Bürgerinitiative mit dem Namen Freiheit statt Strauß sei diskriminierend für eine Partei und eine Person.
Die Landschaft im Dunst. Keine fünf Kilometer bis Billerbeck, aber man kann die Spitze des Doms kaum erkennen. In Münster, die Innenstadt, Geschäft an Geschäft. Der Dom, an dem in luftiger Höhe die Käfige für die Gefangenen der Wiedertäufer-Kommune hängen: So strafte die Macht damals.

Telefonat mit Marie, die mich drängt, den Fragebogen der FAZ auszufüllen. Auch Sarah, mit der ich vorhin telefonierte, rät mir, ihn abzuschicken: Der Alte tobt vielleicht! –
Der Druck der Feuilletonbosse. Ihre Macht, die der eines ZK-Sekretärs für Kultur nur wenig nachsteht.
Vor drei oder vier Wochen war der Brief angekommen. Schon bei flüchtiger Lektüre war klar: Talkshow in der Zeitung. Besonders bei der Frage, was wir (sieben oder acht Leute, die jetzt im Westen lebten) uns wünschen würden, hätten wir einen Wunsch (oder waren es drei?) bei Schmidt und Honecker frei, schaltete ich auf Abwehr, legte das Papier beiseite und vergaß es.
Noch während ich mit Marie über die verfluchte Tendenz zur Ranglistenliteratur und mediengerechter, auf Selbstdarstellung drängender Präsentation lamen-

tiere, fällt mir das Frühstück bei Schneiders ein, im Sommer in Bergen.
Marie hatte mich mitgenommen, Rühmkorf war dort und gab eine nüchtern bittere Beschreibung des Literaturmarktes: daß man ihn nicht aus dem Kopf bekomme. Daß man von ihm abhängig sei, ob man wolle oder nicht. Marie widersprach in ihrer heftigen Art, aber Rühmkorf lächelte nur: Sie wandele durch die Gesellschaft wie Jesus übers Rote Meer, sie sei ein Blumenkind ... Nein, worauf es ankomme, sei, die Liebe seines Verlegers zu erringen, denn sie drücke sich in Prozenten aus. Er habe, als Beispiel, einmal mit dem Z-Verlag kokettiert, und das habe ihm in seinem Verlag ausgesprochen geholfen. Eine Liebe, sagt er, fern aller Ironie – eine Liebe halte sich durch weniges Fremdgehen, nicht durch öfteres – das ziehe Trennung nach sich. – Melde dich wenigstens, rät Marie mir am Telefon. Den ganzen Nachmittag habe ich ungute, trotzige Gefühle. Gegen fünf fahre ich in den nächsten Quelle-Laden, kaufe eine Reiseschreibmaschine zu 105 DM und schreibe Reich-Ranicki einen höflichen, um Verständnis bittenden Absagebrief.

Recklinghausen, Hotelrestaurant, gegen sieben Uhr abends. Sonore Stimme im Nacken: »Die Engländer haben den Israelis das Jordantal gegeben. Das ist ja sehr fruchtbar. Aber sie haben ihnen nicht die Berge gegeben. Da saßen dann links die Libanesen und rechts die Syrer. (Hüsteln) Das haben die Israelis dann im Sechstagekrieg bereinigt.« – Herrenrunde vom Typus Honoratioren schräg hinter mir, fast alle um die sechzig, feingewirkte steingraue Anzüge und

Krawatten. »Koscher habe ich in meiner Jugend in Baden gegessen. Da waren ja jede Menge Juden. In jedem Dorf waren ein paar Viehjuden. Und in der Stadt die Textil ... (Zögern) ... Textilgeschäfte. Na, und dann kam man gar nicht drum herum, von der Schule her, gewisse Einladungen anzunehmen. Und da aß man dann koscher. Man aß einfach mit.« Glatte graue Haare, der Mund wie ein scharf gezogener Strich, Rasierwasserhaut. »Jetzt ist es schön kühl das Bier.« »Ja, jetzt hat's die richtige Temperatur.« »Die Herren wollen bestellen ...« Die Hände gepflegt, schmale, kostbare Ringe, ein kühler Blick, ich tue so, als schaue ich ins Leere. »Ja, ich nehme dann mal das Fischmedaillon.« »Da darf ich mich anhängen.« »Na, dann häng ich mich auch an.« »Ich nehme, wie immer, Heringsfilet nach Hausfrauenart.« –
Vorige Woche Lesungen in Marbach, Seckbach, Essen, Lemgo und Rheda-Wiedenbrück. Dann kurz nach Mainz. Viel Bier, spät ins Bett. Am Wochenende fluchtartig Richtung Amsterdam. In kleinem Hotel Reguliers–Ecke Prinzengracht langes Ausatmen nach den Anblicken warenstrotzender westdeutscher Fußgängerzonen, nach Spiegelglasfronten und blanken Metallkonstruktionen, alles blitzt, alles blinkt und strotzt und protzt.

Bei der Rückfahrt in die Bundesrepublik wachsende Beklemmungen. Das sichere Gefühl: Hier möchte ich nicht begraben sein. Das ist nicht mein Land.

Sätze auf die Frage, warum ich in den Westen gegangen bin:

Ich will herausbekommen, warum ich dreißig Jahre im Osten gelebt habe.
Ich wollte nicht reaktionär werden.
Weil es hier keine Geschwindigkeitsbegrenzung gibt.

Nachts, ein Uhr. – Überraschende Lesung in Recklinghausen. Kleiner Raum, 40 Stühle, 40 Leute. Trotz des Fußballspiels im Fernsehen. Jüngeres Publikum. Auch paar Vierzigjährige. Robert-Geschichte gelesen. Thema Auflehnung gegen Geschichtslügen. Konformismus, Nonkonformismus.
Alle Diskutanten konnten das Problem mit eigenen Erfahrungen belegen. Erstaunlich: Das erste Mal eine Diskussion, in der es nicht um die DDR ging! Diskussion auch im Publikum. Einer stellt fest, eine andere antwortet ihm. Es lief ganz wie von selbst.

Regen, kalter Wind, Novemberwetter. Gestern, vorgestern noch freundlich, bisweilen warm.
Freitag, bei der nächtlichen Rückfahrt aus Westdeutschland, will Marie irgendwo vor Brandenburg plötzlich, daß ich auf dem nächsten Parkplatz anhalte. Sie will einmal herumgehen im Ländchen, einfach nur so ...
Bei der Einreise in Marienborn mußte ich das erste Mal meine Hosen- und Jackentaschen ausleeren; bei der Ausreise in Drewitz intensive Kontrolle des Reisegepäcks.
Stop auch in Kreuzberg. Ein Polizeiwagen überholt uns nahe dem Lausitzer Platz: Rechts heran! Dummerweise hatte ich meine Papiere vergessen.

Der belehrende Satz: Drüben dürfe mir das nicht passieren. Ich sage, ich wohne ja hier.
Stutzen. Dann: Schön, was? –
Gestern weckt mich Marie mit der Nachricht, daß der freie Verkehr zwischen Polen und der DDR eingeschränkt sei.

Am deprimierenden Fazit der Westdeutschlandreise habe ich keine Abstriche zu machen – jedenfalls soweit es das Erscheinungsbild der Städte, der Landschaft betrifft. Anders bei den Leuten, die zu den Lesungen kommen. Sicherlich, es sind einfach weniger als im Ländchen, aber sie werden sich immer ähnlicher.
Wichtigstes Diskussionsthema: die Zukunft. Wohin das alles laufen wird. Unbehagen an den Zuständen der Gesellschaft, die Suche nach Antworten auf lebenswichtige Fragen, die sie (auch) von der Literatur erwarten. Weniger Mißverständnisse im Dialog. Kriegsfurcht und Furcht vor dem Moloch Staat in seiner uniformierten, computerisierten Erscheinungsform. Und natürlich die Krise der Ökologie. Allerdings, einmal, ich hatte gesagt, daß wir alle reicher würden durch die technische Revolution, die Explosion der Produktivkräfte (unterm Strich, natürlich) – einmal stoße ich bei einer Frau Anfang Dreißig auf heftiges Unverständnis. Wir würden doch nicht reicher werden, wenn wir das alles kaufen müßten, was dann mehr produziert werde. – Ich setze den Akzent auf die Gesellschaft. Sie schüttelt den Kopf. Ich versuche mich an den Grundformen der Produktion und daß es noch andere Formen der Aneignung gäbe als

die individuelle, komme ins Stottern. Sie bleibt skeptisch. Wir müssen vollständig andere Bilder im Kopf haben, wenn wir von der Gesellschaft reden. Wir brechen ab. Die restliche Zeit sitzt sie schweigend da, aber in ihrem Gesicht steht eine einzige Frage: Wie anders ...?

Ein nächstes Mal versteht ein junger Mann die Vorgänge in Polen so, daß die Leute dort noch für etwas kämpfen. Sie laufen noch gegen eine Wand, sagt er. Hier laufe ich ins Leere. – Ich denke, er meint das Diffuse, Wattige der Gesellschaft, aber er korrigiert mich. Nein, er meine das Materielle. Seine materiellen Bedürfnisse seien befriedigt. Also habe er nichts mehr, wogegen er anrennen könne. – Verblüffung. Er sieht gar nicht so aus, als ob ihm das Materielle genüge. Als ob es für ihn nicht auch andere Bedürfnisse gebe.

Er denkt kurz nach, verneint dann bestimmt: Für ihn nicht.

Nachzutragen ist der Besuch am Bohrloch 1004. Jetzt war der Sandweg betoniert; auch der Weg, der von der provisorischen Schranke ins Dorf führte. Um das Gelände ein Drahtzaun, dahinter ein betonummauertes Viereck. Sehschlitze in der Mauer, durch die Rohre von Wasserwerfern stoßen. Acht Scheinwerfermasten. Das dumpfe Mahlen des Bohrers.

3

Hamburg, Hotel Prem an der Alster. – Seit Dienstag steht fest, daß Reagan amerikanischer Präsident wird.

Traum: Eine Großstadtkulisse westlichen Stils. Am Himmel schwebt ein riesiger, silberner, glitzernder, gleißender, aus vielen kleineren silbernen, glitzernden, gleißenden Fischen bestehender Fisch, der langsam und äugend herabsinkt . . . nein, eher: sich herabschlängelt und dann in seine Bestandteile auflöst, das heißt, die kleineren Fische stoßen herab auf die Straße und schnappen nach Menschen, bevorzugt nach Kindern. Eine männliche Stimme konstatiert: Das seien Kavaliersfische. Panik hat die Passanten erfaßt. Ich suche, wie immer, meine Kinder, bin aber diesmal ruhiger als sonst – von einem Gefühl gefaßten Ausgeliefertseins beherrscht. Wie wir uns in die Hausflure retten – so klein sind die kleineren Fische nicht, daß sie dort hineinkämen.

Marie auf dem Weg von Berlin nach Hamburg: Aber die Erde gehört uns. Es ist unser Recht, sie uns anzusehen. Wir haben doch nicht so viel Zeit.

In unserer letzten Samstagsrunde erzählte Aras Ören, daß sein Namensschild an der Wohnungstür ständig herausgerissen oder verunziert werde. Einmal war ein Hakenkreuz in seine Tür geritzt.

Autobahn Frankfurt–Kassel. Parkplatz. – Nachmittagssonne, klarer Himmel, paar Wölkchen

über welliger Landschaft, hinten eine weiße Wolke glockenförmig auf einem Berg.
Zäher Verkehr. Merkwürdiges Bild, in dem die Autokolonne wie ein endloser wurmartiger Organismus hinabkriecht ins Tal, um anderthalb, zwei Kilometer weiter über der nächsten Erhebung zu verschwinden.

Motiv Stau. – Erzählt werden soll die Geschichte eines Autostaus, der tagelang andauert, ohne daß den Beteiligten bekannt wird, weshalb er entstanden ist.
Der Verkehr ist anfangs locker, wird dann dichter, bis er so zähflüssig wird, daß er endlich stillsteht.
Erst bleiben die Leute in ihren Autos, dann steigt einer nach dem anderen aus, dann richten sie sich ein, übernachten, und was in den ersten Stunden noch mit lässigem Fatalismus hingenommen wird, schlägt in der Folgezeit in Unruhe um und schließlich in kaum verhüllte Panik.

Die Reise beginnt irgendwo im Süden am Ende des Urlaubs. Sie fahren hinein in die Dunkelheit, in die Nacht, anfangs Schwierigkeiten, sich zu orientieren, war da nicht eine Baustelle, eine lange Umleitung? – Beim Aufwachen am nächsten Morgen eine wunderschöne Landschaft, ein Tal, eine Brücke, an der es dreißig, vierzig Meter in die Tiefe geht und die über einen Fluß führt. – Kartenstudium, aber man kann die Landschaft nicht orten. Nach allen Berechnungen ist ein Fluß viel weiter südlich. Das kann nicht sein. Wo sind wir denn? – Wie man im Troß durch die Nacht gefahren ist, allen Umleitungen notgedrungen folgend (gezwungenermaßen) – –

Übers Radio kommt nichts. Nur anfangs Meldungen über erhebliche, aber übliche Verkehrsbehinderungen im Ferienverkehr, dann nichts mehr, nur Musik und heitere Ansagen. Dann Störungen, die immer stärker werden. – Aber das Telefon! Jenes, das an der Autobahn steht, gibt keine Antwort.

Die Hierarchie, die sich bildet: Lebensmittelverteilung, Wasser usw. Die Macher sind am Zug. Aber schon bei der Frage, wer sich im Interesse aller zu seinem (möglicherweise!) eignen Nachteil von der Gruppe entfernen soll, bricht die Hierarchie. Es fehlt die Machtbefugnis, mit der einer sagen kann: Du gehst und du! – Plötzlich sind alle gefragt, und jede Regung, jede Aktivität, jede Phantasieleistung wird wichtig.

Der Gegenverkehr. Anfangs läuft er normal, dann spärlicher. Dann kommen nur noch einige Autos, und als ein paar Leute über die Leitplanke setzen und die Wagen stoppen wollen, müssen sie zur Seite springen, weil kein Auto hält. Da bauen sie aus Ästen eine Barrikade und warten – aber es kommt kein Auto mehr.

Der soziale Kontrast: Da steht der Alfa neben dem verschlissenen Transit, der Audi 100 neben dem Lastzug. Da spekuliert der Fließbandarbeiter von Thomson-Brandt mit dem Reisebüropächter über die verflixte Lage, der Unternehmensberater mit dem türkischen Müllmann.

Natürlich sind die Leute im Tal eine überschaubare Gruppe – nur: diese Gruppe grenzt an eine nächste, die wieder an eine andere grenzt, und so ist sie gleichzeitig fest umrissen wie sie grenzenlos ist, eine Parabel.

Die Motorradfahrer kommen am Anfang noch durch. Später schwerer. Sie werden angehalten und beauftragt. Jaja. Klar. Aber sie kommen nie zurück (später geben auch sie auf, weil sie weder den Forderungen der Stehenden genügen können noch an den offenen Autotüren vorbeikommen). – Da ist einer, der muß unbedingt weiter. Er hat einen einzelnen Motorradfahrer gestellt. Der Mann bietet Geld, viel Geld, wenn der Fahrer ihn mitnimmt – aber jetzt ist die Situation schon verändert: da ist auch eine Frau, die dringend transportiert werden muß, und obgleich der Mann mit dem Geld eine Pistole zieht, stellen sich mehr und mehr Leute zwischen ihn und den Motorradfahrer – und der nimmt die Frau mit.

Einige kennen sich schon: von der Raststätte her, vom Überholen. Diese kurzen musternden Blicke. Eine Frau, die aus dem Seitenfenster blickt: auf den Mann im Sportwagen, der immer wieder neben ihr auftaucht. – Einmal wacht ein Mann in der Nacht auf und sieht, daß die Frau, die mit ihm gefahren ist, nicht neben ihm sitzt. Er geht durch die Nacht, durch die stehenden Wagen, findet sie nicht, trifft eine andere Frau, die durch die Nacht geht usw.

Expedition ins Umland. Ein abgelegenes verschlafenes Dorf. Schwierigkeiten mit der Verständigung. Neue Irritationen. Auseinandersetzung übrigens, als eine Delegation zusammengestellt werden soll. Freiwillige vor. Aber keiner will weg. Es könnte ja gleich weitergehen.

Die riesige unbewegliche Autoschlange. Die offenen Türen. Die Müllberge am Rand der Autobahn. Der Zerfall der Ordnung.

Jetzt leben die meisten schon auf der Böschung, schlafen im Wald. Die Kinder organisieren sich, streunen herum. Einmal kehrt eines der Kinder nicht wieder, muß gesucht werden. (Derjenige, der seine Hilfe verweigerte, als es darum ging, zur Ansiedlung zu laufen, braucht jetzt die Hilfe der anderen bei der Suche nach seinem Sohn.)

Der Arzt, der durch die Reihen geht und die Kranken betreut, medizinisch und psychologisch (Hitzschläge, Hysterien). – Der Prediger, der seine Kanzel an der Böschung aufgebaut hat, aus Kistenbrettern: der Sündenfall! Die Bestrafung! – Erst sind es wenige, die ihm zuhören, aber es werden immer mehr. –
Die ersten Toten: Eine ältere Frau, die an Hitzschlag stirbt. Ein Mann, der sich erschießt.

Es gibt Leute, die nicht mehr warten wollen. Die das Warten nicht ertragen können. Die die Maschine aufgeben. Das Problem: Ihre stehenbleibenden Autos werden im Fall der Auflösung des Staus ein Hindernis darstellen. – Die Gruppe, die loszieht. Wie weit soll sie verfolgt werden? Bis zur ersten Sperre, an der Uniformierte stehen, die ein Weitergehen verhindern? (Und sind da nicht andere ebenfalls aufgebrochen? Und werden es nicht immer mehr? Und widersetzen sie sich irgendwann der Beschränkung?)

Fünf Figuren bzw. Figurenpaare, die von verschiedenen Orten aufbrechen, auf der Autobahn zusammengeführt werden und im Tal aufeinandertreffen ...

Möglich wären zwei Enden. Das erste: Die Nachricht dringt durch, daß es weitergehe. Der Jubel. Die Aufregung. Wie alles, was eben noch wichtig war, hingeworfen, vergessen wird. Wie sich der Troß langsam in Bewegung setzt und in eine ungewisse Zukunft fährt.
Das zweite: Die Maschine wird von allen (bis auf ein, zwei Ausnahmen) aufgegeben. Wie sich der Menschenzug in Bewegung setzt, hinter sich das Tal und die leeren verlassenen Autos.

Zum Stau: Marie weist auf die Länge der Zeit hin. Sie würde auf keinen Fall zwei Tage, zwei Nächte dort untätig warten. Sie würde versuchen, auf die Gegenfahrbahn zu kommen und zurückzufahren. – Und die Abfahrten. Die rechte Spur würde die Möglichkeit geringer Vorwärtsbewegungen bieten – bis auch sie nicht mehr weiterführt.

5

Gestern im Midgard, einer Kneipe der Kreuzberger Szene, die gleich bei Marie um die Ecke liegt. Über meinen Buchmesseartikel geredet, gegen den Sarah folgenden Einwand hatte: Jetzt geht es gegen die DDR-Autoren, und du machst mit. – Der Vorwurf mangelnder Solidarität. Tatsächlich war eine konkurrente Stimmung gegen uns unter bestimmten Kollegen nicht zu leugnen; tatsächlich hatte ich ein paar Spitzen geworfen gegen die publizistische Verwertung unserer Konflikte mit dem Staat in den westlichen Medien. Der indirekte Anlaß war Marie. Ich erinnere mich noch ihrer scharfen Reaktion, als ich über die Zeit nach der Biermann-Ausbürgerung sprach, in der uns für jedes nicht gedruckte Buch, jede untersagte Veranstaltung, jede abgelehnte Reise eine kleine Schlagzeile in der westlichen Presse sicher war. Und bei uns? rief sie in ihrer heftigen Art.
Damals, siebenundsiebzig, umstellten eines frühen Herbstmorgens an die hundert Grenzschützer ihr Haus im Vogelsberg, Mpi im Anschlag, brachen durch die Tür, rissen sie und ihren Freund aus den Betten, nackt mußte sie sich an die Wand stellen, die Arme über den Kopf, die Beine gespreizt und beschimpft von den Bewachern, während die kräftigen jungen Männer in den graugrünen Uniformen des BGS zwecks Durchsuchung durch das Haus tobten.
Schlimm? Achgott! Schlimmer war, was folgte – war die beinahe totale gesellschaftliche Ausgrenzung in jenem Dorf, der Pfarrer wetterte gegen sie von der Kanzel, die Nachbarn schnitten sie; und beim Einkau-

fen offene Feindschaft. Es war nicht mehr lebbar. Blieb nur die Flucht zurück in die Stadt. Und der journalistische Niederschlag? Ein böser Artikel in der Lokalpresse, aber nicht gegen die unverhältnismäßig brutale Polizeiaktion gerichtet ... nein, gegen sie, gegen die des Linksradikalismus verdächtigte Schriftstellerin und ihren anarchistischen Freund ... Meine Scham in jenem Frankfurter Hotelzimmer, als ich den Messeartikel schrieb, daß wir damals, bewußt oder unbewußt, benutzt worden waren, um das, was die linke Opposition hier den Deutschen Herbst nennt, zu überdecken.

... oder uns benutzen ließen? War es nicht so, daß ich, wenn ich in jener Zeit in Westdeutschland Lesungen hatte und die Leute, die unsere Konflikte kannten, mit diesen mitleidigen Mienen vorgeblich in Freiheit lebender Menschen nach meinem Befinden fragten, jedesmal antwortete: Mir ginge es wie meinen linken Freunden hier. Schlecht!?
Was aber bleibt den Autoren, die aus dem Ländchen gekommen sind und noch kommen werden, anderes übrig, als sich möglichst nahtlos in den Literaturbetrieb zu integrieren? Den Marktgesetzen Folge zu leisten? Die Konkurrenz als Bewegungsprinzip anzuerkennen?

Witzleben, halb zwölf nachts. Polen überschattet alles. Gestern kam die Nachricht über Einreisesperren für Journalisten. Für übermorgen ist wieder Streik angekündigt. Alle rechnen mit einer militärischen Lösung.

Traum: Nach erfolgreichem Versuch, auf einer schiefen Ebene nicht abzurutschen – eine ältere Leserin hielt mich fest, geriet selbst ins Rutschen, fing sich aber wieder –, kam ich nach Kreuzberg zu Marie, die aus ihrem Schlafzimmer trat, zarter, kleiner, als sie ist, mit weißgeschminktem Gesicht. Meine Assoziation: Ein Fest, eine Fete. Dann Selbstzensur. Die Traumfigur wird gelenkt auf Helene und eine Szene aus dem Kleist-Projekt, und ich lasse sie sagen: Sie könne mich nicht empfangen, sie habe leider Besuch ...

Achtundsechzig

1

Überraschend der Benzinpreis bei der Tankstelle an der Ecke; ein Liter Super kostet jetzt eine Mark sechsundzwanzig, und vorgestern kam die erste Mieterhöhung ins Haus. Die Grundmiete steigt um fünf Prozent, die Heizkosten steigen um acht Mark, alles in allem zwanzig Mark mehr. Ich sage mir: Das geht noch.

Was ich noch als auffallend registriere, ist für Sarah schon Gewohnheit, für Achim Naturgesetz. Preise steigen eben, Mieten auch. Kaum einer, der weniger als ein Viertel seines Einkommens fürs Wohnen ausgibt. In Westdeutschland, wird mir gesagt, sei es ein Drittel; die Tendenz gehe in Richtung fünfzig Prozent.

Bei allem Ungewohnten, das mir gegenübertritt – an einen Umstand werde ich mich nicht gewöhnen können: daß die halbe Stadt in privatem Besitz ist.

Mir will einfach nicht in den Kopf, daß ein Hausbesitzer, der über eine leerstehende Wohnung verfügt, mich als Mieter ablehnen darf, weil ich Kinder habe und er keine Kinder mag; so wie ich seine Möglichkeit nicht akzeptieren kann, meine (nein! seine) Wohnung in eine Eigentumswohnung zu verwandeln oder sie in einem Maße zu modernisieren, daß sich die Miete ver-

doppelt und ich ausziehen muß, weil ich sie nicht mehr bezahlen kann.
Über Wohnungsprobleme klagen die meisten, Christoph liegt ständig mit seinem Vermieter im Streit, seit einer Weile prozessieren sie gegeneinander, und Marie weiß viele aufregende Geschichten zu erzählen, in denen Verkleidungen, Verstellungen, fingierte Einkommensbescheide eine Rolle spielen, alles zu dem Zweck erdacht, dem Vermieter eine möglichst solide bürgerliche Existenz vorzutäuschen. Alle sagen, ich hätte Glück gehabt, in einer städtischen Wohnung unterzukommen. Rund ein Drittel der Häuser gehört dem Senat und wird strukturell ähnlich verwaltet und verteilt wie drüben, über Wohnungsämter, nach Dringlichkeit, vermittels Beziehungen usw.
Daß der Rentner, der unter Sarah wohnte, gerade starb, als ich hier ankam, war Zufall. Kein Zufall war, daß Sarah den Senator anrief, der den Referenten anrief, der den Baustadtrat anrief. Ein paar Briefe, die hin- und hergingen – schon hatte ich die Wohnung. Ich nahm es als Normalfall. Erst später erzählte mir die Nachbarin, daß eines Tages ein türkisches Ehepaar vor der Tür stand, drei Kinder an der Hand, und eindringlich auf Besichtigung der Wohnung drängte: sie stünden schon lange auf einer Warteliste, und die Wohnung sei ihnen so gut wie versprochen gewesen.
Die Frau war ganz verzweifelt, sagte meine Nachbarin, aber sie habe ihr klargemacht, die Wohnung sei schon an Deutsche vergeben. –
Wenn mich einer fragt, wie ich an die Wohnung gekommen bin, antworte ich: Wie drüben. Durch Für-

sprache der Partei. – Ich meine die gerade herrschende.

Es geht etwas vor sich in der Stadt. In der Nacht vom Freitag zum Samstag Krawalle in Kreuzberg wegen der Räumung eines gerade besetzten Hauses. Barrikaden in den Straßen, Steinwürfe auf Schaufenster und Polizeiwagen, Plünderungen. Die Polizei ging, laut Augenzeugen, brutal vor. In einem Radiointerview mit dem Polizeipräsidenten nicht mehr das technokratische Erklären, das Verschanzen hinter termini technici, sondern ein scharfer, militanter Ton, der jede kritische Frage des Reporters im Ansatz unterbindet: Wo leben wir denn!
Wo leben wir denn, sagt der Polizeipräsident und erläutert, was er damit meint: daß nicht in Frage zu stellen sei, wenn die Polizei »gezwungen ist, Gegengewalt einzusetzen«.

Schenk, den ich abends treffe, wird blaß vor Verstörung, wie ich ihn danach frage: So etwas habe er noch nicht gesehen! Wen die Polizei erwischt habe, der sei zusammengeschlagen worden, auch ganz Unbeteiligte, die einfach nur herumgestanden hätten. – Er will einen offenen Brief an den Regierenden Bürgermeister schreiben.

Franz war hier. Essen am Savignyplatz, Einkaufen in der Wilmersdorfer, Fahrt durch Kreuzberg. Von den Ereignissen in der vorvergangenen Nacht kaum etwas zu sehen. Paar verkohlte Müllreste am Straßenrand;

die mit Sperrholz verschlossene Scheibe eines Kettenladens. An Häusern Transparente, die gegen Abrißpolitik protestieren. Auf Hauswänden, auf Reklameschildern immer häufiger das Krakerszeichen: ein Kreis, durch den von links unten nach rechts oben ein in der Mitte durchbrochener Pfeil geht. Immer häufiger auch ein anderes Symbol: ein großes lateinisches A in einem Kreis.

Johannes will einen Brief schreiben, Franz hat einen Brief geschrieben – ans Ministerium, Frank-Wolf Matthies' Verhaftung betreffend. Franz wollte am Prozeß teilnehmen und ihn für die Zeit seiner Haft mit Nachdichtungsarbeiten versorgen. Er hat auch einen Packen Gedichte ins Gefängnis geschickt. Der Ton des Briefes würdevoll, akademisch – wie aus dem 19. Jahrhundert.

In den Nachrichten: Demonstration in der Innenstadt. Eintausend Leute. Anfangs friedlicher Verlauf. Forderung nach Freilassung der in Kreuzberg Verhafteten. Dann Einwurf von Scheiben und Auflösung der Demo.
Neunzehn oder zwanzig Häuser sollen besetzt sein. Es gibt rund 30000 Wohnungssuchende. 7000 Wohnungen sollen leerstehen.

Auf der Fahrt zum Terzo Mondo grelles Getön von Polizeiautos. Im Hintergrund, Richtung Kurfürstendamm, zuckende blaue Blitze. Es ist acht Uhr abends. Ich parke in der Grolmann, laufe hinunter zur Ecke, Polizeiketten, Sprechchöre von Ferne. Aus der Nähe

ein eigentümlicher Kontrast: die weihnachtlichen Lichterketten in den Bäumen, die strahlenden Geschäfte, der bürgerliche Prunk – und mitten auf der Straße ein wilder zorniger Haufen, tausend Leute vielleicht, Schals oder Tücher vorm Gesicht. Hektisches Hin und Her zwischen Uhlandstraße und Gedächtniskirche. Gepfeife, Gejohle, Sprechchöre: Eins, zwei, drei – laßt die Leute frei! Und: Räumt den Knast und nicht die Häuser! – Bis auf die Sprechchöre und einige Flugblattverteiler bemerke ich keine Aktivitäten. Wenn die Polizei vorstürmt, rennen die Leute weg, sammeln sich hundert Meter weiter erneut, gehen wieder vor. Ich halte mich an der Peripherie auf, zwänge mich durch die Schaulustigen am Bürgersteig, Passanten, Gäste aus den Restaurants, Touristen; verschlossene Gesichter, manchmal ein wütendes Geknurre, aber so einhellig, wie ich voraussetze, sind die Leute nicht gegen die Demonstranten. An der Ecke Uhlandstraße, vor dem gläsernen BMW-Pavillon, schimpft ein Mittfünfziger im Erscheinungsbild eines Geschäftsmannes laut vor sich hin, ein junger Mann redet gleich auf ihn ein, die Wohnungsnot, der Leerstand!, aber da hebt der Ältere abwehrend die Hände. Ich bin doch nicht gegen euch, sagt er, aber warum seid ihr hier? Schmeißt doch dem Bürgermeister die Scheiben ein. Der hat das doch verschuldet!
Nach zwei Stunden, gegen zehn, schien alles vorbei. Innerhalb einer Stunde hatte es sich furchtbar abgekühlt; ich war ein Eisklumpen und fuhr nach Hause.
In der Spätausgabe der Tagesschau Bilder von Verhaftungen, Verletzten, zerstörten Geschäften. War

ich am gleichen Ort gewesen? Oder war alles erst später losgegangen?
Heute Einweihung des Denkmals für die erschossenen Arbeiter in Gdansk.

Die Abende, die Nächte in der Redaktion der *tageszeitung*, ein Projekt der Selbstverwaltung, ohne jeden Chef, jede Chefin. Die zweite Nummer der litera-taz. Marie macht mit, Christoph und Martin Grzimek. Wir sitzen vor den Computern, lesen die Texte Korrektur, setzen einige selbst, stehen neben dem lay-out-Tisch, sehen, wie die Seiten entstehen. Vom Manuskript bis zur fertigen Seite dabei. Gegen drei oder vier noch schnell in eine Weddinger Kneipe. Pläne für die nächsten Nummern. Müde, aber begeistert.
Komisch, daß gerade diese Arbeit, die nichts, aber auch gar nichts einbringt, am meisten Spaß macht.

Treff mit Peter Schneider. – Ich weiß nicht, wo ich die Karikatur gesehen habe, vermutlich in der taz – da steht ein Langhaariger in Latzhosen, einen Marx-Band in der Hand, und blickt fassungslos auf einen jungen Mann in Lederkleidung, der aus einem zertrümmerten Schaufenster steigt, den Arm voller Büchsen, Würste und anderen Sachen. Unterschrift: Was ist, Genosse, hast du Schwierigkeiten bei der Einschätzung?
Wann immer ich mit Bekannten, Freunden über die Ereignisse der letzten Tage sprach, stieß ich auf Skepsis. Unausgesprochener Tenor: Das haben wir alles

schon hinter uns. Auch Peter mit Vorbehalten. Besonders gegenüber der taz, die in einem Kommentar irgendwelche Spitzen gegen ihn geworfen hat, den Konflikt andeutend, der zwischen der sogenannten Neuen Linken und den etablierten Achtundsechzigern aufgerissen ist. Tendenz: Wo bleiben die Achtundsechziger, wenn auf der Straße was los ist? Sie sitzen im Puff oder in der Paris-Bar.
Peter findet die Fakten falsch, den Artikel tendenziös und nicht zu akzeptieren. So sei es nicht gewesen. Und er erzählt die Sache aus seiner Sicht.
Ich kenne Peter erst seit ein, zwei Jahren. Bekannt wurde er mir durch sein Buch Lenz, eine Erzählung vor dem Hintergrund der Studentenrevolte; ein Versuch auch über die Probleme eines Intellektuellen mit der Sinnlichkeit. Ich las es in einem Zug, war gleichermaßen interessiert und herausgefordert, besonders über das Ende, in dem der Erzähler zu der (erwarteten) Einsicht kommt, daß er, bei aller Enttäuschung über das Scheitern seines Aufbruchs, vor Ort bleiben müsse. Vom Ansatz her schien es mir zu ideologisch, als wäre die Erzählung auf ein gesellschaftliches Bedürfnis hin geschrieben worden; eine Art sozialistischer Realismus ...
Später war Peter öfter in der Leipziger. Wir besichtigten die surrealen Ergebnisse des Dreizehnten August und fuhren im Ländchen herum, Leipzig, Dübener Heide, die Mark. Seit ich hier bin, sehen wir uns seltener, aber unsere Begegnungen sind mir wichtig, schon wegen seines genauen Blicks. Ich kann ermessen, was ich für einen Eindruck mache. Wie ist er –? Noch immer aufgelöst. –

Auch meine Begeisterung über die kollektive Arbeit sieht er skeptisch. Er will mit seinen neuen Arbeiten von Rotbuch zu Luchterhand wechseln. Alles ist schon perfekt. Er sieht das kollektive Prinzip bei Rotbuch aus zwei Gründen gefährdet. Erstens habe die kollektive Entscheidung im Verlag nur solange gestimmt, wie die Autorität und Sachkenntnis eines F. C. Delius die Entscheidungen beeinflußten. Zweitens, weil eine Basis fehle, die etwas antreibe, etwas bewege wie damals, achtundsechzig, siebzig. Die Tatsache, daß jeder, auch der Expedient, über ein Buch mitreden, mitentscheiden könne, akzeptiere er nicht mehr. Das habe nur gutgehen können, solange einer da war, der Einfluß hatte auf diese, Peter sagt: sachfremden Mitarbeiter. Man müsse die Arbeitsteilung anerkennen. Und außerdem wolle er mal ein Buch haben mit solidem, schönem Einband.
Sein Ton ist fest, entschieden. Abends, bei Mario in der Mommsenstraße, holt er aus einer großen Plastiktüte einen Nadelstreifenanzug hervor, den er sich gerade gekauft hat. Ich weiß einfach, sagt er und zeigt auf seine Bundjacke, daß mir ein Anzug besser steht als das Zeug hier. Und in die taz würde ich heute nur mit Anzug gehen. –

Ist der Weg von Rotbuch zu Luchterhand, vom politischen Außenseitertum zum Literaturbetrieb nun ein Rückzug oder ein Avancement?

Bevor wir, Peter und ich, zu Mario gingen, saßen wir in der Kastanie, Charlottenburg, Schloßstraße. Wir redeten heftig und laut, warfen mit Begriffen um uns, erregten die Aufmerksamkeit eines Mittdreißigers mit Zottelhaar und Trinkergesicht, der sich unserem Tisch auf unsicheren Beinen näherte. Er zog sich einen Stuhl heran, blickte von einem zum anderen, verfolgte jeden Satz, den wir sprachen, bis über sein Gesicht ein Leuchten ging, als hätte er eine Erkenntnis gehabt, und er sagte fröhlich und mit bierschwerer Zunge: Ach, ihr zwei seid Sozialarbeiter! –

Überraschende Nachricht: Sarah und Wölfchen wollen aufs Land ziehen. Es ginge hier nicht mehr. Die Stadt! Die Ablenkungen! Der Trubel! – Sarah will auch keinen Alkohol mehr trinken. Keinen Schluck! – Sie sieht müde aus, erschöpft.
Allein in der Witzleben ...? – –
Kossygin gestorben und Conrad Ahlers. John Lennon erschossen.

2

Zwischen Weihnachten und Neujahr ist die Stadt trostlos. Meine Rundrufe bleiben ohne Ergebnis. Marie im Hüttendorf. Sarah und Wölfchen in Hamburg. Achim und Yvonna in New York. Christoph in Langendorf. Meckel in Italien. Peter Schneider ebenfalls. Wer kann, entfernt sich.
Glücklicherweise kommen auch Leute an. Mit Franz, der aus Märkisch Buchholz, und Barbara, die aus Paris kam, in einem chilenischen Restaurant. Gespräche

über die Zeit, in der die Weichen für die deutsche Teilung gestellt wurden. Stalins Angebote, Adenauers Separatkurs, die westdeutsche Wiederaufrüstung. Franz, der den Kopf schüttelt: Du redest von zweiundfünfzig, dreiundfünfzig. Was ich meine, ist sechsundvierzig. –
Wie er, der durch die Antifa-Schule gegangen war, schon im Kriegsgefangenenlager die Aufgabe übertragen bekam, in einer Partei bekehrter Nationalsozialisten zu arbeiten, der späteren NDPD. Der Satz eines Lehrers, der ihm im Gedächtnis geblieben ist, als während einer Unterrichtsstunde über die Perspektiven Deutschlands gesprochen wurde: Richten Sie Ihre Aufmerksamkeit auf Korea! –
Er bricht plötzlich und vielsagend ab, versinkt in Schweigen und nimmt erst nach einer Weile den Faden wieder auf. Über die Zeit seiner Gefangenschaft müsse er unbedingt noch schreiben, sagt er. Aber das ginge, da sei er sich sicher, im Ländchen nicht. –
Später, nachdem Franz mit der letzten S-Bahn nach Hause gefahren war, mit Barbara durch die Charlottenburger Kneipen. Angenehmer Zustand, bei einem Gesprächspartner Kontinuität der Begegnungen, Kenntnis der Biographie voraussetzen zu können. Wir kennen uns jetzt zwölf Jahre. Die Geschichte unseres Verhältnisses ist die Geschichte eines Verhältnisses über die Mauer hinweg, durch die Mauer hindurch. Zunächst nur in einer Richtung.
Erste Begegnung in einem Friedrichshainer Jugendklub. Sie war Studentin an der FU, linke Asta-Kandidatin. Zwei Monate Treffs, zwei-, dreimal die Woche, bis wir herausfanden, daß es außer der Erotik des

Körpers auch eine Erotik des Kopfes gibt. Erinnerung an heftige Gespräche in Freß- und Saufkneipen. Das Bier wurde schal, das Gulasch kalt. Bewegungen hüben, Bewegungen drüben. Vietnam, Apo, Pariser Mai, Dubček–Svoboda. Erklärungsversuche. Marxistische Muster. Die Studentenbewegung als Ausdruck der Proletarisierung der Intelligenz! Sieh mal, höre ich mich sagen, als ich anfing zu arbeiten, gab es in unserem Betrieb unter fünfhundert Beschäftigten zwei Akademiker. Heute sind es zwei Dutzend, mindestens! – Und warum? Die Technisch-Wissenschaftliche Revolution, klar! Statt Einzelzimmerprivileg Großraumbüros. Die Produktivkräfte explodieren, verändern die Welt bis zur Unkenntlichkeit! Der Pariser Mai – das Neue Deutschland berichtete ausführlich über die Streiks, den Aufruhr, berichtete aber nicht, daß die Renault-Arbeiter den CGT-Funktionär, der die Erhöhung der Löhne wie einen Sieg verkündete, ausgepfiffen hatten. Klar, höre ich Barbara sagen, das ist mehr. Das ist eine Kulturrevolution! – Und Prag? Kein Problem. Die Welt ist eine Einheit. Das Volk will wirkliche Demokratie. Die Betriebe gehören dem Volk, ja. Aber wem gehört das Volk? – In der ökonomischen Terminologie war ich ihr anfangs ein wenig voraus, dafür brachte sie Bücher mit, Wilhelm Reich, Trotzki, Marcuse, und jedesmal ein neues Wort, einen neuen Begriff, frustriert, affirmativ, repressive Toleranz, oder Erzählungen über Sit-ins, Go-ins, Demonstrationen und Lesekreise.
Damals, achtundsechzig, das erste Mal der Gedanke, im Deutschland der Marktwirtschaft doch leben zu können.

Achtundsechzig. Bilder im Fernsehen. Ein junger Mann, der ein Kreuz hält gegen den Strahl eines Wasserwerfers, mit abgewandtem Gesicht. Eine Kette von Menschen, wogend, als die Polizei in sie hineinbricht. Ein verbogenes Fahrrad, ein Schuh am Straßenrand. – Oder am Radio: Polizeifunk, die aufgeregten Rufe einer Funkwagenbesatzung, die nach Verstärkung ruft vor dem Springerhaus, der Begriff Störer, der Begriff Steinwürfe. Im Hintergrund Sprechchöre, Tumult.

Achtundsechzig. Ein Spaziergang mit Stephan kurz nach dem Anschlag auf Dutschke. Unter den Linden, Friedrichstraße, Leipziger Straße. Das Springerhaus gleich hinter der Mauer. Das Gefühl von Ohnmacht, die Wut. Der Satz: Wenn man was machen könnte! – Stephans Gedanke an einen Mann von drüben, der öfter seine Stiefmutter besuche. Der habe was mit der Apo zu tun, den wolle er mal fragen.
Zwei Wochen später die Antwort: Ja, Unterstützung sei erwünscht, und wenn wir was tun wollten, könnten wir Helme gegen die Gummiknüppel und Regenmäntel gegen die Wasserwerfer schicken.
Jetzt unsere Bedenken, Zweifel. Könnten wir das tun, eine Gruppe von Leuten, unabhängig, wie wir sagten, einfach so? Besuch bei Stephans Vater, dem Chefkommentator, der eher abrät, sich aber bei Gelegenheit erkundigen will. Besuch bei Stephans Stiefmutter, die uns zu ihrem Nachbarn mitnimmt, dem Bildhauer, dem Spanienkämpfer, der inmitten unserer vorgetragenen Zweifel die Geduld verliert und uns anherrscht: wenn wir glaubten, wir täten das Richtige,

sollten wir es tun, anstatt endlos zu diskutieren oder auf einen Segen von oben zu warten.
Das Sammeln von Geld bei den Leuten, die wir *unser Establishment* nannten, bei Schauspielern, Künstlern, Wissenschaftlern. Der Dekan der Medizinischen Fakultät, der zögernd zwanzig Mark aus der Brieftasche zieht, Genosse mit Einzelvertrag und Dienstwagen, er baue zur Zeit, und ich wisse doch sicher, was es heiße zu bauen (ich wußte es nicht). Der Einkauf von Helmen, Regenmänteln für rund achttausend Mark. Die Gründung einer Scheinfirma, weil Barzahlung im sozialistischen Großhandel auf Schwierigkeiten stieß. Berge von Helmen, Stapel von Regenmänteln auf zwei Wohnungen verteilt, konspirativ, die Nachricht von drüben, es könne losgehen, und an einem Wochenende die Aktion, die über den Republikanischen Club lief: Gruppen von drei, vier Leuten, die herüberkamen und drei, vier Helme oder Regenmäntel pro Person mitnahmen, ausgerüstet mit einem formlosen Stück Papier für die Grenze, worauf vermerkt war, daß die mitgeführten Gegenstände ein Solidaritätsgeschenk für die Westberliner Apo zum 1. Mai 1968 seien, Unterschrift Fritz Cremer, Nationalpreisträger, Inge Keller, Nationalpreisträgerin, und: Das wollen wir mal sehen, ob sie euch damit Schwierigkeiten machen!
Junge Männer mit schulterlangen Haaren und wirren Bärten, junge Frauen in extrem kurzen Röcken, Tee trinken, diskutieren, Vietnam, Paris, Prag, der dicke Beppo, rotbärtig, rothaarig, von dem erzählt wurde, er habe bei einer Institutsbesetzung den massiven Schreibtisch des Direktors kurzerhand auf den Rük-

ken genommen und zum Fenster hinausgekippt, Michel, klein, drahtig, unrasiert und mit leidenschaftlichem Blick, der gestand, er trüge bei Demonstrationen immer eine Fahrradkette bei sich und würde mit ihr, falls er sich wehren müßte, auch zuschlagen, so sehr hasse er sie, die Spießer, die Faschisten – – beide traf ich vor sechs, sieben Monaten wieder, Beppo auf meiner ersten Demonstration, sauber geschnittener Bart, kurze Haare, eine linke Kulturzeitschrift verkaufend; Michel, glattrasiert und in mausgrauem Sakko, auf dem Fest von Schenk, ein, zwei Blicke, bis wir uns erkannten (jetzt hatte *ich* lange Haare und Bart) und in die Arme fielen, Mensch, was machst du hier, und weißt du noch? Klar, na klar, wir müssen mal reden! Klar, telefonieren wir mal, ja? – – – achtundsechzig jedenfalls das klare Gefühl, etwas getan zu haben, einfach gemacht, basta! und ohne Gedanken daran, daß nichts geht ohne diesen Segen und daß er offenbar gegeben worden war: Einmal, am späten Nachmittag, rief jemand an, daß er mit seiner Gruppe gleich vorbeikommen wolle; aber wir haben nichts mehr, sagte ich übers Telefon, alles weg, alle Helme, alle Mäntel, und abends, als eine andere Gruppe, die schon mittags bei uns gewesen, aber nicht sofort wieder zurückgegangen war, über die Grenze wechselte mit all dem Zeug, zog der Zöllner die Stirn in Falten und fragte, wo sie das her hätten. Er wisse genau, die Sachen waren schon am Nachmittag alle!

Achtundsechzig. Ein Sommermorgen. Ein Anruf, ganz früh. Roland, der mich jahrelang mit Verlagsarbeit über Wasser hielt, damit ich an meinem ersten

Buch schreiben konnte, mit von Erschrecken gepreßter Stimme und der fast wörtlichen offiziellen Formulierung, daß die Truppen der Warschauer-Pakt-Staaten heute früh um eins in die ČSSR einmarschiert seien. Ich bitte dich, sagte er, und nun war seine Stimme eher voll Sorge, geh nicht auf die Straße, und wenn doch, laß dich auf keine Diskussion ein. Bitte! – Ich gab ein vages Versprechen, noch dumpf im Kopf, fassungslos, trank Kaffee, schaltete das Radio ein, lief im Zimmer umher, hörte von Protesten und Solidaritätsaktionen, setzte mich an die Schreibmaschine, formulierte einen Brief an die Regierung der ČSSR des Inhalts, daß ich, ein Bürger der DDR und Sozialist, mich distanziere von der Invasion im allgemeinen und der Teilnahme von Soldaten meines Staates im besonderen, steckte ihn in ein Kuvert, adressierte es, ging auf die Straße, näherte mich der Schönhauser, an deren Anfang die tschechoslowakische Botschaft lag, eine Villa auf einer Anhöhe hinter einem Gitterzaun, bemerkte die Männer auf den Bänken der Promenade, paarweise sitzend, als vertrieben sie sich die Zeit, als schauten sie so ins Blaue, lief kurzentschlossen über die Straße, drückte die Klinke des schmiedeeisernen Tores hinunter – verschlossen. Der Schreck. Die Blicke im Rücken. Das eilige Weitergehen, schnell um die Ecke. Nach zweihundert Schritten, in der Wilhelm Pieck, früher Lothringer, ein Gefühl von Lächerlichkeit. Ein Land wird besetzt, und du schreibst einen Brief! Auf der Höhe der Post N 54 zerriß ich ihn in hundert kleine Fetzen und warf sie in den Papierkorb an der Haltestelle der Straßenbahn neunundsechzig.

3

Seit dem Vormittag zerplatzen Böller vor dem Haus, zischen Raketen am Fenster vorbei in den staubgrauen Himmel. Die Straßen sind leer.
Das Bilanzeinladende des Sylvestertages. Warum nicht? – So viel gereist bin ich in keinem Jahr. Ich war in Amsterdam und Kopenhagen, bin durch Island gefahren und durch halb Westdeutschland, ich war in Paris, Los Angeles und New York, und nächsten Monat werde ich mit Marie und den Kindern auf die Kanarischen Inseln fliegen.
Und der Alltag –? Noch immer muß ich Zettel machen, um meinen Kram zu überblicken. Noch immer ertappe ich mich dabei, wie ich vor mich hinrede. Statt in der Wohnung, sitze ich abends in Kneipen. Ich bin selten allein, meist treffe ich jemanden oder bin verabredet. Mehr und mehr sind es Männerrunden, in denen ich mich aufhalte, warum das so ist, weiß ich nicht. Vor ein paar Jahren hatte ich noch Stoff für fünf Bücher; der Weg, der vor mir lag, schien übersichtlich. Fragte mich heute einer, was in sechs Monaten sein wird, ich könnte keine Antwort geben.

Die Jahre vorher: die Mittellage. Selten spontan reagiert, meist durch das Filter des Kopfes. Deutliche Resignation. Etwas Altväterliches brach durch. Daueranalysen, vorsichtiges Handeln. Nein, es war kein Handeln, es war Verhalten.
Was sich geändert hat: Die Möglichkeit des spontanen Ausdrucks. Die Fotos, die Isolde Ohlbaum auf der Messe gemacht hat: Ich kann wieder lachen.

Die Gespräche mit Barbara, gestern. Daß etwas vorgeht in der Stadt. Die Besetzungen, die Räumungen, die Krawalle. – Ihre Feststellung, daß sie, auch wenn sie in der Stadt geblieben wäre, nicht dabei sein würde. Wie auch ihre politischen Altersgenossen nicht dabei sind. Die neue Generation sei irgendwie anders ...

Konstatierung der Tatsache, daß wir einer Generation von Negierern angehören. Wir haben lebenslang daran gesessen, uns zu erklären, warum wir diese Welt nicht leben können. Mir fällt auf, daß ich in knapp zehn Monaten etwas verloren habe, was ich immer zu besitzen glaubte: gesellschaftliches Bewußtsein.
Gewiß, es war gestört gewesen, auf eine schwer beschreibbare Weise neurotisch, aber ich habe es doch gehabt. Trotz aller Veränderungen, trotz allem Empfindungszuwachs – nach neun Monaten Leben im Westen das klare Gefühl, ein Einzelner, ein Vereinzelter zu sein.
Warum mich das erstaune, fragt Barbara in einer griechischen Weinstube unter dem Charlottenburger S-Bahn-Bogen, dieses Gefühl sei das hier herrschende.
Was ist passiert?

Niederschläge

1

Neujahrskarten – Indizien fürs Eingebundensein in die Gesellschaft. So wenige wie dieses Jahr bekam ich schon lange nicht mehr.
Vorige Woche plädierte der Staatsanwalt in Christians Prozeß für zwei Jahre Gefängnis ohne Bewährung und vier Jahre Berufsverbot. Ich rief ihn gleich an, aber er war nicht zu erreichen, und ich dachte an seine skeptische Bemerkung, meinen Weggang betreffend, vor einem dreiviertel Jahr, in seiner Wohnung. Er sagte damals, daß er, auch wenn er ins Gefängnis gehen müßte, nicht auf die Idee käme, das Land zu verlassen. Es klang nicht wie ein Vorwurf, eher wie eine Bitte um Aufklärung. Dennoch reagierte ich schroff: Er könne schließlich auf einen politischen Zusammenhang bauen, würde Briefe empfangen und schreiben können, soviel er wolle, eine Zeitung seiner Wahl lesen und Bücher, ich glaube: dreißig, in der Zelle haben können. Ob er denn wisse, wie es in einem Knast drüben zuginge?
Daß man dort allein stünde. Wenn man von den Angehörigen absehe, die einen alle halbe Jahre besuchen dürften. Daß es einen gottverdammten Unterschied ausmache, ob die Solidarität sich nicht personifiziert

zeige, sondern nur *irgendwie* und nebelhaft usw. usf.
Christian ignorierte meinen Affekt. Dabei, fiel mir später ein, hatte Knast in unseren Fällen gar nicht zur Debatte gestanden.
Oder doch –? Ich weiß noch, wie für einen kurzen Moment ein Ziehen durch meinen Körper ging, als Kurt und Klaus Poche vor anderthalb Jahren in der Leipziger standen, den Brief an Honecker in der Hand. Und als klar war, er sollte fünf Tage nach dem Absenden öffentlich gemacht werden via Westfernsehen – vorausgesetzt, es käme keine Antwort. Ich zögerte nicht zu unterschreiben. Aber dieses Gefühl, dieses Ziehen im Leib. Es könnte ja auch schiefgehen ...
Helene war auf Tournee. Damals, bei der Unterschrift unter die Biermann-Resolution, war sie auch unterwegs gewesen, und ich hatte ihren Namen, ohne sie zu fragen, auf die Liste gesetzt. Jetzt unterließ ich es. Ich dachte, wenn es schiefgehen sollte, bleibt wenigstens einer bei den Kindern.

Drei Jahre vorher, sechsundsiebzig im November oder Oktober, nicht die Spur von Angst. Am Nachmittag, als die Nachricht von Biermanns Ausbürgerung übers Fernsehen lief, plötzliche und heftige Aufwallung von Zorn, von blanker Wut. Als wäre eine Grenze überschritten, ein Tabu verletzt worden. Synchron der Gedanke, daß etwas getan werden müsse. Jetzt langt's! –
Der Gang zu Sarah am nächsten Morgen, die im Hochhaus hinter Jakobs Kindergarten wohnte. Ihre

Information, daß Hermlin etwas vorhabe; sie sei um elf zu ihm bestellt und werde sich danach gleich melden.
Um vier oder fünf ihr Anruf. Wieder hinüber. Die Erklärung, die ein vornehm formuliertes Ersuchen war, die Entscheidung der Regierung zu überdenken. Gleich mit Ulli Plenzdorf telefoniert. Den ganzen Abend in der Leipziger verschiedene, radikalere Versionen diskutiert, schließlich, nach Stunden, auf einen einzigen solidarisierenden Satz geeinigt. Brasch kurz nach Mitternacht getroffen, Erklärung und Zusatz übergeben.
Nächsten Morgen mit Ulli zu Jutta Hoffmann, Fries, Martin Stade. Erlöste Gesichter. Als hätten sie alle auf uns gewartet. Bei Krug gespannte Heiterkeit. Er ging gleich ans Telefon, hatte eine halbe Stunde später vier oder fünf weitere Unterschriften. Selbst die, die reserviert blieben, baten eher, ihre Unterschrift nicht geben zu müssen, als daß sie schroff ablehnten.
Das Haus füllte sich, Thate, Domröse, die Moeses, die Müller-Stahls. Essen, trinken, diskutieren. Daß die einzige deutsche Regierung, die Schriftsteller ausgebürgert habe, die faschistische gewesen wäre, bisher.

Noch vor fünf mit Ulli zu ADN in der Mollstraße. Für den Fall des Falles blieb er an der Ecke, ich ging hinein, aber der Redakteur vom Dienst war ein höflicher Mann, und er nahm mir die Liste ab, als hätte er tatsächlich vor, sie zu veröffentlichen. Mir schien sogar, er freute sich. Sie wechselte von Tag zu Tag auf eine andere Person, fast konspirativ. Kurt Bartsch und Jo-

chen Schädlich, die ich beide persönlich nicht kannte, standen eines Mittags abgehetzt in der Leipziger und suchten die Liste, um ihre Namen darauf zu setzen. Ich wußte nicht einmal mehr, in wessen Händen sie sich gerade befand . . . In Dieter Schuberts?
Tage, Wochen der Erlösung, der Befreiung. Wann immer wir uns trafen, auf der Straße, im Café, in Wohnungen, ein Glanz in den Augen, daß es nur so blitzte. Was für eine Kraft! Welche Bekenntnislust! Jeden Tag erschienen die Namen der Neuhinzugekommenen in der westlichen Presse, im Funk, im Fernsehen und, spiegelverkehrt, die Erklärungen der Befürworter im Neuen Deutschland. Der Ton meist vulgär, vernichtend. Ein böser Zusammenhang wurde konstruiert, Motto: Wes' Brot ich eß', des' Lied ich sing'. Biermann –? Gekauft. Die Protestierenden –? Gekauft. –
Ich dachte an einen Satz, den der Parteichef von Berlin gesprochen haben sollte, als wir, Helene und ich, noch um eine größere Wohnung kämpften: Gebt ihnen eine, dann halten sie den Mund. –
Unser Kommentar damals wie heute: So beschreiben sie ihre Mentalität. –
Im Fahrstuhl, in der Leipziger, die kalte Distanz der Hausbewohner. Demonstrative Herzlichkeit nur bei zwei, drei Leuten, Frauen übrigens. Bei Sarah, am Schwarzen Brett der Hausgemeinschaft, Beschimpfungen, Denunziationen. Am Wochenende nach den ersten Unterschriften Ullis knapper Anruf: Komm gleich zu Krug. –
Ein Dutzend Leute um den großen Tisch in der Veranda, drei Parteifunktionäre, die verwundert eintra-

ten: Nanu, so viele? –, Adamek, der Fernsehchef, Lamberz, Politbüro, und ein dritter, dessen Name, dessen Funktion mir entfallen sind, Tee und Kaffee, kurzes Geplänkel und dann zur Sache: Die Unterschriften! – Statements von jeder Person, warum und wieso und daß niemand gedenke, sie zurückzuziehen. Erstaunen. Behutsame Versuche, uns zu überreden. Nur einmal ein heftiger Dialog, als Heym auf den siebzehnten Juni anspielte. Lamberz ganz scharf, aggressiv. Aber nur für einen Moment. Im nächsten wieder lammfromm. Daß sie aufhören solle, die Liste. – Aber ihr, im ND! – Wir könnten wohl schlecht verlangen, daß die Partei das schweigend hinnehme! –
Wir hatten über hundert Namen der wichtigsten Schriftsteller, Künstler des Landes gesammelt, die Wirkung hätte sich mit einer größeren Zahl nicht erhöht. Hört ihr auf, hören wir auch auf. – Keine Frage, selbstverständlich. – Wir hielten das für einen Erfolg.
Wenig später die ersten Disziplinierungen in den Verbandsvorständen, die ersten Rügen, Verweise, Ausschlüsse aus der Partei. Einmal, ich arbeitete an einem Drehbuch, fand im hinteren Teil des Zentralkomitees, in dem die Bezirksleitung untergebracht war, die Parteiversammlung des Schriftstellerverbandes statt, genau gegenüber meinem Arbeitszimmer. Ich schrieb gerade an einer Szene über die Vernichtung Kleists durch die preußische Staatsmacht, lief zwischendurch immer wieder ans Fenster, starrte durch mein Fernglas in den Saal gegenüber, es brannte schon Licht, hinter den Stores sah ich Hermlin neben Volker Braun sitzen, sah Köpfe sich wenden, wenn jemand

im hinteren Teil des Saales sprach, sah Hände sich heben zur Abstimmung, einmal sprang jemand auf und ruderte heftig mit den Armen, und später sah ich Jurek Becker im Laternenlicht zu seinem Auto gehen, Hände in den Taschen, hängende Schultern, den Kopf gesenkt.
Ich nahm das wahr mit einer Art verbissener Spannung; so tief spürte ich nie wieder das Abhängigkeitsverhältnis zwischen Geist und Macht unter den Bedingungen einer feudalistischen Struktur, so klar sah ich nie wieder die Parallelen zwischen den Jahren 1811 und 1976, so sicher schien mir nichts wie die Tatsache, daß dieser Tag, der Tag der Ausbürgerung Biermanns, zu einem ähnlich magischen Datum werden würde wie der Tag des Mauerbaus, der Dreizehnte August. Heute weiß ich nicht einmal mehr, war's im November oder im Oktober.

2

Das Fernsehen will Leben im Winter verfilmen. Aushandeln des Honorars. Der Produzent fragt, wieviel ich vor vier Jahren für Kotte bekommen hätte. Ich sage: 27 Tausend. – Er sagt: Dann können Sie schon 30 verlangen. – Ich erinnere mich, daß bei den ersten Gesprächen von 25 Tausend die Rede war, komme mir um 5 Tausend reicher vor und sage: Ja. – Später erfahre ich von Poche, ich hätte bei Trennung der Rechte und des Drehbuchhonorars ohne weiteres jeweils 20 Tausend verlangen können.

Noch immer Schwierigkeiten, mich für einen Stoff zu entscheiden. Nichts wächst in meinem Kopf über ein, zwei Sätze hinaus. Keine Struktur hält dem Nachdenken stand.

Motive: Gladow-Prozeß – als Lehrstück über das Verhältnis Macht und Recht. Wie aus Gründen der Staatsraison ein Jugendlicher mithilfe eines nationalsozialistischen Gesetzes zum Tode verurteilt wird.
Oder Helenes Geschichte aus der Fabrik: als alle Arbeiterinnen und Arbeiter einfach in der Kantine sitzenblieben (nach der Frühstückspause), weil die Norm heraufgesetzt wurde. Wie die Leitung, unter sorgfältigster Vermeidung des Wortes Streik, die Anordnung schrittweise zurücknimmt.
Oder die Geschichte von Pelles alter Freundin, einer Tierärztin, die lange Jahre ein Verhältnis mit einem verheirateten Parteifunktionär hatte (oder war es ein Stasi-Offizier?), der sich an dem Tag, an dem die Frau ihn bei der Parteileitung denunziert, neben seiner Geliebten im Bett erschießt.

Schreibschwierigkeiten durch Bindungsverluste?
Durch den Verlust des Eingebundenseins in der Gesellschaft? Was bleibt hier? Das Feuilleton? Der Klassiker-Standpunkt? Der Selbst-Beweis?
Marie hat zwölf Jahre lang nicht eine der Kritiken gelesen, die über ihre Bücher erschienen waren. Letztlich, sagt sie, schreibe sie für die Kollegen, die sie schätze ...

Das Absurde: Spaß macht mir nur die Arbeit in der taz, die weder Geld noch Anerkennung bringt. Ich kann meinen Anteil an der Literaturbeilage tatsächlich ohne jeden Eingriff von außen gestalten. Zweite Absurdität: Eigentlich ist die Arbeit nutzlos. Die Linke interessiert sich nicht für Literatur.

Im Frühjahr achtundsechzig, bei der Helm-Aktion – wir saßen in der Brunnenstraße, Stephan, Annemarie und ich –, kam einer dieser wilden Haufen von jenseits der Mauer, lud Helme und Regenmäntel in einen heruntergekommenen VW-Bus, aber vorher tranken wir noch Tee miteinander, diskutierten die Lage hier und die Lage drüben, kamen vom Hundertsten ins Tausendste, waren plötzlich bei den sogenannten zwischenmenschlichen Beziehungen unter den Bedingungen der entfremdeten Produktion, jemand mit halblangem Haar und weichem Gesicht fragte etwas über die Schwierigkeiten mit der Ehrlichkeit, ich sah ihm an, es war sein Problem, ich stand auf, erregt von der Debatte, verwies, indem ich zum Bücherregal ging, auf eine Passage aus Frischs erstem Tagebuch, rief: Frisch sagt dazu ..., kam aber nicht zu Ende, eine scharfe Stimme, die zu einem hageren Mann mit kurzem schwarzem Bart gehörte, unterbrach mich mit einem verweisenden: Lenin sagt dazu ..., und er holte weit aus und redete, ich stand, mit dem Buch in der Hand, kam nicht dazu, die Stelle, die ich so wichtig fand, herauszusuchen und zu zitieren, aller Augen waren auf ihn gerichtet, und gleich darauf trennten wir uns.

Erst später sah ich das Gesicht noch einmal, im Fernsehen, und wieder später fand ich beim Umräumen ein paar der Zettel, auf die wir, pro forma und für den Fall, daß unsere Geldspender auf Rechenschaft wert legen sollten, uns die Spende quittieren ließen, und ich las in der Spalte, in der auch A. Proll quittiert hatte: 4 Helme, 4 Mäntel – H. Meins.

Noch einmal Biermann. – Eine der heimtückischsten Deformationen waren jene, die mit der *Ausrichtung* auf die Sprache des Systems verbunden waren, indem man, von der Rückkopplung wissend, seine Interessen bzw. Kritik an den Zuständen in die der herrschenden Sprache entsprechende Form goß und die Kritik bzw. seine Interessen verformte. Als wir bei Krug saßen und unser kritisches Sprüchlein aufsagten, versuchte ich, stotternd, den Zustand der Gesellschaft über den, wie ich sagte, Widerspruch sich differenzierender Produktivkräfte und verharrender politischer und Produktionsverhältnisse zu beschreiben.
Statt zu sagen, was ich fühlte: Daß es eine Schande ist, einen Menschen aus dem Land zu weisen. Eine nicht hinzunehmende Schande!
Umgekehrt schien Lamberz nach einem Begriff zu suchen, der es ihm trotz divergierender Meinung möglich machte, unsere Weigerung, die Unterschrift zurückzuziehen, in sein politisches Konzept, in seine Auffassung von demokratischem Zentralismus einzuordnen. Aber offenbar gelang es ihm nicht. Ihm fiel nur eines ein: konterrevolutionär. Mildernder Umstand: *objektiv* konterrevolutionär.

Der Jargon als Schutz – ich weiß noch, um wieviel leichter es fiel, mit Berlinischer Färbung festzustellen, daß man manchmal glaube, die da oben hätten was am Hut, als auf hochdeutsch zu konstatieren, daß sie ihrer Aufgabe nicht gewachsen seien. – –

Herr Richter, der Redakteur vom Fernsehen, ruft an. Kotte soll im April wiederholt werden. Für Leben im Winter schlägt er 33 Tausend vor. Freude, daß nicht jeder hier nach dem blanken Gesetz des Warentauschs handelt.

Morgen soll Matthies in Westberlin eintreffen. Er hat einen Ausreiseantrag gestellt, von dessen Begründung Franz sagt: Entweder sie lassen ihn gleich gehn oder sie stecken ihn für zehn Jahre ein. Ein Dazwischen gibt es nicht! –

3

Laue Luft. Die Kneipen am Savignyplatz öffnen die Vorgärten oder stellen Stühle auf die Straße: Frühling.

Dirk Sager kam aus Moskau, am Montag. Seine skeptische Beurteilung der Lage: der Regierung Schmidt gibt er nur noch eine Chance bis Herbst. Die Amerikaner, das wisse er aus seiner Korrespondentenzeit in Washington, wollten Rüstungsüberlegenheit. Wollten die unbestrittene Nummer 1 in der Welt sein.

Wollten das sozialistische Lager wirtschaftlich in die Knie zwingen, durch Hochrüstung. Die Sowjetunion sei wegen Afghanistan völlig in der Defensive und habe Angst, daß der moslemische Fundamentalismus auf ihre südlichen Regionen übergreife. – Dirk bietet mir seine Wohnung an. Will keinen Fuß mehr hier haben ...

In der Bank winkt mir Herr D. zu. Ob ich einen Augenblick Zeit hätte? Herr D. ist ein freundlicher Mittdreißiger von gepflegter Erscheinung, der mir schon öfter mit gutem Rat zur Seite stand. Er hat die Überweisungen des Fernsehens auf mein Konto registriert und fragt, ob ich Pläne hätte, das Geld betreffend? – Ich schüttele den Kopf. Dann hätte er einen Vorschlag. Ich solle die Summe *festlegen* über ein Jahr, die Zinslage sei äußerst günstig zur Zeit, neundreiviertel Prozent! – Herr D. sieht mich erwartungsvoll an. Ich frage: Ein Jahr?, und schüttele wieder den Kopf. Ich brauche das Geld doch. – Aber doch nicht alles auf einmal, sagt er. Jetzt kann seine Miene eine gewisse Strenge nicht verbergen. Ich könne es ja auch monatlich festlegen. Dann hätte ich nach Ablauf des Monats eine freie Verfügung über jenen Betrag, den ich brauchte, und der Rest des Geldes könne, den ganzen nächsten Monat über, arbeiten. –
Seine Logik ist schlüssig. Ich brauche das ganze Geld nicht zu jeder Zeit, und ich hätte am Jahresende für ein-, zwei Monate Lebensunterhalt mehr auf dem Konto, aber alles in mir wehrt sich dagegen, so daß es nur dem freundlichen Wesen des Herrn D. zu verdan-

ken ist, wenn ich so tue, als würde ich seinen Vorschlag genau durchdenken und erst dann sagen, was ich schon am Anfang sagen wollte: Nein, danke, ich brauche mein Geld jeden Tag. –
Herrn D.s Gesichtsausdruck werde ich lange nicht vergessen. So sieht ein Pädagoge einem Menschen hinterher, der sich als bildungsunfähig erwiesen hat. Merkwürdigerweise bin ich, als ich die Bank verlasse, froh über meinen Entschluß und werde den Geruch des Opfers einer Moral, das fünftausend Deutsche Mark verliert und sich noch gut dabei fühlt, ertragen lernen müssen.
Geld ist Freiheit, sagte neulich jemand, und in einer Zeitung las ich: »Und muß nicht ein freier Bürger sein, wer ununterbrochen freie Kaufentscheidungen in einer freien Warenwirtschaft fällen muß?«

Die Transformation menschlicher Beziehungen in Beziehungen von Zahlen ... – Frisch hat einmal darüber geschrieben, wie einem Bomberpiloten zumute ist, der seine Last auf die Städte unter ihm wirft, die aus der Höhe gar nicht wirklich erscheinen – ohne jeden Gedanken daran, daß ein paar Sekunden später Männer, Frauen, Kinder zerfetzt werden.
Wenn ich mein Geld – wie in der Medizin mit Jod üblich – radioaktiv markieren und seinen Weg durch den Kreislauf der Wirtschaft verfolgen könnte, fände ich es vielleicht in den Händen eines Waffenschiebers, eines Immobilienspekulanten wieder.
Gut, daß ich nur den kleinsten Teil des Geldes in die Hand bekomme. Der größere Teil entfernt sich von mir über Abbuchungen und Scheckbezahlung, und

wenn ich mir noch eine Kreditkarte besorge, wird ohnehin alles zu einem buchungstechnischen Vorgang.
Jetzt, da mir das Geld wieder wichtig gemacht wird, weiß ich auch, was mich an den sozialen Utopien des vorigen Jahrhunderts so faszinierte: der Versuch, dem Geld seinen Wert zu nehmen ... –

Noch immer kommt einem, der dreißig Jahre in einer Wirtschaft des verwalteten Mangels gelebt hat, die Tatsache, daß er in einen Laden gehen, ein fabrikneues Auto bestellen und drei Tage später auch tatsächlich in Besitz nehmen kann, wie ein mittleres Wunder vor ... Hat er es akzeptiert, steht er vor der Frage: Welches –?

Marie kennt aus Frankfurt nur Leute, die gebrauchte Autos fahren. Sie werden für 500 bis 1000 DM gehandelt, sind schon zwei- bis dreimal um die Erde gefahren, stehen kurz vor Ablauf der Technischen Zulassung und gelten als Ausdruck eines bewußten Aktes von Konsumverweigerung.

Japanische Autos sind billiger als deutsche und haben oft eine bessere technische Ausstattung. Aber Gaston ließ mir über Marie bestellen, ich solle auf keinen Fall eines kaufen, ich hätte immer den Geruch eines Menschen, der sich nur Sonderangebote leisten könne.

Ein Daimler ist ein Auto für Schlachtermeister (sagt Uwe). Ein Audi für Leute, die beim Autofahren den Hut aufbehalten (sagt Maries Sohn). Dann einen Opel. Fährt jeder Popel (sagt Jakob). Ein Citroën? Für alle, die wollen, daß man sie für Intellektuelle hält (Kneipenbesucher). Aber ein Jaguar! Je länger der Wagen, desto kürzer der Schwanz (Ulli).

Ein deutscher Wagen ist deshalb zu empfehlen, weil er einen höheren Wiederverkaufswert hat (Werkstattmechaniker).

Letzten Dienstag kaufte ich einen Renault-Kombi. Metallicblau.

Ich lache viel. Ich lache oft. Schon morgens, wenn ich die taz in die Hand nehme und lese, mindestens zwei, drei Pointen, die ich gleich Marie mitteile übers Telefon; dann lachen wir zusammen.
Es ist eine Art subversiver Humor, ähnlich dem, der das Leben im Ländchen manchmal so spannend machte. Er beruht, zum Teil, auf Schadenfreude. Da haben sie nun so ein reiches, mächtiges Gemeinwesen mit überquellenden Schaufenstern und einem Lichterglanz, der jeden Gedanken an eine Energiekrise ins Reich des Absurden verweist, haben tausend lenkende, verwaltende Behörden, haben Freiheiten, die sie so stolz vor sich hertragen, wie eine Mutter ihr wohlgeratenes Kind, haben einen Polizeiapparat, der so hochgerüstet ist, daß er es mit der Armee jedes kleinen europäischen Landes aufnehmen

könnte – und dann toben sie herum wie ein aufgescheuchter Hühnerhaufen, wenn sich ein paar hundert junge Leute die Freiheit nehmen, ihnen ihr schönes Eigentum, mit dem sie noch so viel verdienen wollen, einfach zu entziehen – und sei es nur zeitweise.
Die Zeitschrift Zitty, ein alternatives Stadtmagazin, berichtet alle vierzehn Tage, im Tonfall eines fröhlichen Eroberers, wieviel und welche Häuser inzwischen besetzt wurden. Zur Zeit sind es mehr als hundertzwanzig.

4

Seit einigen Wochen nach Räumung besetzter Häuser Krieg zwischen Hausbesetzern und Polizei. Abendliche, nächtliche Einsätze kleiner militanter Gruppen, die, zwischen den Bezirken pendelnd, Fensterscheiben von Banken, Kettenläden und Sexshops einwerfen.
Kreuzberg ist von der Polizei belagert. Autokontrollen auf den wichtigsten Zufahrtsstraßen. Neulich, am Abend, auch in Charlottenburg, Kantstraße: acht bis zehn Polizisten mit aufmerksamen Blicken auf die langsam an ihnen vorbeifahrenden Autos, einer sieht mich fest an, winkt mich heraus: Fahrzeugkontrolle. Zwei Uniformierte, die Maschinenpistole halb gesenkt, postieren sich neben meinem Auto. Führerschein, Ausweis, Fahrzeugpapiere. Ein Erstaunen über den blauen Paß und mein neues Westberliner

Auto war dem Kontrolleur, wenn er es hatte, nicht anzumerken. Blicke in den hinteren, einsehbaren Wagenteil. Dankeschön, Aufwiedersehen.
Einmal, gegen elf Uhr abends, waren die Kneipen am Heinrichplatz in Kreuzberg-Sechsunddreißig so voll, daß die Leute, Biergläser in den Händen, auf der Straße stehen mußten, abwartend, diskutierend; vier oder fünf besetzte Häuser waren durchsucht und über hundert Leute »erkennungsdienstlich behandelt« worden, darunter der sogenannte Besetzerrat. Bis weit nach Mitternacht standen wir dort, einmal ein grelles Sirenensignal, alles reckte die Köpfe, aber es waren nur zwei Feuerwehren, die Richtung Friedrichstraße fuhren.
Davor, gegen neun, war ich zu Marie gefahren. Kurz vor der Oper, in Charlottenburg, Wannen mit Blaulicht und Sirene. Ich wendete. Schild- und knüppelbewehrte Grüne, die über die Straße stürmten. Haufen flüchtender schwarzer Gestalten. Plötzlich, gegenüber der Oper, eine Ansammlung mehrerer hundert Leute. Sprechchöre: Ein-zwei-drei! Laßt die Leute frei! – Grüner Ansturm, Flucht Richtung Schiller-Theater. Dreißig, vierzig Leute entkommen ins Theater. Polizei hinterher. Müssen das Theater aber wieder verlassen, weil sie, wird gesagt, dort kein Hausrecht haben. Die Grünen warten. Wie die Vorstellung zu Ende ist, kommen, unters Publikum gemischt, von dem sie sich nach Kleidung und Aussehen deutlich unterscheiden, paar Demonstranten heraus. Ein Polizist, sehe ich, stößt Leute mit dem Knüppel die Treppe hinunter, wenn sie an ihm vorbeikommen. Pfiffe, Gebrüll. Die Schweine! Wie sie zuschlagen! –

Eine Aufregung in der Stadt! Mit Mali ging ich heute um den See in Zehlendorf, ihren Hund ausführen. Sie stand unter einer Spannung, die ich selten bei ihr erlebt habe. Ich frage: Wie geht's? – Sie antwortet: Na, ganz gut. Noch besetzen meine Kinder keine Häuser! –

Und dann legt sie los. Diese Jugend, die zu faul sei zu arbeiten. Sie zahle Steuern, aber die Straßen, die dafür gebaut würden, benutzten die doch auch. Da sei der Sohn ihrer Freundin, ein Fünfzehnjähriger!, ein Haus besetzen gegangen, aber abends komme er in die Villa zurück zum Duschen und höre teure Platten von der teuren Stereoanlage, die natürlich die Eltern bezahlt haben! Und, sagt Mali mit erhobener Stimme, dann kommt er seiner Mutter noch frech, weil die nicht mit nach Brokdorf will! –

Mali ist dreiundvierzig, freie Journalistin, Mutter zweier Kinder, die bald das Abitur machen, und lebt, wie Franz sagt, mit ihrem Gatten »am unteren Rand des Reichtums«. Und sie ist mit ihrer Rede noch nicht am Ende: Denen haben wir immer die Steine aus dem Weg gerollt! Die hatten es viel zu gut! Wir haben sie doch keine Schwierigkeiten ausstehen lassen! Was wollen die denn machen, wenn sie wirklich mal an die Regierung kommen? Die können doch gar nicht regieren. Da müßten sie ja was tun! –

Habe ich registriert, daß ich immer häufiger, wenn ich zu Marie nach Kreuzberg fahre, kleine Gruppen junger, abenteuerlich gekleideter Leute sehe, die, mit den Augen die Fassaden abtastend, durch Nebenstraßen streifen und Notizen auf Zettel schreiben, wenn sie ein unbewohntes Haus finden?

Daß der Tod uns lebendig findet
und das Leben nicht tot.
(Plakattext)

5

Punkt neun wachte ich auf von einem heftigen Donnerschlag. Gleich danach begann es zu regnen, und die Glocken der Witzlebenkirche läuteten.

Ich hatte einen ebenso schrecklichen wie harmonischen Traum gehabt. Ich war mit den Kindern in einer großen Menschengruppe unterwegs. Suchend bewegten wir uns durch ein großes burgähnliches Haus, stiegen viele Stufen hinauf und hinab, drangen in finstere Gewölbe vor. Was wir suchten, habe ich vergessen, aber die Suche war von einem aufregend freudigen Gefühl begleitet ... Später, als wir alle wieder in unserer Straße waren, hieß es, das Haus sei von Strahlen verseucht, und all jene, die der Einwirkung unterlegen seien, müßten sofort eleminiert werden. Personen mit strengen Gesichtern sortierten die Leute, die auf der Straße waren, in Strahlenbefallene und Nichtbefallene. Die ersteren drängten sie in einen Laden, der an der Ecke lag und hohe blanke Fensterscheiben hatte. Wieder später sah ich, daß sie in große Netze gesteckt und weggetragen wurden. Ich wußte, ich war ebenfalls von Strahlen getroffen, aber meine Freunde ließen es nicht zu, daß auch ich, einer der Initiatoren der Expedition, geopfert werden sollte. Daraus entstand die Frage: Wenn sie mich unter sich dulden konnten, ohne sich selbst zu gefährden, warum mußten sie dann die anderen umbringen?

Ich ging Zeitungen kaufen. Die Straßen still wie an jedem Sonntagvormittag. Nasses Pflaster und eine milde, feuchte, angenehme Luft. Dann schien wieder die Sonne.

Gestorben ist Peter Huchel ...

Ein halbes Jahr lang kam ich problemlos über die Grenze von West nach Ost. Seit einigen Monaten scharfe Kontrollen. Drei-, viermal mußte ich mich bis auf die Haut ausziehen. Ebenso ging es Helene.
Ulli Schwarz informiert, der es im Spiegel als eine schärfere Gangart des Staates gegenüber den *Grenzgängern* interpretiert. Franz hält es für pure Schikane und hat im Kulturministerium für uns interveniert.
Seither beschränken sich die *Grenzorgane* auf genaueste Untersuchung meines Autos und des Inhaltes meiner Kleidertaschen.
Fahre ich Richtung Westdeutschland, muß ich, einschließlich Rückfahrt, die Grenze viermal passieren. Mindestens einmal werde ich herausgewunken und muß in einen Raum fahren, dessen Tür sich hinter mir schließt. Die Kontrollen dauern in der Regel eine Stunde.

Magenschmerzen, wenn ich mich auf das Schild *Einreise DDR* zubewege.

Schreckliche Woche. Vortrag über Innerlichkeit, der in Frankfurt gehalten werden sollte, geschmissen. Konzentrationsschwäche. Zu spät angefangen, in Panik geraten, Depressionen bekommen. Diese Erleichterung, als ich die Absage telegrafierte.
Die Konkurrenzherrschaft im Kulturkarussell. Das miese Gefühl, etwas nur zur Selbstdarstellung zu tun. Als ginge es darum, daß das Besprochene vom Besprechenden exakt (also seinem Wesen gerecht) besprochen wird. Es geht darum, herauszustechen, Pointen zu setzen: prägnant, brillant.

Das Prinzip der Konkurrenz – warum habe ich es immer gehaßt? Warum habe ich Menschen, die mir nahe standen, in dem Moment gehaßt, da sie sagten, sie hätten X oder Y *an die Wand* gesungen, geredet, gespielt?

Schwierigkeiten mit Menschen, deren Wesen Verhalten hervorruft, das ich an mir nicht mag. Bei Frauen, wenn sie mich bewußt eifersüchtig machen. Bei Männern, wenn sie zuerst auf die Schwächen blicken.
So will ich nicht gemacht werden. So will ich mich nicht sehen müssen . . .

Neulich, bei meinem Abstecher nach Paris, beim hastigen Treffen mit Nicole Casanova, erzählte sie, wie sehr sie auf einen Wahlsieg der Linken hoffe. Sie möchte ein einziges Mal die blassen Gesichter der Reaktionäre in ihrer Redaktion sehen. Wie sie sie hasse! Zum Beispiel, sagt sie, sei sie einmal zu den Chefs gegangen und habe für eine Kollegin plädiert, die immer nur Negatives zu hören bekam. Die Chefs sollten ein wenig Rücksicht nehmen. Die Frau habe Leukämie ... –

Es war ein Fehler, sagt sie. Statt daß man ihr half, hat man ihr auch noch die Theaterrezensionen weggenommen. Sie würde so einen kranken Blick auf die Dinge werfen. –

Für diese Herren, sagt sie, gilt nur ein Grundsatz. Wer Erfolg oder Geld hat, hat es verdient. Wer keinen Erfolg und kein Geld hat, hat es auch verdient. Das trifft auch auf Krankheit zu. –

Damals, in der Straßenclique, galt am meisten, wer am besten war. Jeden Tag ein Messen der Kraft, der Schnelligkeit, der Geschicklichkeit. Ich wuchs mit zwei, drei Jahre Älteren auf und war in allen Bereichen unterlegen, außer denen des Kopfes, der Phantasie. Alle Spiele waren auf Sieg gerichtet. Auf Auswahl. Brennball, Schilderwerfen, Hase und Jäger.

Mit vierzehn, fünfzehn spielten wir Fußball im Verein. Mit sechzehn, siebzehn gingen wir Boxen, zweimal die Woche, Sporthalle Stalinallee, Seilspringen, Maisbirne, Sandsack und Sparring. Ich war viel zu groß für mein Gewicht, hatte immer kleinere athletische Gegner, lernte, sie auf Distanz zu halten, ihren stürmischen Angriffen durch gute Beinarbeit auszuweichen und mit der linken Geraden zu punkten. Schwerer fiel mir das Kontern. Irgend etwas hemmte mich, die Rechte genau in dem Moment mit aller Kraft zu schlagen, in dem mein Gegner ins Leere gelaufen und für einen Sekundenbruchteil deckungslos war. Mein Trainer war ein geduldiger Mann und übte mit mir rundenlang das ansatzlose Schlagen eines rechten Hakens, einer Geraden. Nutzlos; im Ring vergaß ich es.

Meine ersten öffentlichen Kämpfe – ich tat gerade so viel, wie ich brauchte für einen knappen Punktsieg. Oder für ein Unentschieden. Mir war's recht. Bis auf das eine Mal, Schöneberger Sporthalle, Gesamtberliner Juniorenturnier, das Umziehen in der Garderobe, das Wickeln der Bandagen, das Wiegen, der Arzt. Ich sah meinen Gegner erst im Ring. Ich wollte es nicht glauben: Er war größer als ich. In der ersten Runde wurde ich Opfer meiner eignen Taktik. Seine Linke hielt mich auf Distanz, und wenn ich mal angriff, lief ich ins Leere. Rufe aus dem Publikum, unscharf wahrgenommen, aber wahrgenommen: Nu mach mal wat, Kleener! – Einzelne Pfiffe, Unruhe. Ich griff an, lief ins Leere. Ich weiß nicht mehr, wann – ich glaube, Anfang der zweiten Runde, wurde ich getroffen, voll an den Kopf, ein Aufschrei in der Halle, ein kurzes dumpfes Stöhnen, ich war erstaunt, daß ich nicht umfiel, vielleicht ebenso wie mein Gegner, der einen Moment zögerte, ehe er nachsetzte. Ich schlug zurück. Das erste Mal in meinem Leben, daß ich zurückschlug. Ich hörte nicht mehr auf zu schlagen, die ganze zweite Runde und die dritte, und ich wußte, ich durfte nicht aufhören zu schlagen. Die Halle ein einziges großes anfeuerndes Gebrüll, ein Toben, ein Jubeln. Den Gong, der den Kampf beendete, hörte ich nicht, der

Ringrichter warf sich zwischen uns, in der Ecke Schulterklopfen, das strahlende Gesicht meines Trainers, Herrn Schiewe, Aufbau Pankow, Handschuhe aus, Bandagen abgewickelt, wieder in die Mitte, der Druck der Hand des Ringrichters um mein Gelenk, der Lautsprecher; und wie mein linker Arm nach oben gerissen wurde zum Zeichen des Sieges, Beifallssturm, der Gang in die Ecke des Gegners, Fuß auf das untere Ringseil gestellt, das obere hochgezogen, damit der Unterlegene durch die Umspannung hindurchschlüpfen konnte, versöhnliche Geste des Siegers, die der Schlacht im nachhinein die Schärfe nehmen sollte, aber ich spürte es damals schon, und ich wußte es später genau: Ich hätte ihn töten mögen, und, wäre es verlangt worden, ich hätte ihn getötet.

6

Lag über der Stadt vor Jahresfrist noch die Depression einer kurz bevorstehenden Katastrophe, scheint sie mir jetzt wie elektrisiert. Das liegt nicht nur an den hektischen Titelzeilen der Boulevardpresse, nicht nur an den vielen Demonstrationen und Straßenkämpfen – das spüre ich auch in der Wohnung: Pausenlos klingelt das Telefon. Zwei Anrufe wichtig – der von Yvonne, jener kleinen, agilen Frau, die ich in dem besetzten Regenbogenhaus in der Winterfeldt kennengelernt habe und die mich mit dem Ultimatum des neuen Innensenators Lummer bekannt machte: daß bis zum Wochenende acht Häuser, die der Neuen Heimat gehören, verlassen werden müssen, sonst werde polizeilich geräumt. Und was wollt ihr machen? – Wir wollen die Häuser voll belegen, und dann Kultur am laufenden Band. – Der zweite Anruf wegen der Unterschrift unter Havemanns Brief an Breschnew, in dem er, Havemann, als Ursache für die bedrohliche Situation in der Welt das geteilte Deutschland benennt.

Wann habe ich die Teilung Deutschlands zu akzeptieren begonnen? Ich weiß doch noch: als Junge, als junger Mann totales Unverständnis, Empörung über den sinnlich erlebten, schmerzhaften Prozeß der Teilung meiner Stadt. Kopfschütteln, Wut über Bodenwellen auf den Straßen, über Zollbeamte und Ausweiszeigen. Als Sechzehnjähriger phantastischen Plan entwickelt für eine Aktionseinheit der Jugend beider Teile Berlins. Bei den Falken im Westen auf mildes Lächeln gestoßen, bei der FDJ in Weißensee auf kühle, prüfende Blicke. Beim Mauerbau Schock, gemischt mit einem pragmatisch orientierten Verständnis. Du wolltest hier leben, im Osten, und so wäre es nicht weitergegangen, ökonomisch. In der herrschenden Sprache hieß das: Einsicht in die Notwendigkeit. In der Sprache des Alltags: aus der Not eine Tugend machen.
Später erst, als ich reisen konnte, Haltungsänderung. Meine Fahrten auf der ehemaligen Reichsstraße 1, ich konnte sie nur in Teilstücken bewältigen und zu verschiedenen Zeiten: durchs Ruhrgebiet, durch die Ebenen der Börde, durch den Oder- und den Warthebruch, nordöstlich dann bis fast zur Ostseeküste an die

von Stalin mit dem Lineal gezogene Grenze, an der die Weiterfahrt nach Kaliningrad, früher Königsberg, nicht mehr möglich war. Einst führte sie von Aachen nach Königsberg, vom äußersten Westen zum äußersten Nordosten des Landes. Jetzt waren vier Länder zu passieren, wollte sie einer befahren.
Die sinnliche Erfahrung von der Größe dieses verschwundenen Deutschen Reiches. Kann es nicht Länder geben, deren Größe und Bevölkerungszahl plus hohem Industrialisierungsgrad jene kritische Masse erreicht, bei der sie – gesetzmäßig – explodieren, expandieren müssen? Deutschland – als Mittelmacht zu groß, als Großmacht zu klein?
Wann immer ich mit Marie darüber rede, eins ist uns beiden klar: Es könne keinen Krieg geben in Europa, denn es liege ja in der Logik der Kernwaffen, daß sie nicht anwendbar seien. Aber warum diese Hysterie?

Strandbad. – Sie steht leicht über ihn gebeugt. Er hat den Kopf gesenkt. Er ist zwei oder ein wenig mehr. Sie hat die Dreißig überschritten und zieht ihre Mundwinkel herunter. Er ist nackt und naß und über und über mit Sand bedeckt. Jetzt packt sie ihn bei der Hand und zieht ihn in Richtung des Wassers. Er schreit und stemmt sich gegen sie, aber es hilft nichts, das Wasser wird ihm ins Gesicht gespritzt, über den Kopf, zwischen die Beine, und jetzt ist er sauber, jetzt darf er sich auf die Decke setzen. Sie sagt: Schluß! und sagt: Ruhe!, sein Körper zittert noch ein wenig nach, dann ist er still, und sie sieht ihn an mit einer Art liebevollem Ekel. –

Kurz vor dem Wasser fangen sie ihn ab und holen ihn zurück auf die Decke. Hier soll er bleiben. Aber er will ins Wasser. Ins Wasser darf er nicht. Aber er darf bauen. Mit dem Sand darf er bauen. Schiffchen. Oder ne Burg. Jetzt heult er.
Vater: Hör auf zu singen, die Leute wolln schlafen.
Mutter: Haste jetzt begriffen?
Kind: Nein.
Mutter: Dann bleibste hier sitzen.
Vater: Hör auf!
Mutter: Wir sind froh, wennste drei Wochen weg bist.
Vater: Nu hör auf!
Mutter: Bauste jetzt im Sand!?

Eine Verkäuferin zu ihrer Kollegin an der Kasse bei Kaisers: Wer arbeitet, muß essen. – Ein Mann, der neben mir steht: Ich arbeite nicht und muß auch essen. –

7

Im Fernsehen: Der König und sein Narr. Beinahe reine Ostproduktion im Westen. Stade, Plenzdorf, Beyer (Regie), Fischer (Musik). Am Beispiel Gundlings und des Soldatenkönigs das alte Thema: Lassen sich kritischer Geist und staatliche Macht zu gutem Zweck amalgamieren? –
Sauberer, streckenweis beeindruckender Film. Was wieder stört: der beschönigende Effekt der Farbe.

Trotz größter historischer Genauigkeit starker Bezug zur Zeit. Um so schlimmer für die Zeit.
Dieses Buhlen um die Gunst der Oberen. Der Stolz des Hermann Kant, als er mir auf der Frankfurter Buchmesse so nebenbei erzählte, er sei bald bei Honecker, und da werde er einiges zur Sprache bringen. Wie sich seine Stimme, understatementhaft, senkte.
Oder Brasch, als er uns über seine Ausreise informierte: Ich war bei Honecker. – Es war, als hielte er für einen Moment die Luft an.
Die Magie des Amtes, der Rolle. Als hätte ich sie nicht gespürt. Noch bei allen Geschichten, die sich um meinen Paß drehen, ist die von der Begegnung mit Honecker im Fahrstuhl die wirkungsvollste. Und damals, als Kunert noch in Berlin-Buch wohnte, fiel uns die Ähnlichkeit des Tonfalls auf, in dem wir unsere nie veröffentlichten Briefe an den Staatsratsvorsitzenden schrieben – wegen Jürgen Fuchs und der anderen Jenaer, wegen Bahro usw. –, etwas Höfisches durchzog sie. Wie bei Kleist, wenn er sich an seinen König wandte. Vor dem Anliegen der Kratzfuß. Und die Lässigkeit, die mir bei Begegnungen mit Amtsträgern und Geldreichen bisweilen gelingt, ist nichts anderes als Auflehnung gegen einen subalternen Kern.

Ich stehe an einer Schiffsanlegestelle. Hinter mir, in einem kleinen Seerundfahrtsboot mit geschlossenem Deck, redet Helene in ihrer gefühlsbetonten Weise auf das Bordpersonal ein. Vor mir rennt mein jüngster Sohn mit eigenartig trippelnden Schritten eine betonierte Straße entlang, in der Annahme, ich folgte ihm. Ich ducke mich hinter einen massiven Betonblock, spähe über den Rand, sehe das Kind sich suchend umdrehen, dann weiterlaufen, bin enttäuscht erst, aber nun, da es sich zum zweiten Mal umdreht, mich wieder nicht entdeckt und mit rasend trippelnden Schritten zurückrennt, bin ich befriedigt, trete aus meinem Versteck hervor, breite die Arme aus und fange es auf. (Traum nach langem Reden über Scheidung)

Wichtigstes Buch des letzten Jahres: Sempruns Was für ein schöner Sonntag, nicht nur, weil ich Ähnlichkeiten in der Wahrnehmung von Frauen entdeckt habe: Sie tauchen auf, fesseln, verschwinden wieder und lassen eine unendliche Zahl von Projektionsmöglichkeiten hinter sich zurück. Mischung aus Autobiographie und Roman: Frederico Sanchez *und* Die große Reise in einem. Semprun fühlte sich aufgefordert, die Reise noch einmal zu schreiben, bereichert um die Auseinandersetzung mit den sowjetischen Lagern, mit dem Gulag. Die Reise, sagt er, sei aus einer Haltung geschrieben worden, die die Welt noch in Gut und Böse einteilen konnte – aus einer Haltung der Unschuld heraus. Das sei nun nicht mehr möglich. Die Existenz des Gulags mache sie unmöglich. Wäre er Christdemokrat, Sozialdemokrat oder einfach nur Humanist gewesen, hätte er es bei dem Buch belassen können. Aber er hatte es geschrieben aus seiner Position als Kommunist, als Rotspanier heraus, und deshalb könne er sich dem Gulag nicht entziehen.

Er sieht die faschistischen Konzentrationslager als Weiterentwicklung des sowjetischen Lagersystems, das offenbar eine Übernahme des zaristischen gewesen ist (wenn ich richtig gelesen habe, muß es einen Beschluß Dscherschinskis, des Tscheka-Chefs der Revolution, gegeben haben, die zaristischen Lager beizubehalten ...)
Genaue Beschreibung der Verdrängung nicht aushaltbarer, nicht lebbarer Einsichten: Er, Semprun, hätte schon 51 oder 52 wissen müssen, daß die Prozesse in Prag gefälscht waren, denn er kannte einen der Angeklagten aus Buchenwald genau, und der *konnte* kein – wie es die Staatsanwaltschaft behauptete und bewies, wie es der Angeklagte gestand – konnte kein Agent der Gestapo gewesen sein, sonst wäre Semprun nicht am Leben geblieben ...

Warum habe ich Solschenizyns Archipel Gulag vor ein paar Jahren schon nach hundertfünfzig Seiten ärgerlich aus der Hand gelegt? Weil eine Behauptung, den antifaschistischen Charakter der Bundesrepublik betreffend, nicht meinen Erfahrungen entsprach. Und warum habe ich das Buch nie wieder in die Hand genommen?
Wegen Solschenizyns mystischer, panrussischer Entwicklung, die ich freilich nur vom Hörensagen, aus der Presse kannte.
Dabei war es ja nicht so, daß ich irgendein Dokument, einen Erlebnisbericht aus dem Gulag hätte bezweifeln wollen. Die Abwehr vor der Beschäftigung mit dem Detail war eine Abwehr vor den Folgen. Wie bei der Beschäftigung mit den Details des Faschismus, hätte

ich mich grundsätzlich verändert. Und wie –? Antisowjetisch –? Antikommunistisch –?

Wann immer ich in den Osten fahre, habe ich Einfälle über Einfälle. Ob ich sie auch zu Ende führen könnte, steht auf einem anderen Blatt. Aber dieses Gefühl ist da, diese Spannung, diese Herausforderung, jene offenliegenden Divergenzen zwischen dem Anspruch der Ideologie und der Realität in den Zusammenhang einer Geschichte zu bringen.
Das liegt auch daran, daß die Leute im Osten immer etwas zu erzählen haben. Der lange Dirk, beispielsweise, redet vom Anfang bis zum Ende meines Besuchs – ich brauchte nur mitzuschreiben. Von Manfred etwa, den ich einmal kennengelernt habe: Jurist, Parteimitglied seit dem 18. Lebensjahr, schmaler Typ mit asketischen Gesichtszügen und missionierendem Stimmfall; Edelsozialist, als er für zwei Jahre zum weiterführenden Studium nach Moskau ging; Erzreaktionär, als er wiederkam. Du erinnerst dich? fragt der lange Dirk. Ich nicke. Manfred ist tot, sagt er, Magenkrebs. –
Oder die Geschichte jener Veterinärin, die von fünf Männern vergewaltigt wurde, sie später in ihre Wohnung einlädt, etwas in den Wein mischt, und sie dann, als alle schlafen, kastriert . . . – –
Noch immer stellt sich in den Gesprächsrunden hier das gleiche intime Gefühl her wie früher. Spontaner Kontakt zu Leuten, die ich das erste Mal im Leben sehe. Nur: Ich bin unruhiger. Als könnte ich nicht mehr zuhören. Alle Gespräche, die ich im Ländchen

geführt habe, zeigen eine entscheidende Veränderung: daß die Hoffnung, die Partei könne sich demokratisieren, verloren, der Dualismus Staat–Gesellschaft auf eine endgültige Weise bestätigt ist.

Die trockenste Zustandsbeschreibung kolportiert Elke, deren neunjähriger Sohn in einer Unterhaltung mit Schulkameraden über die beiden deutschen Staaten gesagt hat: Theoretisch ist es im Osten ja besser. –

Der zweiundzwanzigste Neunte

Laufen. Rennen. Laufen. Die halbe Stadt auf den Beinen. Bis spät in die Nacht hinein. Brennende Barrikaden, beißender Qualm, Tränengasschwaden. Steine, Sprechchöre, Sirenengeheul. So habe ich die Stadt nur einmal erlebt, am siebzehnten Juni vor fast dreißig Jahren.

Sitze in der Witzleben, es ist Mittwoch mittag, kurz nach eins. Seit drei Tagen kaum Schlaf und nur sporadische, meist unleserliche Notizen. Zwei Nächte im Regenbogenhaus verbracht. Gestern, um die gleiche Zeit, ist geräumt worden. Ein Polizist vor mir, ein Polizist hinter mir. Bis zum Gitter in den Froben. So! – Ich war der vorletzte von zweihundertzwanzig Leuten ... Es hat einen Toten gegeben ...

Schon übliche Frage: Was war wann? Eine Woge von Bildern, von Gefühlen. Gelassenheit, Kraft, Unruhe, Furcht, Wut, Trotz, Haß. Die Chronologie versagt. Die Chronologie ordnet. Also. Sonntag, zwölf Uhr mittags, Sophie Charlotte-Platz. Reto Hänny holt mich ab mit ein paar Schweizer Freunden. Ich habe Jakob dabei. Anfangs wenig Leute, aber mehr und mehr stoßen dazu, aus U-Bahn-Stationen, an Bushaltestellen. Zum Schluß sind es neun- oder zehntausend.

Langer Marsch durch die City. Die Sonne scheint, es

ist heiß. Das Transparent an der Spitze: Statt Wohnungspolitik will CDU den Bürgerkrieg. Schwitzend über die Kant, die Bleibtreu, über den Kudamm. Jakob auf der Schulter, Vreni löst mich ab. Touristen, Spaziergänger. Offene Mäuler. Halt Ecke Uhland, kurze Rede über Lautsprecher. Weshalb, warum, wozu. Noch während des Spiels einer Musikgruppe Gestank an der Kreuzung.
Was ...? Wer ...? – Na, wer schon! Die Rechten! – Lachen, Achselzucken, Gelassenheit. Imperative Forderung: Keine Gewalt! Nicht provozieren lassen. Ohne Bullen kein Krawall. Ohne Räumung kein Putz. Weiter. Schwarze Fahnen, rote Fahnen, schwarzrote Fahnen. Grüne Fahnen, schwankende Transparente. Losungen. Fröhliches Gebrüll. Zwei Stunden später in Schöneberg, Winterfeldplatz. Sammeln, Ansprache, ein Dosenbier. Gegen 15 Uhr löst sich alles auf. Appell: Rein in die Häuser! – Um null Uhr läuft das Ultimatum ab.
Nachmittags Organisatorisches. Helene vom Flugplatz abholen, den Jungen und sie hinüberfahren. Zigaretten, Schlafsack besorgen. Gegen acht bei Reto in der Eisenacher, gegen neun im Café Nollendorf. Fülle, Qualm, Bier, Spekulationen. Um halb elf ins Haus, das hinter zwei Ecken liegt, ganz in der Nähe. Nicht versiegender Strom von Leuten, die aus dem Haus in die Kneipe, von der Kneipe ins Haus ziehen. Eigentlich sind es drei Häuser. Die Nummern zwanzig, zweiundzwanzig und vierundzwanzig. Das erste ist bis unters Dach voll, im zweiten wohnt keiner, das dritte will keinen. Warum nicht? – Ausweichende Antworten. Die wollen eben nicht. – Die halten nix

von Verhandlungen und so. – Die wollen allein sein. – Urs Jaeggi im Treppenhaus. In Kreuzberg, in der Dieffenbach, hätte der Schriftstellerverband die Patenschaft übernommen. Also hin. Auch dieses Haus voll. Hundert, hundertfünfzig Leute sitzen zusammen, singen, reden. Vertrauter Ton. Kein Bekannter außer Urs. Wir fühlen uns fremd.
Vor dem Haus vier, fünf kräftige, angetrunkene Stammtischberliner Mitte dreißig in aggressiver Debatte mit paar Besetzern. Daß die nicht verstünden, was für Konsequenzen alles haben werde. Nicht die Polizei stünde morgen hier, sondern die Amis. Mensch, versteht ihr nicht, ihr Idioten, wir sind 'ne besetzte Stadt! –
Zurück in die Winterfeldt. Gang durch die Zimmer. Schlafsäcke über Schlafsäcke. Irgendwo muß sich doch Platz finden lassen! E-Ce, ein Besetzer, den wir in der Küche treffen: Im Fernsehzimmer müsse noch was frei sein. – Zwei Leute schlafen dort schon, dicht an die Wand gedrängt. Ein dritter soll noch kommen, aber es bleibt genug Raum für uns. Wir breiten die Schlafsäcke aus und schieben uns dann in die großen Räume im ersten Stock. Über Beine, Oberkörper, Köpfe. Auf dem Boden, auf allen Stühlen, Sesseln, Sofas hocken sie, reden, rauchen, trinken. Auch hier ständige Bewegung. Vom Balkon ins Vorderzimmer, Hinterzimmer, Treppenhaus. Und zurück. Ich halte mich an Reto, Reto hält sich an mich. Wir quetschen uns in eine Ecke, die Füße angewinkelt, die Schulter an eine Musiktruhe aus den Fünfzigern gelehnt. Reden das erste Mal Persönliches. Er lebt mit Vreni seit acht Jahren zusammen. Mir imponiert ihrer bei-

der Ruhe. Eine ruhige Liebe, sage ich. Ja, sagt er. Sie seien in ihrer ersten Zeit lange herumgereist, im R 4, durch Asien, durch Afrika. Da ist man auf engstem Raum zusammen. Da lernt man sich schon kennen. –

Schweigen, Umsehen. Kuck mal, ist das nicht der-und-der? – Ja, und da sitzt die-und-die. Nein, nicht dort, mehr am Fenster. – Lange nicht alle scheinen sich hier zu kennen. Viele sitzen vereinzelt, wissen nicht was anfangen, starren Löcher in die Luft. – Wörter, Satzfetzen. Die Abkürzungen. Proff (für Professor), Promi (für Prominenter), Ce-enn (für Café Nollendorf), Emm-Ge (für Meisengeige). E-Ce (für Ernst Christian).

Hinterm Haus, auf einem Abrißgelände, ein großes Zelt, in dem jene kampieren, die im Haus nicht untergekommen sind. Lagerfeuer, Musik, grelle Töne, die bis hier herauf zu hören sind.

Gegen eins wird Reto müde, aber das Fernsehzimmer ist voller schlafender Leiber, neun zählen wir auf den knapp zehn Quadratmetern. Der große Raum ist jetzt leerer, die Schiebetür wird geschlossen, das Licht gelöscht, aber an Schlaf ist nicht zu denken – zu lebhaft ist die Fluktuation zwischen dem Balkon, auf dem, in der lauen Nacht, ebenfalls Leute kampieren, und dem zum Hof führenden Raum, in dem die Nachtwachen sitzen und jene, die nicht schlafen können noch wollen. Gedämpfte Gitarrenmusik, ein Blues, Flamenco, das Scharren der Tür; nach einer Stunde stehe ich auf, setze mich an den Tisch nebenan, drei Männer, eine Frau daran, skatspielend. Ich bin müde, meine Kehle ist trocken, aber ich kann nicht mehr in die Kneipe,

das Haus ist um eins verschlossen worden. Jetzt pendle ich ebenfalls zwischen den Räumen, längst ist das Ultimatum abgelaufen; um vier oder fünf sagt eine Frau auf dem Balkon: Nun haben wir ja das Schlimmste überstanden. –
Über der nächtlichen Straße liegt Unruhe, Autos fahren im Schrittempo vorbei, links von uns ein Rover mit Standlicht, erst heißt es, daß seien Zivis, später sagt einer, das seien Leute »von uns«, schließlich stellt sich heraus, daß der Wagen einem Fernsehteam gehört, das sich im Haus schräg gegenüber einquartiert haben soll.
Eigentümliche Ansammlung – die wenigsten kennen sich, und wenn zwischen zweien ein Alters- oder sozialer Unterschied ins Auge fällt, gehen sie sich eher aus dem Weg.
Gegen sechs steht Reto in der Tür und schüttelt den Schlaf ab, gegen sieben verziehen sich die Skatspieler in die Betten, ich wische den großen Tisch ab, wir dekken auf, Kaffee wird gekocht, jemand bringt Brot und Schrippen, dann sitzen wir zusammen und frühstükken, in wechselnden Runden. Gegen zehn sind sich alle einig, daß nichts mehr passieren wird; ich fahre in die Witzleben, falle auf die Matratze und schlafe bis nachmittags um vier.
Gegend Abend zurück. Etwas hat sich verändert. Die Stimmung auf den Straßen gereizt, nervös, aggressiv. Menschengruppen in heftigem Reden, mit hastigen Bewegungen. An der Maaßen Ecke Winterfeldt haben paar Leute die Scheibe eines Getränkeladens zerschlagen und Bier herausgeholt; jetzt stehen sie schwankend an der Ecke und reden von Widerstand.

Leute aus den okkupierten Häusern haben das Schaufenster mit Brettern vernagelt, und als die Polizei nach einer Stunde eintrifft, ist die Sache praktisch beigelegt. Schon gestern, auf dem Weg in die Winterfeldt, sahen wir an den Häuserwänden vorbereitete Barrikaden aus Brettern, Draht und Autoreifen; heute sind sie halb zerstört.
Im Haus ist weniger Platz als gestern, der Andrang groß, zweihundertzwanzig Leute sollen drin sein. Um neun versammeln sich alle in den Gemeinschaftsräumen, Plenum, noch einmal wird festgelegt: Kein aktiver Widerstand. Wer etwas aus dem Fenster werfe, sei ein Provokateur. Man solle sich heraustragen oder sich abführen lassen. Es wird auch informiert über das Erlöschen eines Hoffnungsschimmers: Noch gestern hatte die Gewerkschaft erwogen, die Strafanzeigen gegen die Besetzer zurückzunehmen, was eine Räumung hinfällig gemacht hätte -- sechs der acht bedrohten Häuser gehören der gewerkschaftseigenen Neuen Heimat. Ebenfalls gestern ist – um dem Protest gegen das Ultimatum Nachdruck zu verleihen – die Zentrale der Neuen Heimat besetzt und von der Polizei wieder geräumt worden. Danach wurde auf einer fünfstündigen Vorstandssitzung der Antrag auf Rücknahme der Strafanzeigen gegen 1 Stimme abgelehnt. In den Medien haben der Regierende Bürgermeister und der Innensenator noch einmal ihre Entschlossenheit bekundet, die Häuser räumen zu lassen. Wann, haben sie nicht gesagt.

Wieder Café Nollendorf, Bier, grelle Musik, Palaver. Manchmal müssen wir brüllen, um uns verständlich zu

machen. Mitten in ein zweiflerisches Gebrüll über den Nutzen unserer Anwesenheit (Wenn das Haus voll ist ...? Und noch so eine Nacht ...?) taucht überraschend Christoph auf, in Lederjacke, Schlafsack unterm Arm. Also doch: rein.
Finden Platz in einem abgelegenen Zimmer im 2. Stock, Christoph und Reto legen sich gleich schlafen; ich gehe hinunter, spiele Karten bis halb vier, rolle mich dann auf den Fußboden, in voller Montur, die Jacke als Kopfkissen, schlafe bis sieben. Mein Traum eine Mischung aus Furcht und Erleichterung: Ich sehe einen Polizeitrupp, der sich einer Kindergruppe nähert, und frage mich verzweifelt, ob mein Sohn Jakob dabei ist. Ich werde beruhigt durch die Anwesenheit einer mir offenbar nahestehenden Frau, die glaubhaft machen kann, daß der Junge in Sicherheit ist. – –
Auf dem Flur eine bis zur Treppe reichende Schlange von Leuten mit verkniffenen Gesichtern, von einem Bein auf das andere tretend: Es gibt nur ein instandgesetztes Klosett ...
Frühstück im Stehen, Sitzen, Hocken. Tassenmangel. Erste Gerüchte, die Polizei sei ausgerückt. Erschrekken. Abwiegeln. Laßt euch doch nicht verrückt machen. – Kaffee, Zigarette. Ich habe bisher keinen Augenblick so etwas gespürt wie Nervosität oder Furcht. Jetzt aber, da bei der Meldung aus der Richtung des Fensters die Köpfe sich ruckartig drehen, die Tassen sich senken, kriecht etwas Unangenehmes, ein aus schlimmer Erwartung und Trotz gemischtes Gefühl in die Magengegend: Sie sammeln sich an der Philharmonie. – Die Blicke, die gewechselt werden. Nun

kennt man sich schon vom Angesicht her, hat mal paar Sätze geredet, eine Tasse hergegeben, eine Zeitung getauscht. Blicke, die aufmuntern, gegenseitig Mut machen sollen. Jeder entfernte Sirenenton trifft die Nerven. Aber das ist doch nur die Feuerwehr. –
Bewegung. Jetzt Bewegung. Vor zum Balkon. Der ist voller Leute. Was sehen sie? Nichts ... gar nichts ... Doch! ... Ein Schützenpanzer ... nein, zwei ... die Potsdamer runter, Richtung Süden ... Ein Motorradfahrer hält und redet mit den Leuten vor dem Haus. Dann steht fest: die Polizei ist aufmarschiert.
Erhöhter Blutdruck, Platzangst. Wir gehen vor die Tür. Reto erfährt, daß die Niederländer das Haus nebenan wegen möglicher Ausweisung verlassen haben. Reto als Schweizer ... einschlägig belastet ... Was soll er machen? Mir wäre lieber, er bliebe. E-Ce sagt: Keiner nimmt es dir übel, wenn du gehst. –
Woher sie gekommen sind, habe ich nicht gesehen (noch wohin sie, später, verschwanden). Plötzlich stehen sie auf der Straße, schwarzes Leder, schwarze Helme, schwarze Masken, ein, zwei Dutzend, nicht mehr, ziehen die deformierten Sperren auf die Straße rechts der Häuser, links der Häuser, schieben rostige, gestern von uns nur flüchtig wahrgenommene Autowracks auf den Damm, Müllcontainer aus den Nebenhäusern auf den Bürgersteig, verteilen Pflastersteine über den Asphalt, gießen aus Kanistern Benzin über die alten Reifen, die alten Autos, alles ganz ruhig, ja gelassen, als hätten sie eine Ewigkeit nichts anderes getan als das. Die plötzliche Stille. – Ohgott, die Kids, stöhnt jemand neben mir. Ich stand schon auf dem Balkon, die Stahltür war schon verschlossen, Reto ge-

gangen und Christoph im Zimmer. Diese plötzliche Stille, die jeden Schritt auf der Straße, jedes zufällige Anstoßen eines Steins über alle Bedeutungen hebt. Ein Lastwagen fährt aus dem Fernmeldeamt gegenüber, hält an der Sperre, der Fahrer steigt aus, nähert sich mit allen Zeichen des Respekts den Maskierten, redet – sie schieben die Container beiseite, auch, als ein Postwagen aus der anderen Richtung kommt. Hinter mir Stimmen. Aber! Nicht abgemacht! Gewaltfrei! – Ja, gewaltfrei im Haus. Nicht auf der Straße. Gibt eben welche, die wollen anders. Die Straße nicht widerstandslos! – Aber. Die Abmachung! – Wer nicht will, kann gehen. Basta! – Eine männliche Stimme, vor Erregung erhoben: Fühle sich hintergangen. Sei unter den Bedingungen nicht hergekommen. Werde gehen. – Türenschlagen. Noch einer? – Keiner.
Aus den Fenstern der Häuser gegenüber hängen Leute. Dem Reichsadler über dem Tor des Fernmeldeamtes fehlt das Symbol seiner Erbauer. Die Maskierten stehen in kleinen Gruppen. Diese Stille, dieses Warten. Eine viertel Stunde, eine halbe. Jetzt Unruhe auf der Straße, Bewegung. Oben Hälserekken. Ja, sie kommen. Von der Potsdamer her, schnekkengleich, Schützenpanzer, Wannen, Bagger, Wasserwerfer, Feuerwehr, halten hundert Meter entfernt mit laufenden Motoren. Flammen, die zuckend über die Barrikade springen; pechschwarze Rauchsäule, die in den Himmel steigt und nebelhaft zwischen die Häuser gedrückt wird. Beißender Gestank brennenden Kautschuks. Dann Motorengebrüll, das Poltern sich überschlagender Container, Steinhagel, Stein auf Metall, Stein auf Glas, fluppende Knalle, Tränengas-

schwaden, Sturm, Rückweichen. Alles rein. Hinsetzen. Alles hinsetzen, verdammt! Ich in Fensternähe. Singen, singen! Irgendein kindisches Lied. Und noch einmal. Auf der Mauer, auf der Lauer. Zweihundertzwanzig Leute singen ein kindisches Lied. Im Knallen, im Poltern, im Motorgeheul. Wie lange das alles ...? Dreißig, vierzig Sekunden? Drei Minuten, fünf? Jetzt Grün, viel Grün auf der Straße, Polizeiaufmarsch gegenüber, Helme, Schilder, Knüppel, Sperrgitter rechts und links, Grün überall. Hier oben ein kollektives Seufzen wie nach langer Anspannung. Bewegung im Raum. Dann eine Lautsprecherstimme, blechern: Achtung, Achtung, hier spricht die Polizei ... Mehr ist nicht zu hören in dem Aufbrüllen, Aufjaulen, keinen hält es an seinem Platz, ran an die Fenster, raus auf den Balkon, eine Frauenstimme ganz dicht an meinem Ohr, Achtung, hier sprechen die Hausbesetzer, blonde Haare mit hennaroter Strähne, Sie begehen Hausfriedensbruch, Sie haben fünf Minuten Zeit sich zurückzuziehen!, und noch einmal die Lautsprecherstimme, und wieder Gebrüll, und ein drittes Mal. Irgendwann fährt etwas Massiges, Gewaltiges, Baggerähnliches vor das Haus, wendet schwerfällig, ein stählerner gespitzter Bolzen, zwei, drei Meter lang, Richtung Haustür, ich springe weg vom Fenster, warte mit hochgezogenen Schultern, ein trokkener Schlag, ein Nachzittern der Wände, Schweigen, einer ruft vom Flur her: Sie sind drinnen! –

Sie sind drinnen! hat einer vom Flur her gerufen. Ich drücke mich in eine Ecke, um mir Notizen zu machen, aber es ist unmöglich, meine Hände zittern zu sehr.

Von der Straße her Stimmenhall. Jubel auf dem Balkon. Was ist los? An der Sperre zur Ziethen, rechts von uns, Leute, einhundert, zweihundert, Gepfeife, Gebrüll, Parolen, Gebrüll vom Balkon, ich brülle mit, Tränengasknall, Steine, Wasserwerfer, Sperren weg, Ausfall der Polizei, Treibjagd, die Leute rennen im Zickzack wie Hasen, die Wannen hinterher, übern Damm, übern Bürgersteig, wir brüllen Deutschland, Deutschland, alles ist vorbei, brüllen Polizei-SA-SS, die fahle Tränengaswolke wird zurückgeweht, dichte Schwaden schlagen in die Räume, wieder weg, Fenster zu, das Zimmer zum Hof hin ist schon von Polizisten besetzt, die in Reihe an der Wand stehen, sich die Augen reiben, kurze scharfe Diskussionen, es sind doch auch eure Interessen, ihr seid doch auch Mieter! – Ja, wir unterscheiden auch zwischen euch und den Steinewerfern! – Aber ihr räumt *uns*! – Ja, aber ... – Nichts, zwecklos, Beton, das Zeltlager im Hof ist schon abgerissen, rechts das okkupierte Haus in der Froben, hat Lautsprecher in die Fenster der Hinterfront gestellt, rhythmische kräftige Musik, die Polizisten sind nicht älter als die Besetzer, noch immer wird auf sie eingeredet, jemand soll verhaftet worden sein, Geschrei, Protest, Christoph ist schon weg, E-Ce auch, Peter will bleiben, solange ich bleibe, die Räume haben sich geleert, und irgendwann stehen wir im Parterre, Personalienfeststellung, eine Beamtin nimmt meinen blauen Paß so selbstverständlich, als habe sie die ganze Zeit auf ihn gewartet, und raus, ein Polizist vor mir, einer hinter mir, an der zerspellten Tür vorbei, fünf Stufen hinunter, die Winterfeldt lang bis zur Froben, das Sperrgitter, aus der Traum.

Hinter dem Sperrgitter in der Froben stehen ein paar von den anderen Geräumten. Ich frage nach der Uhrzeit. Dreizehnfünfundfünfzig. – Jemand hält mir eine Streuselschnecke hin und eine Flasche Cola. Ich setze mich auf die Bordsteinkante, esse und trinke. Aus der Richtung der stillgelegten Hochbahn kommt einer gerannt und ruft uns zu, der Senator sei in der Bülow 89 mit seinem Hofstaat und der ganzen Presse. Sofort setzt sich alles in Bewegung, ich laufe langsam hinterher, fühle mich aber zu erschöpft und biege vor der Ecke links ab. Ein junger Mann spricht mich an, er heiße Fritz, komme von drüben und sei auch im Haus gewesen. Wir setzen uns vors CN, trinken ein Bier, er will mir seine Geschichte erzählen, aber ich spüre schon nach ein paar Sätzen, ich habe kein Ohr dafür, entschuldige mich und gehe in die Eisenacher.
Reto liegt auf dem Bett, sein Rücken geschwollen. Er hat bei der Räumung hinter der Sperre an der Ziethen gestanden und war, flüchtend, von einer Gasgranate getroffen worden. Er stöhnt und läßt sich massieren. Sein Glück, daß er eine Lederjacke trug. Es war grauenhaft, sagt er. Wie eine Treibjagd. – Christoph kommt wenig später und Retos Schweizer Freund. Hastiger Austausch der Erlebnisse. Dann, aus dem Radio, die Nachricht. Für einen Moment sind wir sprachlos, auch wegen der manipulierten Betonung des Sprechers, es handele sich »um einen nicht in Berlin ansässigen« und zudem »vermummten«; er sei zu Tode gekommen bei einem »Verkehrsunfall«.

Helle Aufregung in den Straßen. Richtung Potsdamer informieren uns mindestens drei Leute. Einer will dabei gewesen sein: Gegenüber der Bülow 89 sei es zu Demonstrationen gekommen, der Senator habe sich auf dem Balkon gezeigt, und in dem Moment sei die Polizei losgestürmt und habe die Demonstranten auf die Kreuzung getrieben. Ohne Vorwarnung, sagt der Mann und hebt seine Hand. Der Junge sei in den Bus gelaufen. Der Fahrer habe extra Gas gegeben – auf Wink der Polizei, sagt der Mann. Er ist Mitte zwanzig, sein Gesicht ganz rot.

Potsdamer Ecke Bülow, kurz hinter der Ecke, sitzen zwanzig, dreißig Leute an der Stelle auf dem Damm, an der der Junge starb. Übers Blut ist Sand geschüttet, lang wie ein Körper, Blumen darauf. Ein Nelkenstrauß am Laternenpfahl unter dem Hinweisschild zur Preußenausstellung. Die Scheiben der Commerzbank dahinter zertrümmert. Am Bordstein eine Art Totenwache, junge Männer in schwarzem Leder, nicht älter als zwanzig, eher jünger. Einer hält eine schwarze Fahne über die Blumen. Der Verkehr fließt weiter.

Wir überqueren die Kreuzung, gehen die Potsdamer südlich, Reto hat erfahren, daß in der 157 ein sogenannter Unterstützertreff stattfinden soll, sind ungefähr auf der Höhe von Reichelt – da rückt die Polizei sternförmig auf die besetzte Ecke der Kreuzung zu: fast zwanzig Bereitschaftswagen allein aus unsrer Richtung, Blaulicht, Sirenen, Pfiffe, Protest vom Straßenrand, ein Streifenbulli bremst scharf, zwei Grüne springen heraus, greifen einen Zwölf-, Dreizehnjährigen, paar Leute springen hinzu, auch wir, Rufe wie Kinderschänder! Laßt den Jungen raus! – Der sitzt blaß in der Ecke, wir brüllen ein auf die Poli-

zisten, fast sieht es so aus, als wollten sie ihn freigeben, da stürmen von der Ecke zehn, zwanzig Behelmte auf uns zu, Knüppel frei, wir rennen, halten kurz vor der Winterfeldt, bleiben stehen.
Überall Ansammlungen, Diskussionen, Empörung. Passanten, Einwohner, Frauen, die vom Einkaufen kommen. Ich kann mich täuschen, aber nach dem, was ich höre, ist die Front gegen die Polizei einhellig. Die Szenen wechseln blitzschnell. Plötzlich steht eine Gruppe junger Leute auf der Straße, der Verkehr stockt, grelles Gehupe, Sirenengeheul aus der Nebenstraße, die Leute verschwinden, der Verkehr stockt noch immer, Polizei taucht auf, muß ein Sofa, einen alten Stuhl, paar Bretter von der Straße räumen, der Verkehr läuft weiter.
Woher kommt der Müll? In den Tagen vorher, erzählt Reto, hätten in den Hausfluren in der Umgebung amtlich aussehende Falsifikate gehangen mit der Aufforderung, allen Sperrmüll auf die Straße zu stellen, er würde städtischerseits abtransportiert werden.
Der Eindruck, als sei die Polizei nicht nur nicht Herr der Lage, sondern in geradezu konfusem Zustand. Acht Bereitschaftswagen rasen durch die Eisenacher, bremsen scharf, wenden an der Ecke, rasen wieder zurück. Ein Mann im Vorübergehen: Die sind doch vollkommen verrückt! Ich bin wirklich nicht für die Besetzer, ich war im Krieg, aber was die Polizei hier macht, das ist verrückt. Die woll'n die Leute verrückt machen. –
Merkwürdige Typen am Straßenrand der Potsdamer: Hier ist das Zentrum des Drogenhandels, hier ist der billige Strich, hier scheinen die Westberliner Alkoho-

liker konzentriert. Kurz vor halb acht wieder bei Reto. Unterstützertreff nicht auszumachen gewesen. Im Ladenraum der 157, eins von zwei besetzten Häusern, in die ein Teil der geräumten Winterfeldter ziehen will, nur fremde Gesichter. Straßenparole zuerst zwoundzwanzig Uhr Nollendorfplatz – jetzt zwanzig Uhr Olivaer Platz, Schweigemarsch.
Dann die TV-Chronologie. Sieben, acht Stunden nachdem ich in der Winterfeldt vom Fenster weggesprungen bin, sehe ich auf dem Fernsehschirm dieses Gewaltige, Baggerähnliche sich schwerfällig wenden, sehe es halten mit diesem stählernen gespitzten Bolzen gegenüber der Tür, über der sich ein Regenbogen wölbt, sehe es, wie auf Kommando, anfahren und hineinstoßen – – sieben, acht Stunden später fährt mir dieser Stoß durch den Kopf, den Körper, reißt mich aus dem Sessel – die Ramme, der Stoß, die zerspellte Tür Schnitt Körper, die aus dem Haus getragen werden Schnitt das aufgelöste Gesicht eines Abgeordneten Schnitt der Ausfall der Polizei Richtung Ziethen Schnitt ein Pärchen in einem Hauseingang: wie der Mann sich über den gebeugten Körper der Frau beugt; wie ein Knüppel auf seine schützend über den Kopf gelegten Hände, auf seinen Rücken niederfährt, zweimal, dreimal Schnitt die Kreuzung, Blumen auf Asphalt, Menschen auf Asphalt, Räumung der Kreuzung, Stiefel durch Blumen, die an der Stelle liegen, an der der Junge starb, Stiefel auf Blumen, sekundenlang Schnitt der Bürgermeister, der Senator: daß die Tatsache eines Toten belastend sei, weil sie zur falschen Legendenbildung beitragen könne, und daß die Schuld bei denen läge, die mit der Gewalt begonnen

hätten, Reto brüllt auf, Vreni brüllt auf, ich brülle auf, raus, weg auf die Straße.

Wir sind spät dran, laufen der Demonstration entgegen, treffen sie am Savignyplatz. Kundgebung der Lehrergewerkschaft. Ansprache. Dazwischen Rufe: Weiterlaufen! – Chöre: Weiter! Weiter! – Die Stimmung zornig. Am Lautsprecherwagen ist man sich nicht einig. Erst erklärt ein Gewerkschaftssprecher die Kundgebung für beendet, dann folgt eine zweite Stimme: Wir laufen weiter! – Begeisterung, Klatschen. Aber auch Zögern. Bei der dritten Stimme, die mich im Tonfall an die Dutschkes erinnert, und die die Leute zu einer »friedlichen spontanen Demonstration zum Bülowbogen« auffordert, gerät die Menge, die wir hier auf höchstens Fünftausend schätzen, in Bewegung.
Die Kant runter, Richtung Zoo. Chöre: Lummer–Mörder! Rhythmisches, immer schneller werdendes Klatschen. Joachimsthaler Ecke Kudamm wird die schwarzrotgoldne Fahne und die mit dem Berliner Bär vom Mast geholt. Von Polizei keine Spur. Es ist dunkel geworden. Noch immer Chöre, noch immer Klatschen. Gespenstischer Zug durch breite, nach Geschäftsschluß entvölkerte Straßen. Selbst in der Kant, am Zoo schien es mir, als seien die Straßen von den Leuten verlassen. Einmal, Nähe DGB-Haus, Steine. Die Leute werden zurückgerufen, lassen sich disziplinieren. Sprayer am Straßenrand. TOTE FÜR EUREN PROFIT an der Bank für Gemeinwirtschaft. Kurz vor der Potsdamer plötzlich Geknall, Tränengas, von dem wir nicht wissen, woher es kommt, Fla-

schen zerplatzen auf dem Damm, Geruch nach Buttersäure, Weitergehen! Weitergehen!, die Demonstration ist zerspalten, offenbar sind die Flaschen aus dem Wohnhaus rechts von uns geworfen worden, und das Tränengas kam von der Wanne, die auf dem Bürgersteig vor der geräumten Bülow 89 steht. Wir warten ab, aber immer mehr Leute drängen nach vorn, und nachdem sich die Schwaden verzogen haben, laufen wir weiter.

Die große Kreuzung völlig besetzt. Schweigend sitzen die Leute auf dem Fahrdamm, dann wieder, aus der Menge heraus, rhythmisches Klatschen, das sich verbreitert, hinein in die Potsdamer, die Bülow herunter, Lummer–Mörder, dann versickern die Chöre, versikkert das Klatschen, ein Summton steigt aus der Menge, wird zu einer dunklen schwermütigen Melodie, das Sacco- und Vancetti-Lied, wir sitzen wie alle und summen auf der Kreuzung Potsdamer Ecke Bülow, unter der stillgelegten Hochbahn.

Die Demonstration hat ungeahnten Zustrom bekommen; noch während des Marsches hierher haben wir uns öfter zurückfallen lassen, schätzen erst Zehntausend, dann Zwanzigtausend, und noch immer nimmt der Zug kein Ende. Von irgendwoher der Ruf: Bülow besetzen! – Paar Leute erheben sich, eine Gruppe setzt sich in Bewegung, fängt an zu rennen, die Wanne vor der 89 gibt Gas und verschwindet, der Bauwagen vor dem Haus fällt polternd auf die Seite, von der Kreuzung her die Chöre: Sitzenbleiben! Sitzenbleiben! – Sirenengeheul, drei Wannen schneiden uns den Weg zurück ab, von allen Seiten grelles Lalü, offenbar soll die Kreuzung geräumt werden, wir haben trokkene Kehlen, laufen schnell ins CN um die Ecke, Bier wird nicht ausgeschenkt, also Cola, und wieder zurück zur Kreuzung, die doch nicht geräumt oder schon wieder besetzt worden ist, noch immer strömen Leute aus der Innenstadt zum Bülowbogen, dumpfes Trommeln, Fackeln, der Zug nimmt kein Ende.

Tagesthemen bei Reto, wir kommen zu spät, hören nur den Kommentar zur Häuserräumung. Wieder runter. Fahrt durchs Quartier. Überall kleine Gruppen, laufen kreuz und quer, Steine auf der Straße. Zerschlagene Schaufensterscheiben. An den Yorkbrücken, die Schöneberg von Kreuzberg trennen, brennende Barrikaden. Wir müssen wenden. Zurück nach Schöneberg. Umgestürzte Baugerüste, Bauwagen. Unmöglich, einen Überblick zu bekommen. Ist die Kreuzung nun geräumt oder nicht? Mit dem Auto ist jedenfalls kein Herankommen. Umkreisen das ganze Gebiet, wollen aus nördlicher Richtung an die Potsdamer, fahren durch Tränengasschwaden bis zur Genthiner, parken bei den großen Möbelhäusern. Alles, was wir erfahren können, ist, daß abwechselnd geräumt und wieder besetzt worden ist. Plötzlich aus zwei Richtungen Sirenen, automatisch rennen wir los, flüchten in eine Seitenstraße. Die Kurfürsten müssen wir umgehen, eine Polizeisperre verhindert den Zugang zur Kreuzung. Hinter der Biegung, nach der es zur Kreuzung führt, infernalischer Lärm, Feuerschein und das Flackern von Blaulichtern als Reflex auf den Fassaden der Häuser. Dann ein Haufen Leute, die in unsere Richtung getrieben werden, eine scharfe Megaphonstimme: die Leute sollten in nördlicher Richtung abziehen, Protestrufe von der anderen Straßen-

seite, ein Polizist springt hinter einer Wanne hervor, legt an, schießt Tränengas in die Richtung der Stimmen, die Granate schlägt ans Haus, gleich neben ein Fenster im ersten Stock, wir rennen, ich kann nicht mehr, Hacken tun weh, wund gelaufen, kurz nach Mitternacht fahren wir nach Hause.
Die Nacht war warm. Eben rief Reto an. Noch immer sitze die Totenwache an der Kreuzung. Jetzt wird der Himmel dunkel, es regnet. Es ist zehn vor fünf.

Donnerstag, zwei Uhr morgens, Witzleben. – Abends um sechs bei Reto mit Christoph und Thomas Schmid: Erklärung Berliner Schriftsteller zum 22. 9. entworfen. Forderung nach Rücktritt des Senators. Daß sich ein übergewechselter Autor heimisch gemacht hat, drückt am besten die Tatsache aus, daß sein Name unter den periodisch veröffentlichten Erklärungen steht. Ich weiß nicht, ob der Effekt nicht eher negativ ist. Ich habe ja noch eine Unterschrift unter die Havemann-Erklärung zu leisten und habe eben eine geleistet, zum Räumungsstop. Andererseits: die Medien beginnen zu beruhigen, abzuwiegeln. In der Abendschau muß sich der Chefredakteur gegenüber dem Vorwurf rechtfertigen, sie habe Partei für die Hausbesetzer genommen. Obgleich es in der Stadt nicht um ein Jota ruhiger geworden ist, werden die Ereignisse in den überregionalen Nachrichten signifikant heruntergespielt. So ist jedenfalls mein Eindruck, so ist der Eindruck aller anderen, die ich danach frage. Gestern, in den 17-Uhr-Nachrichten, wurde von Demonstrationen in Frankfurt, Münster, Freiburg, Bremen, Hannover berichtet. Der Sachschaden geht in die Millionen. Es gab hundert verletzte Polizisten, hundert verhaftete Demonstranten. Eine Zahl für verletzte Demonstranten wurde nicht genannt.

Gestern zweimal CN. Die geräumten Winterfeldter kamen und gaben drei, vier Termine bekannt. Danach zur Potsdamer. Noch immer Totenwache. Auf der Straße sitzen manchmal fünfzig, manchmal hundert Personen. Der Blumenberg wie ein überdimensionaler Sarg. Ein Kreuz am Straßenrand mit dem Namen: Klaus Jürgen Rattay. Quer über dem Damm auf schwarzrotem Untergrund: Mörder auf der Straße und im Trakt. Plötzlich Scheibenklirren. Proteste, laßt das! Hört auf! – – Menschentraube auf dem Gehsteig vor der Bank, Gebrüll wie vor einer Schlägerei. Ich sehe drei, vier Typen, von denen einer wohl einen Stein in die ohnehin völlig zersplitterten Scheiben der Bank geworfen hat, in heftiger Debatte mit ein paar Leuten in Lederjacken und Halstüchern: Steine könnten sie noch genug werfen, aber nicht jetzt! – Gerade jetzt! – Nein! – Doch ... – Was für Gesichter. Zerstörte, primitive Gesichter. Unterwelt. Sofort der Gedanke, das seien engagierte Provokateure. Sofort verworfen. Die alte Paranoia. Und was weiß ich schon über die Zerstörungen dieser Leute ... Zeitweise gehört die Straße den jungen Leuten in Schwarz. Weiter oben in der Potsdamer dringt eine Menge gegen vier Bereitschaftswagen vor, die in die Straße eingefahren sind. Händeklatschen, stürmisch. Schritt für Schritt. Vier Wannen im Rückwärtsgang Richtung Winterfeldt ...
Oliviera stößt zu uns, eine junge Frau aus dem

Osten, die ich im Regenbogenhaus kennengelernt habe, sie kommt gerade von einer Demo, die wie gestern vom Olivaer Platz zum Bülowbogen führen sollte. Wittenbergplatz wurde sie von der Polizei gestellt, die erste Reihe, zehn Personen, festgenommen, die anderen flüchteten durch die U-Bahn oder in Nebenstraßen. Sie schätzt, es waren zweitausend Personen.
Die Gerüchte verdichten sich, es sei noch ein zweiter zu Tode gekommen. Ebenso die von einer Nachrichtensperre.

9 Uhr. Witzleben. – Nachtrag von Dienstag, 22. 9. – Christoph, der noch im Haus, vor der Räumung, sein Unbehagen darüber äußerte, daß auf der Straße Barrikaden gebaut und mit Steinen geworfen würde, der später immer wieder auf das Thema Gewalt zurückkommt, teils durch Erinnerungen an 68, teils durch Zitate aus seiner Gewaltdiskussion mit Marcuse, Christoph, der eben noch, äußerlich ganz ruhig, zur U-Bahn Wittenbergplatz ging, mit der wir zum Schweigemarsch fahren wollten, Christoph springt an der Ecke Martin-Luther auf die Straße, fuchtelt mit der Hand einem Polizisten, der den Verkehr umleitet, vor der Nase herum und schreit: Mörder! Ihr seid Mörder! Und ihr werdet bezahlen! Auch du! – Wir ziehen ihn vom Damm, reden beruhigend auf ihn ein. Der Polizist ist fassungslos …
Gestern, auf der Potsdamer, ich gehe mit E-Ce auf dem Damm in südlicher Richtung, wir reden über die Steinewerfer, die eben die Reste eines Bankschaufensters zerstören wollten (und als Provokateure dastan-

den) – da sagt E-Ce, der Pastorensohn, unvermittelt, daß eine Scheibe auch auf sein Konto gehe, gestern, weißt du, ich konnte einfach nicht anders, und auch Peter, der der Friedlichsten einer ist, das kannst du mir glauben, auch Peter hat plötzlich angefangen zu werfen ...
Der Sog der Gefühle. Ich denke an eine Frau, die mir am Tag der Räumung in der Winterfeldt inmitten der nervösen und angespannten Atmosphäre wegen ihrer Umsicht aufgefallen war. Ich schätzte sie Mitte bis Ende dreißig, sie gehörte nicht zu den Bewohnern, das war klar, ihre Kleidung war unauffällig, ihre Bewegungen bemessen, ganz Ruhe, ganz Würde, ich verlor sie aus den Augen, sah sie erst später wieder – da stand sie im Fenster des ersten Stocks, hielt sich am Oberlicht fest und brüllte, brüllte die Parolen, die wir alle brüllten, ganz Affekt, ganz Haß ...

15 Uhr 30. CN. – Fahrt über die Bülow. Noch immer eine dichte Ansammlung an der Stelle, an der der Junge starb. Er war siebzehn und seit zwei Monaten in Westberlin.
Nur zwei Wannen in der Nähe. Die Polizei hält sich offenbar im Hintergrund.
Vormittags Unterschriften gesammelt für die Erklärung; eben telefonisch an die taz und die Frankfurter Rundschau gegeben.
Freitag, 10 Uhr, Witzleben. – Lange Zeit kein so gutes Gefühl mehr gehabt, so wenig zerrissen. Alles scheint übersichtlicher, klarer. Die Träume von der Familie nicht mehr so häufig; die Gedanken anders gerichtet,

anders gebunden ... Als wäre ich, durch den Gang der Ereignisse, aus etwas Unklarem, Trübem gehoben worden ...
Dabei ist, was ich in den letzten Tagen gesehen, erlebt habe, alles andere als übersichtlich. Wenn ich notierte, fiel mir schon beim Schreiben ins Auge, wie wenig ich behalten hatte, wie unscharf mein Blick war, wie allgemein. Wenn ich sage, ich habe drei Dutzend wichtige, registrierenswerte Gespräche geführt, untertreibe ich eher. Gesichter über Gesichter, die im gleichen Moment verfielen, in dem sich ein neues dazwischen schob. Wer rief von der Tür her: Sie sind drinnen? Wie sah die Frau aus, die im Fenster stand und schrie? Nur dunkel erinnere ich mich an ein Mädchen, mit dem ich die halbe Nacht Karten gespielt und geredet habe, zusammen mit einem Namensvetter, der für die ZEIT schrieb und der mir gestern, im Drugstore, auf die Schulter schlug und mich ansprach – ich hätte ihn nicht erkannt, ebensowenig wie ich das Mädchen, das mit mir die halbe Nacht Karten gespielt und geredet hatte, mit anderen Attributen beschreiben könnte als mit der Farbe und der Länge ihrer Haare, blond, kurz ... doch, ja ... daß sie beim Laufen ein wenig in den Hüften einknickte ... wenigstens das ... Ansonsten zappenduster.
Nicht allen geht es so wie mir. Gestern abend, bei der Vollversammlung im Drugstore, spricht mich ein Junge an mit rotgeschminkten Lippen, er habe mich in der Winterfeldt gesehen, ob ich beim Patentreffen gewesen sei? Ich schüttele den Kopf. Na, er sei dort gewesen, das seien ja zwei Welten, die VauVau und das Patenplenum, eine Patin sei ganz erschrocken gewe-

sen über den militanten Ton hier, und Montag sei im übrigen Treff der Winterfeldter in der Potse 157, also Tschüs, er taucht weg, ich versuche, mir zwei neue Begriffe zu merken, Mollis für die Nichtverhandlungsbereiten, Müslis für die Verhandlungsbereiten, da spricht mich eine junge Frau an: Du warst doch auch bei der Räumung. Ich war ja das erste Mal bei so was. Gib mir mal deine Adresse fürs Strafverfahren ...

Die VauVau – vollendete Wirrnis – die sogenannte Bewegung auf einem Haufen. Es gibt keine Delegierten, keine Wortführer. Jeder kann, jeder darf, jeder soll. Oder eben nicht. Der Raum viel zu klein für so viel Leute, ich schaffe es nur, mich bis zur zweiten Reihe von hinten durchzudrängen, bleibe stecken zwischen den Körpern, Tabakqualm, eine Bullenhitze, irgendwo vorne wird heftig geredet, zu verstehen ist kein Wort. Wieder raus in den Vorraum, dort ist noch halbwegs Platz; als alles zu Ende ist, gehen wir ins CN. Dort sitzen auch ein paar von den Winterfeldtern, Annette, Anfang zwanzig, mit vollen Lippen und auf eine exotische Weise anziehend, klagt ebenfalls über das Durcheinander im Drugstore, niemand ließe einen ausreden, gleich heiße es, das sei doch Scheiße, eh, was du da quatschst, eh – so ginge das doch nicht.

Ein junger Mann setzt sich an den Tisch, groß, blonde lange Haare, Oberlippenbärtchen, volles Gesicht, ruhige Sprache, er liest unsere Erklärung, die mir jetzt schon lächerlich, am Gegenstand vorbeigezielt erscheint, bleibt am Wort Dialog hängen, jener Dialog, der zwischen Senat und Besetzern nur geführt werden könne, wenn der Senator zurückträte – er schüttelt den Kopf, nein, das sei nicht die Lösung! Wenn ihr doch endlich verstehen wolltet, daß wir uns nicht integrieren lassen! – Wir kommen ins Gespräch, er heißt Thomas, hat die Winterfeldt mitbesetzt und ist in die Potsdamer gezogen. Er studiert Kommunikationswissenschaften, zuerst in München, jetzt in Berlin. Seinen Weg vom Lehrersohn in einer westdeutschen Kleinstadt zum Berliner Hausbesetzer erklärt er mit der Tatsache eines Erziehungsfehlers. Weißt du, sagt er hintersinnig lächelnd, unsere Eltern, unsere Lehrer haben uns die ganze Zeit gepredigt, daß uns in der Freiheit alle Möglichkeiten offen stehen. Aber was war dann wirklich? Wir hatten zu funktionieren, uns einzuordnen. Aber das wollen wir nicht. Nun bestehen wir eben, sagt er lächelnd und ruhig, auf unserem Erziehungsziel. –

In der Springerpresse Bilder eines vermummten jungen Mannes, die ihn in der Winterfeldt zeigen beim Anzünden der Barrikade und beim Steinewerfen. Nach BILD ist sich die Polizei sicher, daß es sich bei der Person im Klaus Jürgen Rattay handelt. BZ ist vorsichtiger: wahrscheinlich ... Klaus Jürgen Rattay wird langsam zu Rattay.

Auch der Osten bekommt seine alte Rolle zugewiesen. Die BZ schreibt, daß die SED 700 DM Handgeld an »westdeutsche Chaoten« zahle, wenn sie nach Berlin führen und dort Randale machten. In der Morgenpost ein Leserbrief, in dem der Schreiber auf einer Demonstration »einen Bekannten aus Ostberlin« erkannt habe und von diesem gebeten worden sei, über seine Teilnahme umgotteswillen Stillschweigen zu bewahren.

Freitag, 14 Uhr. Stadtgang. – Es ist sonnig und warm. Die Straßen belebt. Spuren noch überall. Gegenüber vom Zoopalast am Bauzaun ein Reklameplakat, auf dem sich ein Bauarbeiter eine Zigarette ansteckt: Lets go West! – Sprayschrift darunter: Okay, Haig, geh schon mal vor! – Kurfürstenstraße, Versicherung, auf der weißen Plastikverkleidung, steil und rot: KRIEGSTANZ! An den Rändern ist die Schrift verwischt, als hätte sie schon jemand wegscheuern, beseitigen wollen.

Gestern: An der Bank für Gemeinwirtschaft, gegenüber der Urania, steht ein Arbeiter, Anfang dreißig, in akkurater orangefarbener Latzhose und scheuert, auf einer kurzen Leiter stehend, die Schrift TOTE FÜR EUREN PROFIT weg. Jetzt ist er bei dem Wort Profit.

Verklebte Scheiben an der Post Nähe Urania – wie Spinnennetze.

Potsdamer Ecke Bülow. Endlich Absperrungen um die Totenwache. Aus Pflastersteinen geformt ein Krakerszeichen mitten auf dem Damm. In der Steineinfassung vor der geschlossenen Bank, ebenfalls aus Pflastersteinen zusammengesetzt: Rache für Klaus. Noch immer der Blumenhügel, das Holzkreuz. Gedichte am Laternenpfahl, eins von Hikmet, eins von Brecht. Auf dem Damm ist ein Teppichboden ausgerollt, auf dem die Leute sitzen, Decken, Schlafsäcke neben sich, an der Bank ein Mädchen, schweigend, mit schwarzer Fahne.

Winterfeldt 20. Verwaschener, schmutziger, brauner Verputz. Der untere Teil, bis zum ersten Stock, in einer Art Himmelblau gestrichen, darin der Regenbogen. Fünf Stufen führen zu der neu eingesetzten Stahltür. Die Transparente hängen noch an den Balkonen. Im zweiten Stock: WIR WEHREN UNS GEGEN DIE KRIMINELLE VEREINIGUNG VON SENAT UND SPEKULANTEN – im ersten Stock: DIE MIT MILLIONEN STEUERGELDERN BILLIGEN WOHNRAUM ZERSTÖREN. – Neu ein weißes Transparent mit Besetzerzeichen: Wir bleiben drin. – Neu auch das Baufirmenschild im ersten Stock: Innen & Ausputz, Herbert K. Werner.

Abriß

1

Schock wegen Polen hält an. – Mitte November war ich mit Franz durch das Savignyplatzviertel gelaufen, bei stürmischem Wetter. Manchmal mußten wir brüllen, um uns verständlich zu machen. Franz war aus Ungarn gekommen mit einer Nachricht *aus erster Hand*: daß eine britische Parlamentarierdelegation in Budapest geäußert habe, der Westen würde kein Geld mehr in Polen investieren – das sei jetzt Sache der Sowjetunion. Man habe auch nichts mehr gegen eine militärische Intervention, wenn die wirtschaftliche und politische Lage es erfordere. – Ob die Briten gleichsam aus dem Fenster heraus gesprochen hätten, könne er, Franz, schwer beurteilen. Möglich wär's. – Minutenlang liefen wir schweigend.
Am dreizehnten Dezember fuhr ich auf der Autobahn Salzburg–Nürnberg. Sonne schien, und es war wenig Verkehr, als die Nachricht aus dem Radio kam, daß in Polen Kriegszustand herrsche. Mit Vollgas zu Johannes nach Mainz. Eiseskälte.

Silvester in Paris, Neujahr in Lyon. In Berlin strenger Winter und eine unerträgliche Luft ... Viel in der

Wohnung. Gelesen, Notizen abgeschrieben: Bewege mich in den Schatten, die ich vor zwei Jahren geworfen habe.
Im Fernsehen sah ich gestern abend einen Bundeskanzler, der den Verdacht, er sei Neutralist, in einer Art und Weise abwehrte, als habe man ihn eines Sittlichkeitsdelikts beschuldigt.

Franz' neues Buch gelesen. Dabei immer wieder Gedanken an Lenins These vom Absterben des Staates auf dem Weg in den Kommunismus – und ihrer offensichtlichen Haltlosigkeit. Und an den Disput mit dem langen Dirk, der, wieder mal von einem apologetischen Schub befallen, eine viertel Stunde lang und allen Ernstes behauptete, weil die Zahl der Funktionsträger immer größer werde, der Staat praktisch im Absterben begriffen sei. Wenn ich mich recht erinnere, referierte er die offizielle Lehrmeinung der Babelsberger Staats- und Rechtsakademie. Damals die Erkenntnis des herrschenden Wahnsinns, zu dem Franz' Erzählungen der literarische Beleg sind: Saiäns-Fiktschen.

Smog-Warnung seit drei Tagen.
Heute Alarmstufe 1.
Keine Änderung im Straßenbild: so viele Autos wie immer. Auch ich fahre. Auch ich reduziere nicht die Heizung. – Vorgestern, Sonntag, als ich in der Potsdamer schlief und mich morgens halb neun ins Auto setzte, war es mit einem schwarzen amorphen Pulver bedeckt. Ich betätigte den Scheibenwischer, der eine sichtbare Menge des Niederschlags an die Seite beför-

derte. – Es wird vor Spaziergängen gewarnt. Die Leute sollen die Fenster geschlossen halten.

Verstärkter Smog über der Stadt. Gestern rübergefahren. Graubraunschleier. Dunst. Augenbrennen. Hinter den Häusern der Karl-Marx-Allee, Höhe Milchbar, stieg eine grauschwarze Schleppe in den diesigen Himmel. Jakob, der ganz rote Augen hatte, schlief im Auto ein.

Abends Kati getroffen – das erste Mal seit zwei Jahren. Sie wird im März neunzehn, studiert Portugiesisch und wohnt jetzt in der Stargarder, dritter Stock – ein verrottetes Hinterhaus in einem verrotteten Viertel, dessen Verfall nicht mehr aufzuhalten scheint. Jeden zehnten Schritt stolpere ich über eine Unebenheit im Pflaster. Die alten Leute setzen ihre Füße ganz vorsichtig, die Augen starr aufs Trottoir gerichtet.
Den Abend über nur ein Thema. Kati meint, es hätten in ihren Kreisen so viele Leute Ausreiseanträge gestellt, daß ihr Leben ein ständiges Vorbereiten auf Abschiede sei. Viele Leute würden einfach aufgeben. Es sei nicht zum Aushalten, dieser Zustand ...
Meine Auslassungen über den Westen sind skeptisch gefärbt und darauf bedacht, bei ihr keine Hoffnungen zu wecken. Aber sie fragt nach. Ihr erstes Interesse – die menschlichen Beziehungen. Sie könne sich nicht vorstellen, daß die Leute im Westen anders seien als hier. Ich versuche, diesen merkwürdigen Prozeß der Vereinzelung, dem ich mich unterworfen fühle, näher zu beschreiben, aber jede konkrete Darstellung

scheint mir auf eine so fremde Vorstellungswelt zu treffen, daß ich ins Klischee flüchte. Ich sage: Es ist härter als hier. Ich sage: Es ist kälter. Sie schüttelt den Kopf. Das könne sie alles nicht nachvollziehen, und selbst wenn ich recht hätte, sie wolle es gefälligst selbst erfahren. Und in einem sei sie sich sicher: daß sie alles, was ich gesehen habe, auch sehen werde: Paris, Gomera, das Mittelmeer. – –
Später gingen wir in ein neues, privat bewirtschaftetes Café Ecke Schliemann, so eine Art Szene-Treff. Es gab weder Kaffee noch Saft, nur Alkoholisches, das Licht war schummrig, die Stimmung zwanglos, aber weil gleich Sperrstunde war, kauften wir Wein und gingen mit ein paar anderen in eine Wohnung am Helmholtzplatz, acht oder zehn Leute vielleicht, Musik aus einem Recorder, die Frauen lachten und fingen an, sich mit irgendwelchem Flitter zu verkleiden, ich setzte mich aufs Bett und kam gleich ins Gespräch. Die Leute, die dort wohnen, sind Töpfer, es gab eine Werkstatt, und die Wohnung war voller Trödel und Bücher, und alles war auf eine angenehme Weise intim. Wie anders verlaufen meine Abende im Westen. Ehe ich in eine Wohnung komme, vergeht eine Zeit. Meist verabredet man sich in der Kneipe, und wenn ich jemanden kennenlerne, der (oder die) mich interessiert, reden wir und trinken bis in den frühen Morgen hinein, und dann bin ich entweder zu betrunken oder zu müde und will nur noch eins – allein in mein Bett ...
Daß ich der Polizeistunde jemals einen Reiz abgewinnen könnte, habe ich mir nicht träumen lassen.

Nachzutragen ist die treffende, einen Lenin-Titel parodierende Überschrift in der taz zur Militärdiktatur in Polen: Der Kriegskommunismus als letztes Stadium des realen Sozialismus.

2

Mit Achim durch den Wedding. Die Stadt in Dunst gehüllt. Eigenartige Stimmung. Zum ersten Mal ist in Westberlin kein Tausalz gespritzt worden. Das Weiß des festgefahrenen Schnees auf der Straße – wie in den Wintern meiner Kindheit.
Im Hintergrund der Fernsehturm, anfangs ist noch die Aluminiumkugel zu sehen. Der Stumpf, auf dem sie ruht, im Dunst verschwunden. Nach zwei Stunden ist auch die Kugel verschwunden, die Spitze noch ahnbar ...

Erinnerung an ein Gespräch mit Wolfgang Harich, der das Konzept einer ökologischen Diktatur vertrat. Sollten unsere Kinder saubere Luft atmen, brauchten wir den Revolver, denn das erste, was abzuschaffen sei, müßte das Auto sein, und ich würde doch nicht glauben, daß die Leute freiwillig darauf verzichteten? –
Meine Abwehr. Ich sagte, er möge ja recht haben, aber mir schiene ein Leben in sauberer Luft, das mit einem Revolver erzwungen sei, wenig erstrebenswert. –
So, sagte er. Ihren Kindern auch? –

Gewohnheiten –? Verdrängungen. Wie ich die Spiegel-Serie über die Gefahren der Kernkraft auf einen Haufen legte – für später. Nur nicht *noch* ein Problem! – Oder das Gerücht damals, in einer Fabrik südlich Berlin sei ein Giftgasunfall ähnlich dem von Seveso geschehen, erhärtet durch eine Kollegin, die ich in Rostock traf. Ich war wie elektrisiert, es sollte zwei Tote gegeben haben oder Schwerverletzte und das Gebiet sei gesperrt worden, ich wollte gleich hinfahren und recherchieren, aber indem ich es äußerte, sah ich ihre erschrockenen Augen, sah ihre Hand sich in Gesichtshöhe heben, hörte ihre gedämpfte Stimme: Es habe mit chemischen Waffen zu tun. Halt um Gottes willen den Mund!–

Ich kannte die Hälfte aller akkreditierten westlichen Journalisten, Ulli Schwarz vom Spiegel kam jeden Montag mit dem neuesten Heft, ich war mit Sager von ZDF befreundet und mit Achim vom SFB. Die Kollegin hatte, als Parteisekretärin, die Information aus erster Hand, und mir war klar, wie leicht der Informant zu verifizieren gewesen wäre. Ich hielt den Mund, schon aus Furcht, statt der Weitergabe eines ökologischen Skandals des Verrats militärischer Geheimnisse schuldig zu werden. Aber mehr noch: Ich nahm mir vor, den Fall zu vergessen, auf der Stelle, und tatsächlich gelang es mir, und ich wurde erst wieder an ihn erinnert, als irgend jemand ein, zwei Jahre später in der Kneipe davon redete, als wäre es eine allseits bekannte Tatsache. Ich aber hatte den Fall so gründlich vergessen, verdrängt, daß mir der Name der Stadt, in der der Unfall geschah, noch heute nicht einfällt. Es muß in der Nähe von Cottbus gewesen sein; dort wohnte die Kollegin.

Daß alles bekannt ist. Daß wir alles wissen. Daß, wenn eine Katastrophe eintreten sollte und es gäbe Überlebende, die ihre, der Katastrophe, Ursachen erforschen wollten, sich fragen müßten, warum nichts verhindert werden konnte. Die haben doch alles gewußt. Es war doch alles bekannt. –

Oder wie –? – Stephan, der einmal klagte, daß seine Zeit schon lange nicht mehr ausreiche, um alle neuen Veröffentlichungen auf seinem, schon speziellen Gebiet der Immunologie, die Allergieforschung, zu lesen. Er müsse auswählen, und er sei sich nicht sicher, ob er immer die richtige Wahl treffe.
Und der Rest –? Und die Welt –? – Seine Bemühung, nein: Anstrengung, den Anschluß ans Leben nicht zu verlieren, kein Fachidiot zu werden. Fast jedes Wochenende hatte ich ihn in Altrosenthal ein neues Buch lesen sehen, Semprun, den gerade erschienenen Proust, und immer wieder die Klassiker, die Griechen. Neulich, als wir uns im grünen Café in der Leipziger trafen, hatte er eine Altenberg-Auswahl vor sich liegen und zitierte gleich eine aktuelle Passage, die Untreue einer Frau betreffend: daß es kein Grund sei, sie zu verstoßen – nur: Hatte man vorher die große, hätte man jetzt die kleine Liebe . . .

Wissensschübe, Tempoerhöhungen. Die Explosion der Produktivkräfte. Der Fortschritt. Wie sich die Wertigkeit dieses Begriffs in den letzten zehn, zwan-

zig Jahren verändert hatte für mich! Früher, in der Jugend, Synonym für alles, was gut . . . nein: richtig ist. Fortschrittlich sein hieß, in unseren Kreisen, den Swing lieben und die Chemie, hieß Kernkraftwerke statt Wasserstoffbomben, hieß Neubau statt Mietskasernen, hieß Asphalt statt Kopfstein.
Atemlose Faszination, wenn ich in der Zeitschrift Natur und Technik die Seite mit den Stromlinien der neuesten Auto-Modelle von Chrysler, Chevrolet und Ford aufschlug, wenn ich in den Werbebroschüren des Amerika-Hauses das Luftbild eines wagemutig geschwungenen Autobahnkreuzes aus Los Angeles sah – das war Ende der Vierziger, Anfang der Fünfziger, und noch kurz vor der Mauer ein Film aus Frankreich, Filmbühne Steinplatz, von dem ich kein Bild, nur den Titel behalten habe: Die Zukunft hat schon begonnen – den Titel und, beim Herauskommen, das Gefühl, an der Schwelle eines Glück und Reichtum spendenden Paradieses zu stehen, wenn – ja, wenn wir den Frieden retten, wenn wir den Fortschritt der Wissenschaften in die Fabriken, in den Alltag, ins Leben holen könnten.
Mitte der Fünfziger war der flächendeckende Abriß des Prenzlauer Bergs für mich eine unbestrittene, vernünftige Lösung, waren die ersten Hochhäuser, die ersten Neubauten eine Offenbarung, ich fuhr in den Wedding, stand staunend vor der Ernst-Reuter-Siedlung, fünf-, sieben-, neunstöckige helle Häuser, Grün dazwischen und Raum, und ein Hochhaus, fünfzehnstöckig, klare sachliche Fronten, kein Pippifax, kein Zuckerwerk wie in der Stalinallee, früher Frankfurter Allee, und noch beim neuen Alexanderplatz nur

leichte Wehmut über den Verlust der Alten Prenzlauer Straße, der Zentralmarkthalle, des kleinen Hauses, in dessen Fassade noch eine Kanonenkugel aus dem Jahr 1813 steckte – wenigstens war alles großzügig, funktional, war licht und luft.
Wie deprimierend fand ich damals, als ich die ersten modernen Neubauten gesehen hatte, mein Viertel im Prenzlauer Berg, späte Gründerzeit; der Stuck an den Häuserfronten, die fettbauchigen Balkons, blicklose Frauenköpfe über Fenstersimsen, serielle Gipsgirlanden darunter – Symbol allen Muffs, aller Enge, aller Strenge. Der Stuck an der Decke unseres Zimmers: Gebilde aus Schlangenkörpern und Vogelköpfen, die, wenn ich als Kind mit Fieber im Bett lag, in Bewegung gerieten, sich dehnten und spreizten und zu widerlichen Ungeheuern wuchsen.
Wann meine Begeisterung für die moderne Architektur nachließ, weiß ich nicht. Möglicherweise stand sie in umgekehrtem Verhältnis zu deren Ausbreitung. Vielleicht damals, als ich eine geschlagene Stunde lang in einer Satellitenstadt bei Dunkelheit und eisigem Wind die Nummer 52 der Helsinkier Straße suchte. Die Auflösung der alten Straßen – die Unwirtlichkeit der lockeren Bebauung ... Oder war es wegen des Seriellen? Daß man plötzlich nicht mehr sicher sein konnte, wo man war – in Magdeburg oder Jena-Lobeda?
Mit einem Mal schien selbst der banale Barock der Stalinallee, jetzt Karl-Marx-Allee, Charakter zu zeigen. Der Satz: Besser ein häßliches als kein Gesicht. – Und meine rührselige Stimmung, neulich erst, als ich in der Kastanie durch Zufall zur Decke blickte und

haargenau den gleichen Stuck entdeckte wie im Zimmer, in dem ich groß geworden bin!

Die euphorische Fortschrittsbegeisterung, der Widerwille gegen die Ornamentik der Gründerzeitarchitektur nicht nur Distanzen zu den keifenden Altfrauenstimmen, den bellenden Hauswarten, den strengen Schupos der Kindheit – mehr: der Versuch, die Geschichte auszulöschen – die unerzählbare, fürchterliche, jüngste deutsche Geschichte.

3

Eine Woche mit Besuch *von drüben.* Montag oder Dienstag Kurts Anruf, Fritz Fries sei in der Stadt und wolle uns sehen. Treff am Europa-Center, diesem modernistischen Einkaufs- und Büroschuppen, dessen überdimensionalen kreisenden Stern ich jeden Tag vom Balkon in der Leipziger sehen konnte. Fritz am Stock, wie schon seit Jahren. Ein kleinwüchsiger Mann mit den gütigsten Augen, die ich kenne. Später durch Kreuzberg. Die übliche Touristentour. Von größtem Interesse: die besetzten Häuser. Kaffee beim Türken, dann die Waldemar hinunter (ich sage schon: Walde-Kietz) und über den Heinrichplatz zurück zum Oranienplatz. Wie wir wieder ins Restberlin eintauchen, ist klar: Kreuzberg ist wie eine Stadt in der Stadt.
Die neuen Bauten ums Hallische Tor herum, ums Zentrum, findet Fritz im Gegensatz zur, wie er sagt,

uniformierten Bauweise jenseits der Mauer, bei uns, anregend und interessant.
Die Besucheroptik. Auch mir ist es so gegangen. Eine Faszination, der ich mich schwer entziehen konnte noch wollte. Erst als ich hier wohnte, nun ständig und mit der Ahnung, es könnte womöglich den Rest meines Lebens dauern, begann die Abwehr. Kam der zweite Blick. Der Eindruck von Zersiedlung. Aufsplitterung. Verlust des Zusammenhangs.
Ich brauche nur kurz die Augen zu schließen, schon steht mir das Bild der Straße, in der ich aufgewachsen bin, vor Augen. Oder die Brunnenstraße – keine Schwierigkeit. Der Rosenthaler Platz. Die Witzlebenstraße in Charlottenburg – o. k.
Aber ich könnte mich auf den Platz an der Urania, der völlig neu bebaut wurde, oder an den Ernst-Reuter-Platz, früher Knie, stellen und versuchen, mir alles einzuprägen – es würde mir nicht gelingen, so etwas wie ein Straßenbild, Straßen-Bild im Gedächtnis zu behalten. Die unterschiedlichen Höhen; diese Auflösung in tausend bunte Details, wobei *bunt* nicht nur für die farblichen Effekte steht ...
Zusammenhang zwischen dieser individualistischen Architektur und dem Gefühl der Vereinzelung?
Abends noch einmal nach Kreuzberg. Mit Franz und seiner Tochter, die wohl Ende zwanzig ist und kaum ein Wort spricht, während wir ganz dicht an der westlichen Seite der Mauer, vom Engelbecken bis zum Mariannenplatz, entlangspazieren.
An der Mauer, Höhe Kinderbauernhof, hat jemand den Kampfspruch der Spontis Gefühl und Härte variiert: Gefühl und Hertha BSC.

Eine andere Variation war auf die Hofwand in der Potsdamer gesprüht: Gewühl und Hertie.
Donnerstag kam Gert. Essen abends, reden viel. Er hatte Plastiktüten in beiden Händen und sah völlig erschöpft aus, als er vor meiner Tür stand. So muß ich in die Wohnungen meiner Westberliner Freunde gekommen sein, damals, als ich noch zu Besuch war ...

Beim Schreiben einer Kurzbiographie für einen Katalog ist mir wieder eingefallen, wie wechselhaft meine Anpassungsversuche an die wirkliche Welt verliefen. Das Schul-, das Arbeitsleben eine Kette von Konflikten mit häufigen Niederlagen. Die Anlässe meist Nichtigkeiten. Eine Art Auflehnung in mir, die keine Autorität, es sei denn die sachkompetente, duldete. In der Jugend oft gegen meinen Willen. Wie etwas, das ich nicht beherrschen konnte.
Rausschmiß oder Flucht bei mindestens der Hälfte meiner Arbeits- oder Ausbildungsverhältnisse. Selbstzweifel als Folge. Schließlich Wut. Erst auf mich, dann auf die Verhältnisse. Lange für die Erkenntnis gebraucht, daß mein Problem die Hierarchie war, die Pyramide der Macht, die Chefs. Unabhängig vom Geschlecht. Und in ihrer deutschen Erscheinungsform. Noch in meiner letzten Stelle als Lohnabhängiger der gutgemeinte Rat des österreichischen Professors, der aus Paris gekommen war und selbst nicht lange blieb: Gehns weg von hier. In Preußen werdens nix. –
Überraschende Folge: Je mehr Niederlagen, je mehr Gestalt nahm ich an. Für mich, und für die Leute um mich herum. Oder umgekehrt: Der Blick der Leute

auf mich gab mir Konturen. Ich war der, der das Maul aufriß.
Eine andere Dialektik: Wäre ich nicht in hohem Bogen aus der Oberschule geflogen, hätte ich nie die Welt der Fabrik kennengelernt. Hätte ich mich in der Fabrik der körperlich unaushaltbaren Nähe zu einer herrischen Ingenieurin nicht durch hastige Kündigung entzogen, wäre ich nie auf die politisch bigotte Welt staatlicher Leiter getroffen. Selbst meine vernichtendste Niederlage, der Sturz aus dem zweiten Stock der Neuen Berliner Illustrierte aufs Sofa meiner Untermietwohnung in Berlin-Mitte, nahm eine wundersame Wendung – so leichtfertig hätte ich unter anderen Umständen meine Unterschrift nicht unter das Papier gesetzt, das mir zwei Männer unter die Nase hielten, sechsundsechzig im Frühjahr, ich konnte mich schon wieder halbwegs bewegen, ein kleiner Blonder und ein großer Dunkler, Lektor der eine, Leiter der andere, Kurt Batt und Konrad Reich aus Rostock – zehn Monate à sechshundert Mark für ein Buch über einen Vater-Sohn-Konflikt, Thema Faschismus–DDR, dessen Entwurf in der NDL veröffentlicht worden war, begleitet von einem redaktionellen absichernden Essay zur Frage: Dürfen wir darüber reden, wenn ja, wie –? – – Batt also, der bei Hans Mayer studiert, und Reich, der Kurt Wolffs Briefe eines Verlegers gelesen hatte, junge Autoren werbend, um aus dem norddeutschen Provinzverlag Hinstorff den für Jahre bedeutendsten Verlag für neue deutsche Literatur zu machen – – helle, freundliche Sätze voller Anerkennung, ja, Respekt im Vorderzimmer der Brunnenstraßenwohnung, als hätten sie eine Pflanze vor sich,

die nur bei strahlendstem Licht gedeihen würde – ich unterschrieb klopfenden Herzens, aber mit dem beruhigenden Gefühl, wieder die Miete beisammen zu haben, wachte zwei, drei Tage später vollkommen bewegungstüchtig auf, kaufte kariertes Papier, Tinte und Federhalter, im Kopf das Bild eines Friedhofs, toter Vater, Eichensarg, Sohn im Zentrum eines ehrenvollen Begräbnisses, die Bigotterie aufbrechend beim Leichenschmaus – –
Ich lief über Friedhöfe, entwarf Figurenkonzeptionen, Entwicklungslinien, Zielvorstellungen, schrieb drei Dutzend Anfänge, legte sie nach dem Durchlesen weg voller Abwehr, alles Papier, gestelztes Geschwätz, es zerlief alles, nichts lebte wirklich, aber ich hatte es doch gekonnt, verflucht!, vor einem Jahr noch, jetzt, nach neun Monaten, hatte ich nichts als einen Haufen kleinbeschriebenen Papiers, das abzutippen sich nicht lohnte, auf dem Tisch aber eine Einladung nach Rostock, Lesung aller Autoren, die gefördert worden waren, Zwischenbilanz. Ich fiel in eine kleine Panik, machte mich noch einmal auf den Weg, Weißenseer Friedhof, auf dem meine Tante begraben war, die sich mit Vierzig aus dem Fenster gestürzt hatte, weil sie ihrem einzigen Sohn die Schande einer Verurteilung wegen eines geringfügigen Zollvergehens ersparen wollte; auf dem meine Großmutter begraben war, eine kleine flinke Frau mit schlohweißen Haaren und Dutt, die immer lächelte, sich die haarsträubendsten Geschichten erzählen ließ und unter ihrem Mann, einem Kutscher aus Pommern, zeit seines Lebens gelitten, ihn aber nur um drei Jahre überlebt hatte; ich schlenderte zwischen Gräberreihen, no-

tierte Details und hoffte auf das, was man Inspiration nennt, aber nichts, im Kopf eine Weltraumleere, als wäre da eine Mauer gebaut zwischen Herz und Großhirn, ich lief die Gottwald, früher Berliner, hinunter, stand vor einem Café namens Concordia, setzte mich hinein, sah durch gelbe Tüllgardinen auf die kleinstädtischen Häuser gegenüber, Sonne schien, Maurer hievten Eimer über einen Flaschenzug ins oberste Stockwerk, die Kellnerin brachte mir schwarzen Kaffee, sie hatte die vollen Brüste thüringischer Bauernmädchen, und ich sah ihr hinterher, und irgendwann zwischen dem zweiten oder dritten Schluck, der ersten oder zweiten Zigarette schrieb ich einen Satz aufs Papier, und da ging es los, dieses Gefühl, das ich nur aus der Kindheit kannte, oder einmal, als ich achtzehn war und über die Straße ging und alles so klar sah wie niemals mehr im Leben, ein Strom durch Körper und Kopf, alle Sätze, alle Bilder, alle Gedanken ordneten sich, ich schrieb stichwortartig alles auf, stürzte meinen Kaffee hinunter, fuhr mit der Zweiundsiebzig nach Hause, hatte bis zum Lesetermin einen Anfang und zehn Seiten irgendwo aus der Mitte fertig, las vor, sah Batt strahlen, bekam auf der Stelle eine Fortsetzung des Stipendiums, ahnte mehr als ich wußte, daß ich jetzt begonnen hatte, ein Schriftsteller zu sein, und dabei hatte ich in jenem Café nichts weiter als die banale Feststellung getroffen, daß ich in einem Café sitze. Aber ich hatte Ich gesagt. Ich.

4

Ich stand vor zwei Jahren mit Helene bei unserer letzten Reise am Ufer eines märkischen Sees, es war Februar, der See eisblau gefroren, Sonne schien, ich warf einen Stein über das Eis, der bis weit über die Mitte schlidderte, wir standen und sagten nichts, weil alles gesagt war, plötzlich ein scharfer Knall, ein Sprung im Eis, der mit rasender Geschwindigkeit, und doch genau zu verfolgen, auf uns zukam, das Eis zersprang in unzählige mosaikartige Teilchen, wie ein unregelmäßig geknüpftes Netz . . .

Vielleicht muß ich mich von der Vorstellung trennen, ich könnte einen geschlossenen Text schreiben, der länger als zwanzig Seiten ist. Mein Lebensgefühl wird von den Brüchen in meinem Leben bestimmt, vom letzten besonders, also muß ich aufbrechen, die Form aufbrechen. Die Montage als Ausdruck dieser zersplitterten Gesellschaft . . .? Meiner zersplitterten Vorstellungen, Erwartungen, Hoffnungen . . .?
Ähnliche Situation wie am Anfang des Schreibens, beim Michael. Keine Story, kein überspannendes chronologisches Netz. Die Finger ins Zentrum gerückt. Ausschnitte, Segmente der Wirklichkeit an den Tisch des Kaffeehauses zitiert, an dem die Figur saß. Funktional der Frage untergeordnet: Wer war mein Vater?
Ich weiß noch, wie Kurt Batt mir die Expressionismusdebatte in die Hand gab, sechsunddreißig in der Moskauer Exilzeitschrift Das Wort geführt, eingeleitet durch Ziegler, der in Wirklichkeit Kurella hieß,

und im deutschen Expressionismus am Beispiel Benns einen Vorläufer des deutschen Faschismus sah. Unterstützt durch Lukács' Forderung nach gesellschaftlicher Totalität im Roman, in der Literatur. Nach der Darstellung von Zusammenhängen. Auf der anderen Seite die Schreibenden: Seghers, Bloch, Brecht – daß es unmöglich sei, die sich ständig komplizierende Wirklichkeit in geschlossener Form darzustellen. Daß höchstens Details der Wirklichkeit, und die möglichst genau, dargestellt werden könnten. Daß sich aus all diesen Splittern, aus der Gesamtheit der Literatur also, ein Bild, eine Totale ergeben möge. Undsoweiter.
Mein Herz war auf seiten der Schreibenden. Als Leser schien mir Lukács' Forderung nicht unbillig. Das erwartete ich von der Literatur (und hatte es bekommen): Erhellung, Aufhellung der realen Dunkelheit um mich herum. Damals der Entschluß, eine Geschichte zu schreiben, die vom Punkt A zum Punkt B führt, mit Umwegen, ja. Aber ohne Rückblenden. Oder möglichst wenigen. Es wurden zwei.

Neulich Rohschnitt des Fernsehfilms Leben im Winter. Die erste Szene, in der Albert Abschied nimmt vom krummen Fritz, der nichts weiß, aber alles ahnt – hervorragend inszeniert, hervorragend gespielt. Dahlke und Balthoff; jener ein knorriger pommerscher Dickschädel, dieser ein Pykniker mit jüdischer List. Spontan rief ich: Ich hätte sie zusammen lassen sollen ... – Hartmut, der Regisseur: Das kannst du doch noch machen. –

Eine Geschichte für zwei alte Männer. Es ist ein Anlaß zu finden, der sie in Bewegung setzt ...
... es sind zwei Deutsche, also haben sie eine deutsche Geschichte ... Schatzmotiv. Wenn einer neunzehnfünfundvierzig, kurz vor Kriegsende, etwas vergraben hätte (das müßte Dahlke sein), bis achtundvierzig in der Gefangenschaft war, dann wiederkommt und sieht, daß dort nun, sagen wir: französische Baracken stehen? Fünfunddreißig Jahre später, jetzt schon im Altersheim, erfährt er aus der Zeitung, daß die Baracken abgerissen werden sollen. Die beiden leben in einem Heim für sozial Schwächere ... Sozialheim ... Ist sein Freund (Balthoff) nicht ein Halb- oder Vierteljude? ...

Wie das Taschengeld im Heim reduziert wird. Krawall bei der Auszahlung. Von Altem 1 (Dahlke) initiiert. Die anderen schließen sich, zögernd, an. Aber dann, wie sie sehen, es klappt: Immer feste druff! ... Das Heim müßte irgendwo in Westdeutschland sein, die Reise, selbstverständlich, nach Berlin führen ...

Gestorben: Konrad Wolf, Robert Havemann und Peter Brückner.

5

Seit vorigen Monat sind vierzig britische Kriegsschiffe auf dem Weg nach den von Argentinien besetzten Falklandinseln und werden sie in drei Wochen erreichen. Marie und ich sehen uns ungläubig an. Es ist wie im 18. Jahrhundert. Noch drei Wochen Frieden . . .

Nachzutragen ist das Begräbnis von Havemann. Der Friedhof liegt im Wald bei Grünheide. Sechshundert, siebenhundert Leute, meist jüngere. Es war kalt, obgleich die Sonne schien.
Zweimal wurden wir kontrolliert. Einmal stoppte uns ein entgegenkommender Streifenwagen, ein zweites Mal, kurz vor Grünheide, ein offenbar als Verkehrskontrolle verkleidetes Kommando der Staatssicherheit: Zu weiß, zu neu waren ihre Mützen . . .
Das traurige Ereignis: würdevoll. Auch eine Demonstration. Der Pfarrer sprach wegen der großen Zahl der Trauergäste in der offenen Tür der kleinen Kapelle, mehr nach draußen als nach drinnen gewandt. Vieles kann ich akustisch nicht verstehen. Er habe versucht, sagt er, einen Lautsprecher aufzustellen: Es wurde nicht genehmigt. – Die Hebung seiner Stimme. Die Verachtung.

Mit György Dalos, der bei Rabehl wohnt, gestern vormittag in einem Café in der Maaßenstraße. Sein Paß ist vier Monate gültig. Der Anlaß: eine Hörspielsendung des Süddeutschen Rundfunks. Er erwartet auch jeden Tag sein neues Buch. Titel: 1985.
Vor der Ausreise hatte er ein, wie er sagt, loyales Gespräch mit der ungarischen Stasi. Dabei habe er die Frage gestellt, ob er über die DDR nach Westberlin reisen könne. Ein paar Tage später die Antwort: Nein. –
György hat sich im Europaverlag erkundigt, ob etwas

Neues von mir übersetzt werde. Antwort: Nein. Es gäbe, sagt er, eine Liste, auf der ich stünde. Jurek Becker wohl auch.
Ich verwies auf Franzens Auskunft, nach der Helene und ich nicht darauf stünden.
Doch, sagt György, du stehst drauf.
György ist auf eine liebevolle Art sarkastisch, wie immer. Ob er keine Sehnsucht nach Budapest habe? – Solange sein Visum laufe, glaube er nicht, dazu Gelegenheit zu haben. – Und wo fährt er hin? – Jetzt eine Woche Berlin, dann Hamburg, Amsterdam, Köln, Frankfurt, Wien, Budapest – (kurze Pause) – Sibirien ... –
In der Sowjetunion sieht er zur Zeit den Kampf zwischen zwei Fraktionen: der wahnsinnigen und der schwachsinnigen. Letztere habe noch Oberwasser, und er, Dalos, sei für den endgültigen Sieg der schwachsinnigen Fraktion. Breschnew sei der letzte Liberale. Besorgnis bereite ihm nur, daß in den USA die wahnsinnige Fraktion Oberwasser gewonnen habe und dieselbe in der SU nachziehen könnte. –

Mittags im Radio: Peter Weiss gestorben. Herzinfarkt.

Bräuche

Mit Udo in Christophs Landhaus im Wendtland. Die flache Elblandschaft. Grauer, bewegter Himmel. Föhrenreihen, die die schwarzen Äcker in große quadratische Flächen teilen.

Wenn ich Udo sehe, muß ich an Wolf denken. Wolf hatte ich in Paris kennengelernt, bei Barbara, und später haben wir uns ein- oder zweimal getroffen in Berlin; einmal saßen wir in der Kastanie, und er erzählte mir von seiner Beobachtung, daß der wache Teil der Jugend am Beispiel seiner Eltern erlebt habe, wie die Verdinglichung des Reichtums zu menschlicher Starre führe. Die jungen Leute, sagte er, verlassen die Orientierung auf die alten materiellen Werte und wenden sich anderen Reichtümern zu: Freunde, Kultur, Arbeit, bei der man nicht viel verdient, mit der man sich aber identifizieren kann. – Sieh dich doch um, sagte er, die Älteren sind durch Erfolg gescheitert, sie sind zwar wohlhabend, aber sie haben keine Zeit mehr und hängen im Netz einer Tätigkeit, die ihnen vorgeschrieben ist und die sie nicht gewählt haben! –
Er redete sich richtig hinein in seine These von der Umwertung der Werte, brach aber einmal mitten im Satz ab, starrte gegen die Stuckdecke und schwächte ab: Natürlich stochere er auch im Nebel, sähe nicht

mehr so richtig durch, weder bei den Grünen noch bei den Ayatollas noch beim Fortschrittsbegriff, aber wir sollten nur abwarten. Er zum Beispiel werde seine Assistenzprofessur beim Institut kündigen und mit dem Geld, das er mit einem Buch über den Universitätsbetrieb geschrieben habe, bei allernächster Gelegenheit eine Weltreise antreten, die solange dauern solle, wie sein Geld reiche. Es gäbe noch einiges kennenzulernen ... Wolf lebte damals in einer Wohngemeinschaft wie Udo heute. Beide, Udo wie Wolf, kommen mit einer Geldsumme durchs Leben, die unter dem Durchschnittsverdienst im Lande liegt, dieser, weil er einen wichtigen Teil seines Professoren-Einkommens für Projekte und zur Unterstützung befreundeter Kollegen abgibt – jener, weil er für seine aufreibende Arbeit wenig verdient. Udo ist von Anfang an bei der taz dabei. Was er dort arbeitet, weiß ich nicht genau, ich glaube, er ist Fotoredakteur, aber ich habe ihn auch in anderen Ressorts gefunden, im lay out, im Satz, in der Reproduktion. Wenn wir unsere Literaturbeilage produzieren, ist er derjenige, der am umfassendsten über den modernen technischen Apparat der Zeitungsproduktion Bescheid weiß, und ich glaube, daß er in jedem normalen Zeitungsbetrieb das Doppelte, ach, das Dreifache verdienen könnte.
Wie ich ihn frage, zieht er die Augenbrauen nach oben und zögert mit der Antwort, als hätte er diese Möglichkeit wenn je, dann nur flüchtig bedacht. Er lächelt, als er sagt, daß die Tatsache, wenig zu haben, doch nicht bedeute, wenig zu sein. Er lebe in einem Umfeld, in dem das Geld seinen Wert verloren habe und brauche nicht mehr als ein Zimmer, in dem er sich

wohlfühle, Leute um sich, die er leiden mag, und eine Arbeit, die ihm wichtig sei. Also, was soll's? –
Udo und Wolf trennen eine Generation.

Fahrt mit Christoph und Udo an die Elbe. Ausgedehnte Wiesen, auf denen dort, wo noch vor gut einem Jahr das Wasser bis unter dem Deich stand, Kühe weiden. Der Fluß weit im Hintergrund, die Festung Dymitz, schon drüben; an einer größeren Lache zwei Graureiher.
Nachmittags bei Uwe Bremer, abends Texte für litera-taz redigiert, später in einer Dorf-Kneipe. Die fünf Leute, die hier sitzen, sind zugereiste Einheimische; einer ist seit zwanzig Jahren Kneipenwirt und Fuhrunternehmer für eine Kaffeefirma, ein anderer ist achtundfünfzig aus dem Ländchen hierhergekommen, Ackerbürger, arbeitet am Wochenende auf dem Hof, sonst in Kiel, ein Endfünfziger mit kantigen Gesichtszügen, reaktionär bis auf die Knochen. Einen in der DDR verbliebenen Bekannten, den er einmal besucht habe, charakterisiert er als Monte-Cassino-Mann, knochenharter Bursche, den Leib voller Splitter ... und der, sagt der Endfünfziger, wolle nicht herüber: Er hätte sein bißchen Land, sein bißchen Vieh, seinen Trabant, im Sommer macht er Urlaub – besser ist's ihm als Bauer nie gegangen. – Das Unverständnis im Gesicht des Mannes. Das glaubt er nicht. Das ist Anpassung, reine Anpassung. Der Mensch ist ein Anpassungstier, stimmt's? –

2

Berlin, Charlottenburg. – Nach drei Tagen Land scheint die Stadt unerträglich. Die Luft wie ein staubiges Fenster. Das Aggressionspotential ist körperlich zu spüren. An den zwei Abenden in der Kastanie noch nie so viel Leute gesehen, die stoned oder volltrunken sind.
Auch Jürgen aus der Potsdamer findet die Stadt nach vierwöchigem Aufenthalt in Sardinien unerträglich, aggressiv. Er meint, man sehe die Arbeitslosigkeit jetzt auf den Straßen. Viel mehr kaputte Leute zwischen vierzig und fünfzig . . .

Vorhin aus dem CN gekommen. In der Nollendorf saßen paar junge Leute in schwarzem Leder auf der Bank. Einer ruft: Eeh, weißte wie spät? – Mein langgezogenes: Neeee . . ., das meine Ablehnung, Uhren zu tragen, möglicherweise im Tonfall einschloß. Nee, sage ich über die stille, nächtliche Straße hinweg, laufe weiter, zehn, zwanzig Meter, höre bruchstückhaft die Stimme des Jungen: . . . da sagt der: Nee . . . sagt der Typ: Nee . . ., ich laufe weiter, dreißig, vierzig Meter, dann das scheppernde Geräusch, das ich kenne: Ein Pflasterstein, der über Pflastersteine fegt, es dauert zwei Sekunden, ich bin weitergegangen, nur meine Schultern habe ich um einen Zentimeter höhergezogen, der Stein landet einen halben Meter links von mir, und gleich danach höre ich das hechelnde Geräusch eines Hundes, er ist schwarz und schnappt den Stein und läuft zurück – ich bleibe stehen, der Hund macht einen Bogen, trabt an der Hauswand entlang, schlägt abermals einen Bogen und läuft zu der Bank, auf der die Leute sitzen, die mich eben nach der Uhrzeit gefragt hatten.

Eine verrückte Stadt. Als ich neulich, bettschwer, aus der überfüllten Anarchokneipe nahe dem Charlottenburger Schloß kam, fand ich die Promenade nachts um halb oder dreiviertel eins so belebt wie sonst nur an Sonntagnachmittagen. Was für ein Gemurmel und Gegacker unter den nachtschwarzen Bäumen. Und hundert Schritt weiter spielten zwei Leute auf dem Tenorsax und der Posaune einen schweren melancholischen Jazz. Am Himmel ein seifiger Vollmond ...

Birgit, eine Journalistin Anfang zwanzig, die am Sonntag aus Frankfurt kam wegen eines Interviews, beschrieb Berlin-West als eine Stadt der Manisch-Depressiven. Das betreffe alle ihre Bekannten, und sie selbst, wenn sie längere Zeit hier sei, versinke auch in diesen wechselhaften Zustand. – Die Depression scheint grenzüberschreitend zu sein. Gert, der jetzt Anfang fünfzig ist, starrte gestern die ganze Zeit, die wir uns unterhielten, aus dem Fenster seiner Ladenwohnung im Prenzlauer Berg, starrte ins Grau der Dimitroffstraße, früher Danziger, das heißt, er starrte aus dem schmalen Fenster der Tür, denn vor's große Ladenfenster hatte er die Jalousie gezogen. Seit Monaten sei er unfähig zu arbeiten, und das einzige, was ihm noch helfen könne, sei ein Eklat – eine Tat, um seine Trägheit zu überwinden (oder sagte er Feigheit?) – aber dann winkte er ab, dieser große schwere

Mann in seinem Sessel: Er habe neulich einem Psychologen alle Symptome seiner Befindlichkeit geschildert, und der habe geantwortet: Ich kann Sie von vielem heilen, aber nicht von diesem Land. –

3

Irgendwann nach dem Fußball schalte ich ins Erste Programm, in dem ein Gespräch zwischen Grass und Kant läuft. Es geht um einen Minimalkonsens in dem Wanderzirkus, der sich Europäisches Schriftstellertreffen nennt und diesmal in Den Haag (nächstens in Köln, Sofia, Rotterdam) gastiert. Man hätte ja auch, sagt Kant, eine Liste aller Probleme aufstellen können, die sie beide, Grass und ihn, voneinander trennten, aber sie hätten sich auf das Gemeinsame geeinigt: den Frieden. Grass stimmt zu, schränkt aber ein, indem er die Lage der türkischen Schriftsteller anspricht und die der polnischen. Kant will, bei allem Verständnis, diese zwei Dinge nicht in einen Topf werfen. Immerhin seien die türkischen Schriftsteller vom Tode bedroht, die polnischen nicht. Grass bringt nun Václav Havel ins Gespräch, der noch immer im Gefängnis sitzt (und den Sie, Kant, sicher genauso schätzen wie ich). Kant nickt leicht, setzt aber dann schon wieder an, etwas Einschränkendes zu sagen, und ich kriege eine Wut und schalte ab.

Manchmal noch Bilder vor Augen, vom Ausschlußverfahren, drei Jahre her, Rotes Rathaus, Plenarsaal, ein Juninachmittag – das westliche Fernsehen stand vor der Tür, und wir lächelten, bevor wir die breite Treppe hinaufgingen, in die Kamera. Als wir herauskamen, war es Abend, der Platz vor uns fast leer, wir standen noch einen Moment herum, da trat Marcel zu mir, mein Reportagelehrer, und verabschiedete sich mit den Worten, daß wir uns die Hand wohl noch geben sollten, oder?, ich verstand nicht, worauf er anspielte, bis mir Gert sagte, Marcel habe doch für meinen Ausschluß gestimmt, ich wollte es nicht glauben und wußte für einen Moment gar nichts mehr, aber als wir hinterher alle zusammensaßen und Dieter Schubert von einer Kinderbuchautorin erzählte, die aufgesprungen sei, mitten in der Debatte, und ihre Vorwürfe in den Saal geschrien habe: Daß wir die Munition geliefert hätten für die Kanonen des Feindes, horchte ich auf und ließ mir, um sicher zu gehen, den Namen der Frau wiederholen, und Dieter antwortete verwundert, daß ich sie doch kennen müßte, na, von der NBI, die Parteisekretärin, die Sonja! – da wußte ich für einen Moment alles.

Vor drei Jahren, im Plenarsaal, saßen wir in der zweiten Reihe, gleich neben dem Eingang, rechts vor uns das Rednerpult, eben hatte Hermlin gesprochen und gleich danach den Saal verlassen: ernster dunkler Ton, Warnung vor falschen Entschlüssen, ich hatte Hoffnung geschöpft, die solange anhielt, bis Hermann Kant ans Pult trat und seine ersten Sätze sprach.

Helene, auch Kurt, waren sich später sicher, er habe ein Unbehagen deutlich gezeigt, wie wenn er sich einer lästigen Pflicht entledigen müsse. Mag sein, er

hatte das Stück nicht angesetzt, aber daß er die Regie führte, war unübersehbar.
Wie öfter bei solchen Gelegenheiten, gingen mir die Wörter am Ohr vorbei, und ich war unfähig, etwas zu notieren, meine Gedanken irrten ab, verfingen sich irgendwo über mir an der säuberlich restaurierten Decke, hier war ich schon einmal gewesen, als Zehn-, Elfjähriger, es war Sommer, Ferienzeit, wir lungerten auf der Straße herum, Benno Damp kam von der Ecke her, wiegender Gang, wilder Blick, Habt ihr wat vor? Ick weiß wat! – Wir liefen über den Alex bis zum Rathaus, stiegen durch die auseinandergebogenen Gitter der Kellerräume ins Innere, knöchelhoch das Papier verfallener Lebensmittelkarten, Bezugsscheine, Karteikarten, stiegen erst eine breite, dann eine winklige Treppe hinauf auf den Turm, die Ruinen der Innenstadt lagen unter uns, noch nie war ich so hoch hinaus gelangt, die Menschen wie aus der Welt Liliputs, die wenigen Autos in Spielzeuggröße, unter uns die Straßenbahn Einundsiebzig, die damals von der Jüdenstraße nach Heinersdorf fuhr, wir sammelten Steine und warfen sie auf das schneckenlangsam sich bewegende weißgelbe Gefährt, verfolgten ihren Flug bis kurz vor dem Aufprall und zogen schnell die Köpfe ein, damit man uns nicht entdecke. Später krochen wir halbgebückt durch finstere Bogengänge, Modergeruch und dumpfer Widerhall der Schritte, ein Loch tat sich auf, fünf Meter lang, durch das Sonnenlicht drang und ein weiteres Vorgehen unmöglich machte, wir verhielten unschlüssig, ob wir nun umkehren sollten, bis Bernie, stockend, die Vermutung äußerte, hier könne er doch, wenn er noch lebte, sich

verborgen halten, wir sahen uns an, wußten alle, wen er meinte, starrten in die pechschwarze, uns verschlossene Fortsetzung des Ganges, meine Phantasie trieb wilde Blüten, ich sah irgendwo am Ende des geheimen Ganges eine Tür, die in einen geheimen Raum führte, dicke Teppiche, Kristallüster, Goldpokale, und auf einem Stuhl mit hoher Lehne sitzend ihn, den Führer, Schweigen, Schauer über den Rücken, ratloses Verharren, bis Benno Quatsch sagte und die Umkehr entschied, zurück also, gebückt, Aufatmen in der Helle des Tages, und weiter: eine Öffnung, eine Umrandung und die Tiefe des Saales unter uns, die herabgestürzten Trümmer der Decke, die verschmierten, bröckelnden Wandbilder, Benno lief vor, sprang leicht übers Eck von der Stirnseite der schmalen Dekkenumrandung auf die Breitseite, die anderen folgten schnell, erst Manne, dann Bernie, dann Hardy, ich wollte springen, anderthalb Meter, nicht mehr, dann war ich bei den anderen, aber ich sah hinunter und zögerte, Angst plötzlich, ich könnte es nicht schaffen und stürzte in die Tiefe, Hardy rief: Nu los!, Benno langgezogen: Mensch!, ich hielt die Luft an, kniff die Augen zusammen und sprang, sprang über lächerliche anderthalb Meter, die über Leben und Tod entscheiden konnten, spürte im gleichen Moment, in dem mein rechter Fuß auf Stein traf, wie etwas meinen Arm griff und ihn zu sich heranzog, landete an Hardys kräftigem Körper und atmete tief auf, damals, vor dreißig Jahren, zwölf oder fünfzehn Meter über dem Platz, auf dem ich jetzt saß und den verschliffenen Sätzen des Präsidenten zu folgen versuchte, vergeblich. – –

Ich wollte Reto treffen und lief über den Kaiserdamm Richtung Schloß, es dämmerte schon und die Laternen flackerten im Dunst wie Irrlichter – da sah ich einen jungen Mann, der sich – auf dem Mittelstreifen stehend – mit einem tiefen Stöhnen auf die Motorhaube einer breiten, parkenden Limousine fallen ließ; rücklings, die Arme ausgebreitet, lag er stöhnend eine Weile wie gekreuzigt.
Ich hatte die zweite Fahrbahn überquert, war stehengeblieben und sah zu ihm herüber, da erhob er sich, lief taumelnd über die Straße, schwerfüßig, um dann mit einem Mal loszusprinten, zwanzig, dreißig Meter mit fliegenden Beinen, und ich verlor ihn aus den Augen . . .

Skizze zu Matulla und Busch. Im Gespräch mit Hartmut, dem Regisseur, neulich, witzige Idee: Wenn Matulla ein Haus erbt, in Berlin, Berlin-West, kann es im Moment nur eine Möglichkeit geben: es ist besetzt.
Vorgenommen, daß das Ländchen in der Geschichte nicht erscheint. Und wenn, dann nur schattenhaft.

Natürlich sitzen die jungen Leute in einem Haus, das Matulla gehört, und Matulla will sie heraushaben. Aber trotz unterschiedlichem, ja, gegensätzlichem Verhältnis zum Eigentum, laufen beider Interessen auf's gleiche Ziel hinaus: das Haus zu erhalten und darin zu wohnen.
Dagegen steht die Effizienz. Auf gleicher Bodenhöhe größere Erträge zu erzielen. Steht der Bereicherungstrieb. Trieb –?

Matulla und Busch – kleine Leute. Leute, die immer bezahlt haben. Die immer bezahlen werden. Die immer eins draufgekriegt haben. Aber einmal, einmal im Leben kommt ein Moment, in dem sie aus der Anonymität heraustreten. Zu Handelnden werden. Einmal im Leben hat jeder Mensch seine Stunde, sagt Busch. Natürlich kriegen sie wieder eins drauf.

Nachzutragen ist die makabre Wette, die ich mit Franz um eine Kiste Champagner geschlossen habe. Wir saßen im Vorgarten eines italienischen Restaurants am Savignyplatz, Hans-Jürgen Schmitt aus Frankfurt war dabei und Dieter Eue, der jetzt in Westberlin lebt, ein warmer Wind ging, und es roch nach Oregano – da sagte Franz, er glaube ganz fest, daß wir das Jahr 1985 nicht mehr erleben würden.
Wir waren verdutzt und wiegten bedenklich die Köpfe, aber Franz war sich sicher, daß es den großen Knall geben werde.
Und bald . . .
Ich weiß nicht warum, vielleicht nur aus Trotz, aber ich hielt dagegen.

Eine Transformation der Parole Schwerter zu Pflugscharen am Schwarzen Brett in der taz: Schwerter zum Zuschlagen!

4

Richtungsänderung: Nach Besuch meiner Mutter im Prenzlauer Berg direkt statt nach Charlottenburg in die Potsdamer gefahren, nach Schöneberg. Automatisch . . .
Anhalterin am Anhalter Bahnhof. Eine korpulente, streng parfümierte Endzwanzigerin, die ihre Heimat in einem Country-Club gefunden hat und jedes zweite Wochenende mit Sattel und Gewehr nach Westdeutschland fährt. Jetzt trifft sie sich mit Clubfreunden Nähe Zoo in einer Kneipe, da spielt eine Band, da muß man einfach hin, und wenn man mal nicht da ist, du, ich sag dir, dann geht gleich das Telefon: Wo warste denn? Is was mit dir gewesen?
Die starke Polizeipräsenz in der City scheint sie nicht wahrzunehmen. Mir fällt ein, daß heut Demo war. Was für Demo? – Ein Haus ist geräumt worden. – Achso. – Da wird's Ärger geben. – Naja, ein Geschäft für die Glaserinnung. –

Eisendle getroffen, der für drei Monate ein Berlin-Stipendium ergattert hat. Er lebt in Österreich in einem alten Bauernhaus nahe der slowenischen Grenze für 200 Mark monatlich. Er flucht über den Literaturbetrieb, daß es so eine Art hat. Beim Verlag steht er im Minus, und sein Verleger rät ihm, mal ein literarisches Reisebuch zu schreiben. Natürlich weiß ich, sagt er, was verlangt wird. Aber wenn ich das wirklich täte – wenn ich schriebe, was die Leute in meiner Gegend von den Deutschen, die da hinfahren, wirklich halten . . . – Er macht eine beziehungsvolle

Pause und hebt die Schultern: Eben das wollen sie ja nicht. –
Er kann sich nicht denken, daß unter 90 Millionen Deutschsprechenden nicht wenigstens ein Promille sei, das seine Bücher lesen wollte. Es sei alles ein Problem der Distribution. Vielleicht ist es so, daß die gar nicht wollen, daß wir gelesen werden . . . –
Seine harten, oft sarkastischen Urteile Zeichen tiefer Unsicherheit, die ich neuerdings auch bei mir feststelle.
Weißt du, sagt er, die schaffen es noch, daß wir an uns zweifeln. –

Den Nachmittag und den Abend über im besetzten Haus in der Potsdamer. Eigentlich sind es zwei Häuser, nebeneinander, mit Innenhof, deren hintere Bebauung bis zum ersten bzw. zweiten Stockwerk abgerissen worden ist. Burgähnlich. In der Hofmitte eine riesige Kastanie.
Die Hauswände, die Treppenflure vollgesprüht mit Sprüchen und Zeichen, deren häufigstes das von einem Kreis umrandete große A ist. Alles macht den Eindruck des Improvisierten, das sich eine feste Form geben will. Noch im vorigen Jahr war die Hauskneipe, das K.O.B., nichts weiter als ein heruntergekommener Laden mit Bierkästen und Sperrmüllmöblierung darin. Jetzt herrscht ein geometrisches Schwarz-Weiß vor, es gibt eine Theke, es gibt Tische und Stühle, und einmal, als ich von der Bülow her die Potsdamer südlich fuhr, sah ich ein halbes Dutzend aus den Fenstern hängende wagemutige Gestalten beiderlei Geschlechts mit Farbrollern in den Händen. Jetzt ste-

chen die Häuser mit ihrem blendenden Weiß schon von weither aus dem gräulichen Braun der Straßenschlucht hervor.

Einmal in der Woche ist Hausversammlung, die Plenum genannt wird, dreißig Leute oder mehr im gemeinsamen Frühstücksraum, jeder kann vorschlagen, was zum Thema werden soll, Kohlen, Katzen, Räumungen und Hausmüll, es folgt ein heftiges Durcheinander affektgeladener oder demonstrativ leiser Reden, deren Sinn mir mangels Detailkenntnis meist entgeht; auffallend, daß Abstimmungen verpönt sind, nie heben sich Hände für oder gegen etwas, damit keine Minderheit sich durch eine Mehrheit dominiert fühle, und tatsächlich finden die Leute auf wundersame Weise durch das dichte Gestrüpp widersprechender Auffassungen irgendwann einen Weg, auf dem alle den nächsten Tag, die nächste Woche erreichen können. Nicht Lösbares wird vertagt.

Ich halte mich in der Nähe der Leute, die ich schon kenne, habe Schwierigkeiten, mir die zu den Namen gehörenden Gesichter zu merken, es gibt zwei Thomasse, zwei Michas, eine Judith, eine Claudia und eine Renée, fast alle sind so Mitte Zwanzig, der Jüngste siebzehn, Malerlehrling, der älteste Anfang Dreißig, Medizinstudent im dreizehnten Semester; die wenigsten kommen aus einfachen Schichten, meist sind es Töchter und Söhne der Mittelklassen: von Architekten, Lehrerinnen, Psychologen.

Der Zustand des Hauses noch immer ruinenhaft, aber fast alle Zimmer sind renoviert und bewohnt. Matratzenlager, kleine Bücherregale, kaum Fernseher.

Drei, vier Klosetts sind instandgesetzt worden, und ein Bad, oben, im vierten Stock. Auf dem Klosett im ersten Stock hängt an der Kette des Spülkastens statt eines Griffs das Symbol der Leistungsgesellschaft, ein Mercedesstern.

Berührungsrituale. Im Alltag der Intellektuellen meist Nichtberührung, ein kühles Hallo, begleitet von kurzem Kopfnicken. Oder einer tritt in die Gruppe, sagt gar nichts, bewegt nur den Kopf, stellt sich zu den anderen oder setzt sich an ihren Tisch und ist sofort in der Gruppe drin. Kein Händegeben mehr, das scheint voriges Jahrhundert zu sein, Europa, aber wir leben doch schon seit einer Ewigkeit, bestimmt aber seit dreißig Jahren, in der Neuen Welt. So ist es mir im Funk aufgefallen, im Fernsehen, und, besonders, in der taz.
Ganz anders in der Potsdamer. Hier scheint es gerade Sinn der Begrüßung zu sein, sich so intensiv wie möglich zu berühren. Klar, auch hier kein Händereichen mehr, aber das Anfassen des Ober-, des Unterarms, ein Druck, ein zweiter, ein dritter, je nach Grad der Freude, den anderen zu treffen, ein Nach-Druck, die nach-drücklich geäußerte Freude. Oder das Reiben des Rückens, auch das Umfassen, das sofortige Umfassen – du stehst dann eine Weile, und weil der Ritus noch kein richtiger Ritus ist, hat er keinen bestimmten Endpunkt, und dir wird der Arm schwer nach einer Zeit, er gehört nicht mehr dahin, wo er ist, aber du findest keine Gelegenheit, ihn herunterzunehmen, ohne daß der andere möglicherweise verletzt ist oder peinlich berührt, weil sein

Arm noch auf deiner Schulter liegt, und du mußt einen Anlaß suchen, damit deinem Arm eine andere Beschäftigung nötig wird, und du steckst dir eine Zigarette an, suchst deinen Tabak oder greifst nach der Bierflasche . . .

5

Meine Bewegungen nicht geringer, aber weniger zufällig. Streckenweis sogar geordnet. Zig Kilometer durch die Innenstadt, bei Kälte, bei Regen, bei Hitze. Fußgängerperspektive, aber ohne Beachtung von Häuserfassaden. Schnelle, sichernde Blicke über die Schulter: Geht's los –? Springen, Rennen, Jaulen, Pfeifen. In Gruppen, in Ketten, in Haufen, in Reihen. Kalte Füße, Kreuzschmerzen. Einmal vier Stunden ohne Pause auf den Straßen. Hinterher am Kneipentisch eingenickt.
Veränderung meiner Rolle bei Demonstrationen. Auf den Tausenden Fotos, den Hunderten Videofilmen, mit denen uns die Polizei begleitet, müßte ich in unterschiedlichen Positionen zu sehen sein. Anfangs am Rand, immer ein wenig abseits vom Geschehen. Beobachter aus Neugier. Später eingesogen. Gründe wechselnd.
Einmal, ich lief mit den Leuten aus der Potsdamer gegen Reagans Mittelamerikapolitik den Tempelhofer Damm hinunter, sagte jemand: Halt mal. – Er drückte mir die Stange eines Transparents in die Hand und verschwand. Ich hielt sie bis fast zum Ende und

kam erst kurz vor dem Tränengas dazu, die Parole über mir zu lesen: Yanks raus aus Salvador und Berlin. –

Nichts schlimmer, als allein zu sein auf einer Demonstration. Du suchst gleich nach bekannten Gesichtern. Leute, die du einmal gesehen hast, sprichst du an wie Vertraute. Die Intimität der Bedrohung. Bei der kurzen Besetzung eines Hauses traf ich auf eine junge Frau namens Ulli. Wir hatten die anderen verloren, irrten durch die leeren Korridore, die verlassenen Zimmer, fanden noch einen Weg nach draußen aus dem schon teilweise von der Polizei umstellten Gebäude, flüchteten in die nächste Kneipe, wo auch die anderen saßen, verloren uns dort schon wieder aus den Augen, aber wenn wir uns jetzt zufällig treffen, sehen wir uns an, als hätten wir mal miteinander geschlafen.

Auch meine Positionen neuerdings nicht mehr zufällig. Zielgerichtet suche ich aus der Ansammlung von Transparenten und Fahnen die schwarzen oder schwarzroten; zielgerichtet die Leute aus der Potsdamer. Lange muß ich, neuerdings, auch nicht mehr suchen. Vorbei die Aufmärsche Zehntausender; kommen anderthalb-, zweitausend Leute zusammen, gilt das als Erfolg. Vor kurzem wurde ein sechzehnjähriger Junge beim Versuch, in einen Laden einzusteigen, von einer zivilen Streife gestellt und, als er in der Dunkelheit flüchtete, von hinten erschossen. Die Demo, die tags darauf spontan stattfand, war ein wilder Haufen von nicht mehr als vierhundert Leuten, die von

ebensoviel Polizisten begleitet wurden. Ich lief am Rand einer Kette, und neben mir lief ein Polizist so dicht, daß ich ihn, wie meine Nachbarin zur rechten, hätte unterhaken können, wäre nicht sein Schild zwischen uns gewesen.
Kaum eine Demonstration, die in Ruhe zu Ende geht. Die meisten sind von Anfang an das, was der kleine Thomas Gefangenentransporte nennt. Aus der Vogelperspektive betrachtet: ein Karree von Grünuniformierten mit Schildern und Knüppeln, in dessen Mitte eine mehr oder minder geordnete Menschenansammlung läuft.
Der Ton zwischen Demonstranten und Polizisten massiv gereizt. Provokationen laufen in beiden Richtungen, verbal vor allem und meist auch ohne direkte Folgen. Wann plötzlich geknüppelt, wann Tränengas geschossen wird, wann Scheiben fallen – die Anlässe sind mir trotz intensiver Beobachtung meines Umfeldes verschlossen geblieben. Ich weiß nur, beide Seiten wollen es.

Das Ritual: wird ein Haus geräumt, folgt Sachschaden. Seit Ende einundachtzig ziemlich regelmäßig. Agiert wird in kleinen Gruppen. Der Entschluß zur Aktion ist Sache der Beteiligten. Wird in Kreuzberg geräumt oder in Schöneberg – geht in Lichterfelde ein Sexshop zu Bruch, brennt in Wilmersdorf eine Bankfiliale. Ich glaube, der Staatsschutz hat anderthalb Jahre gebraucht, um herauszufinden, daß es für die militanten Aktionen keine Zentrale gab, die sie anordnete oder koordinierte.

Meine Schwierigkeiten mit dem Sachschaden. Daß ich in jedem Ding, das zu Bruch ging, die Arbeit sah, die zu seiner Herstellung nötig war. Genauer: die Arbeitenden. Ihre Lebenszeit. Das Stück Leben in den Dingen.
Revision erst über die Frage nach ihrer Qualität. Das Serielle, Maschinenhafte der Produktion. Wieviel Unnützes wird, massenhaft, produziert, wieviel unnütze Lebenszeit vertan.
An der Pornoindustrie stört mich weniger der pornografische als der industrielle Aspekt. Eine Industrie beliefert einen Markt, weckt Bedürfnisse, befriedigt sie in immer neuen Varianten. Die Folge kann nur Impotenz sein. Oder Prüderie.

Der politische Aspekt. Auch vor dem 12. 12. 80, der in der Szene eine Art magisches Datum ist, gab es Hausbesetzungen, gab es Räumungen, aber erst durch die Straßenschlacht in jener Dezembernacht wurden sie im ganzen Land bekannt – über die Medien.
Eine Aktion ist absurderweise erst dann wirklich, wenn sie von den Medien wahrgenommen wird.

Die deutlichste Erinnerung an zwei Bilder auf der verbotenen Demonstration gegen Reagan am 11. 6. Einmal: Wir standen in der Einkaufszone in der Wilmersdorfer, die Polizei hatte eine Kette gebildet zu beiden Seiten des Bürgersteigs, die Uniformierten stehen mit dem Gesicht zu den Demonstranten, bewaffnet mit Knüppeln und Schilden, die Demonstranten klatschen rhythmisch in die Hände, Indianergeheul, Trillerpfeifengeschrill, dazwischen ein Mann, eher klein als groß, eher normal gekleidet als aufrührerisch, er hält ein einfaches Pappschild in die Höhe, auf das er mit Filzstift geschrieben hat: Für Meinungs- und Demonstrationsfreiheit – das zweite: ein Mann, Ende zwanzig, er steht in der ersten Reihe, helles flattriges Hemd, starke Unterarme, steht einem Polizisten gegenüber, der ebenso alt ist wie er, eher jünger, der Demonstrant klatscht in die Hände, und indem er in die Hände klatscht, starrt er dem Polizisten lächelnd in die Augen, geht ganz dicht heran an ihn, klatscht und lächelt und starrt ihm in die Augen, der Polizist wird rot, versucht aber, dem Blick standzuhalten, kann es nicht, schaut nach unten, schaut zur Seite, seine Hand umspannt den Knüppel fester, ein Zug von Verlegenheit um den Mund, ein schiefes Gesicht, halb lächelt auch er, halb drückt er Verachtung aus, und der Mann klatscht immer noch und starrt ihm in die Augen, der Polizist versucht es noch einmal, das Klatschen der Menge, zweihundert, dreihundert Leute vielleicht, das Pfeifen, das Heulen schallt mächtig unter dem Plexiglasdach der Straße, der Polizist, wie wenn er alle Kraft zusammennähme, starrt in das Lächeln des Demonstranten, aber wieder muß er zur Seite blicken, und jetzt kommt der Befehl, endlich kommt der Befehl, seine Kameraden rücken von der Seite her vor, und jetzt ist auch er an der Reihe, und jetzt hebt er den Schild und stößt ihn gegen den lächelnden Mann, die Demonstranten werden nach hinten gedrückt und zur Seite, ein Knäuel von Menschen, wohin jetzt?, ich sehe den Mann nicht mehr, nicht den Polizisten, rette mich nach links, auf den Mittelstreifen der Kantstraße, und dann auf die andere Straßenseite, wo Judith steht aus der Potsdamer und Manfred, ich will verhalten, da rückt östlich der Kant ein Trupp heran, übers Megaphon Räumungsgebot, fünf Sekunden, sechs sind vergangen, wir sind schon losgegangen, da stürmt es hinter uns her mit geschwungenen Knüppeln, ein Mann neben mir schreit auf, hält sich den Kopf, wir rennen jetzt . . .

. . . und eben, ich sehe den Mann mit seinem hochgereckten Pappschild vor mir, langsam geht er zurück, hält sein Schild hoch, jetzt schlägt ein Polizist nach dem Pappschild, es klappt um, schnellt zurück, steht wieder aufrecht, und nun schlägt er ein zweites Mal, genau auf die Hand des Mannes, der das Pappschild schnell herunternimmt: das Erstaunen in seinem Gesicht, die Fassungslosigkeit . . . dann müssen wir rennen . . . Judith und Manfred sind links abgedrängt worden, ich rase an einer Gemüseauslage vorbei, höre den dumpfen Knall der Tränengaswerfer, laufe langsamer, drehe mich kurz um, sehe die beiden ganz dicht an die Hauswand gepreßt, von Polizisten umringt, muß aber weiter, laufe über die Straße, Tränengas vor mir, neben mir, Polizisten rechts, Polizisten links, ich sehe eine Lücke, ziehe den Kopf zwischen die Schultern, spurte über eine Kreuzung, komme eine Querstraße weiter zum Stehen, hänge mich übers Geländer einer Tankstelle, zitternde Knie, meine Lunge, als wollte sie reißen . . . – –

Vorher die Straßenschlacht am Nollendorfplatz. Ich hatte verschlafen, war fast eine Stunde zu spät am Versammlungsort, glücklicherweise. Die Polizei hatte den Platz mit Stacheldraht und Wannen abgesperrt; zweitausend Leute dahinter, niemand kam mehr hin-

aus noch hinein. Kurze Verblüffung, kurzes Abwarten. Als ich eintraf Bewegung auf beiden Seiten, wie wenn Steine aus dem Kessel geworfen würden.
Tränengas in Richtung Nollendorfplatz. Dann wuchteten ein paar Vermummte im Rücken der Polizei einen Mercedes der oberen Preisklasse auf den Damm. Reto, den ich getroffen habe, bringt sich aus der Kampflinie. Irgendwann ist die Barrikade im Rücken der Polizei gebaut, irgendwann brennt der Mercedes. Aus einem Eckhaus kommen Demonstranten gerannt, die über einen Bauzaun aus dem Kessel entwichen sind, erhitzte, erleichterte Gesichter: Der Möbelladen am Platz würde zwecks Barrikadenbau geplündert werden, heftige Schlachten an den Absperrungen. –
Rauchfahnen über den Häusern. Einmal ein Ausfall der Polizei, wir rennen in die Winterfeldt und entkommen über ein hohes Gitter in südliche Richtung. Mehr und mehr Leuten, heißt es, sei der Durchbruch durch den Stacheldraht gelungen. Wir fahren zur Wilmersdorfer, und drei Stunden später, wie wir wieder zurückkommen, ist der Kessel aufgelöst. In der Bülow eine ausgebrannte Wanne, auf der Seite liegend. In den Straßen Ansammlungen. Kleine Gefechte. Der Damm mit Metalldornen übersät, die sich in die Autoreifen bohren und Krähenfüße genannt werden. Im Haus, in der Potsdamer, weniger als zehn Leute, Polizeifunkgeschnatter, monoton, ich kann nichts verstehen. Ein junger Mann, den ich nicht kenne, sitzt am Tisch, Lederbekleidung, Halstuch, auf der Stirn ein Mullpacken über der Platzwunde.

Noch ein Bild: In der hinteren Winterfeldt stehen sich Grüne und Schwarze, Helmvermummte und Tuchvermummte gegenüber, aber statt daß die Grünen, wie sonst vor dem Sturm, mit den Knüppeln gegen die Schilde trommeln, schlagen die Schwarzen Pflastersteine gegeneinander: scharfes klickendes Klirren.

Was zieht mich an, was läßt mich zu jeder Demonstration laufen? Tue ich mit fünfundvierzig, was ich mit fünfundzwanzig nicht getan habe? Ein Nachholbedarf wie beim Reisen? Will ich Grenzen ausmessen – meine und die der Gesellschaft? Wie drüben?

Tati gestorben mit fünfundsiebzig.

Shoot!

1

Seit drei Monaten lebe ich allein, ohne Bindung an eine Frau. Unser Abschied heftig und, glaube ich, endgültig. Seither habe ich nichts von Marie gehört, und ich habe nicht angerufen.
Die Wochen danach gemischtes Gefühl aus Sehnsucht, Neugier und Trauer.
Trauer über das ewige Scheitern. In dieser Stadt, sagte neulich jemand im Café Nollendorf, habe die Liebe eine Haltbarkeitsdauer von rund zwei Jahren. – Unwillkürlich mußte ich grinsen, aber gleichermaßen hätte ich ihm für diesen Zynismus das Bier ins Gesicht schütten mögen. Die Neugier: das Leben ist wieder offen. Du gehst aus dem Haus, und jeden Moment kannst du jemandem begegnen, mit dem du die nächsten Jahre verbringst.
Manchmal aber eine Stumpfheit, als lebte ich unter einer großen Käseglocke. Bedürfnis, eine Treppe höher, zu Sarah zu laufen, bis mir einfällt, dort wohnen jetzt andere Leute.

Lange Zeit war es so, daß ich nicht in Ruhe schreiben konnte, wenn nicht mindestens für ein halbes, besser für ein Jahr Geld auf meinem Konto war. Zu deutlich

noch die Erinnerung an die ersten Jahre einer freien Schriftstellerexistenz, an die ständige Geldknappheit. Bei der Arbeit am Roman immer schnell etwas dazwischengeschoben, ein Gutachten, eine Rezension, immer nervös, immer abhängig . . .
Dabei konnten wir mit einem relativ stabilen Preis- und Mietsystem rechnen. Die Unwägbarkeiten waren politischer Natur, wie die Auflagenkürzungen nach der Biermann-Unterschrift. Dennoch das sichere Gefühl, nicht gleich ins Elend zu stürzen. Kurz nachdem bekannt wurde, daß unser Einkommen auf ein Drittel des vorherigen fallen würde, kamen Geldangebote von Loest, von Schreyer und, ich glaube, auch von Steinberg. Notfalls hatten wir die Möglichkeiten, im Westen zu veröffentlichen . . . und sei es unter Pseudonym. Die Gefahr kam mit den neuen Strafgesetzen: Hohe Geldbußen, bei Wiederholung möglicherweise Gefängnis.
Jetzt schert mich die Tatsache, wieviel Geld ich auf dem Konto habe, erst in zweiter Linie. Bewegt es sich, wie zur Zeit, gegen Null, ändere ich mein Konsumverhalten und kaufe statt bei Kaisers in den Discountläden der Umgebung – wie die Alten und die Asylanten. Ist eine größere Summe eingegangen, scheue ich mich nicht, ein paar Tausender abzuheben und mit Marie oder mit den Kindern zu verreisen. Irgendwie wird es schon weitergehen . . . Neulich, ich stehe bei Aldi und schaue mir Stapelschalen für den Kühlschrank an, tritt eine ältere Frau hinter mich und fragt, was sie kosteten. Vierneunzig das Stück, antworte ich. – Meingott, sagt sie, überlegen Sie mal, wie lange Sie dafür arbeiten müssen, nee, lassen Sie mal, das brauchen Sie so-

wieso nicht. – Und tatsächlich, sie hat recht, ich stelle die Schalen, verlegen lächelnd, zurück ins Regal, und wenig später sehe ich die Frau bei einer anderen stehen, die sich gerade eine Thermoskanne anschaut. Bei dem Preis!, sagt die ältere Frau, die klein ist und knochig. So viel Kaffee können Sie gar nicht trinken . . . –

Immer häufiger drehen sich die Gespräche ums Geld. Der Eindruck, daß es knapper geworden ist bei den Leuten, mit denen ich zu tun habe. Auch wenn mal jemand, was selten genug vorkommt, eine Geschichte erzählt, hat sie pekuniäre Hintergründe, wie unlängst die des Kneiper am Savignyplatz. Einem Bekannten, der in einer Zehlendorfer Villa wohnt, wurde das Fahrrad gestohlen. Zu seinem Erstaunen stand es zwei Tage später wieder vor seiner Tür. Am Lenker war ein Brief befestigt, in dem eine anonyme Person sich für das Ausleihen des Rades entschuldigte. Sie habe es dringend gebraucht und lege, sozusagen als Entschädigung, zwei Karten für die Oper bei. Der Fahrradbesitzer, erstaunt über so viel Noblesse und um die teuren Karten nicht verfallen zu lassen, ging nächsten Sonntag mit seiner Freundin in die Oper. Und was meint ihr, was passiert war, als er wieder nach Haus kam, fragt der Kneiper, hintersinnig grinsend. Das Haus war leergeräumt. –

Wie kann einer sein Leben in einen Zusammenhang stellen, wenn jede mühsam hergestellte Verbindung sofort zerfällt unter den eruptiven Bewegungen in der

Gesellschaft, die jeden einzelnen um ihn herum ständig zu neuen Haltungen herausfordern, in neue Zusammenhänge stellen?
Zurück bleibt eine Ansammlung von Bildern, Situationen, Affekten – bleiben Sätze, Begriffe, Bruchstücke, Splitter.
Vermutung, nach drei Jahren Lebens im Westen außerhalb jeden Zusammenhangs zu stehen; beschäftigt, den täglichen Geldbedarf zu sichern. Eine unwürdige Existenz.

Beim Betreten einer Buchhandlung wieder der Gedanke an die Sinnlosigkeit des Schreibens unter den Bedingungen des Marktes: wie die neue Produktionswelle die vorherige von den Tischen der Bücherläden schwemmt – im Zweimonatstakt.
Es ist wie am Anfang: Ich konnte mir, als das erste Buch fertig war, nicht mehr vorstellen, daß es irgend jemanden, meine Freunde ausgenommen, interessieren könnte.
Wie nah ist mir Schädlichs Situation, der – ein paar Monate nach der Übersiedlung von Ost nach West – für lange Zeit in einer Klinik untertauchte. Später übrigens, bei einer Lesung in Rotterdam, traf ich ihn mit seiner Therapeutin, mit der er seither zusammenlebt. Freundliche Pointe . . .

2

Langer milder Herbst. Noch Ende November mit leichter Jacke im Hof der Potsdamer. Jemand hatte in der Ecke ein kleines Feuer gemacht und briet Fleisch auf einem Rost. Wir saßen in kleiner Runde unter der Kastanie, die bis zum vierten Stockwerk reicht und immer noch Blätter trug. Der tobende Verkehr vorn auf der Straße wie aus fernster Ferne. Ruhe.
Jeden Abend aber umkreisen die weißgrünen, zerbeulten Wannen im Schrittempo das Haus, lauernde Blicke aus vergitterten Seitenscheiben, und zwei, drei Wochen später, wir stehen an der Theke im K.O.B., die Nachricht, die Entscheidung sei nun gefallen: Bis 15. Januar werde die Potsdamer, nebst vier anderen Häusern, geräumt. Von wem die Nachricht stammt, weiß niemand, aber daß sie stimmt, dessen sind sich alle sicher. Die eben noch trägen Gespräche am dicht umlagerten Tresen jetzt lebhaft, aufgeregt. Meine Bestürzung; ich will es nicht glauben. Im nächsten Moment schon eingespannt in Pläne, Aktionen –. Wir werden trommeln!, keine Sekunde Ruhe, ein Festival, die solln sehn! –
Die Gesichter angespannt, besorgt manche, aber keine Spur von Resignation.

Heute morgen, an der Ecke vor der Bank für Handel und Industrie ein Aggressionsschub, wie ich ihn hier noch nie hatte, so stark, so durch alle Fasern des Körpers rasend: Hinter der Scheibe ein Plakat in mildem Grün, das über einer stilisierten zarten Pflanze die Aufschrift trägt: Damit ihr Geld blüht und gedeiht.

In den letzten Wochen, auch wenn keine Notwendigkeit bestand, öfter als sonst in den Osten gefahren. In der Nähe der Brunnenstraße geparkt, in den Buchladen am Rosenthaler Platz gegangen und in die Markthalle Ackerstraße und zum Schluß über den Park am Weinbergsweg spaziert. Wie einer, der sich nach einer großen Anstrengung für einen Moment ausruhen muß ... –
Einmal – ich habe vor meinem Haus in der Leipziger geparkt, die Klingelanlage war kaputt, das Telefon über eine Stunde besetzt, habe ein paar Mal auf die Hupe gedrückt, in der Hoffnung, es zeige sich jemand am Fenster im elften Stock – einmal überfiel mich ein unheimliches Gefühl, meine Doppelexistenz betreffend. Eben noch in Charlottenburg gefrühstückt und die taz gelesen – jetzt hier, vor der Wohnung, in der ich ebenfalls polizeilich gemeldet bin, mit diesem Paß in der Tasche und dem Bewußtsein, daß ich bald vor eine Entscheidung gestellt werden könnte, die nur scheinbar etwas mit mir zu tun hat.
Gert hat dieses Bewußtsein geweckt, als er neulich fragte, ob mein Paß noch drei Monate gelte? – Ich erschrak, verneinte heftig und zählte an den Fingern ab, wie viele es noch seien: Vier! Vier Monate! –

12 Uhr, Restaurant Sofia, Leipziger. – Mein schlagartig verändertes Verhalten, wenn ich in den östlichen Teil der Stadt komme. Ich betrete das Restaurant vorsichtig, als sei mein Aufenthalt durch die Absicht, etwas zu Mittag zu essen, nicht voll legitimiert und könne jederzeit durch das braungekleidete, durch den Raum huschende Personal beendet werden. Auch

hänge ich meine Jacke nicht über den Stuhl, sondern gebe sie in der Garderobe ab.

Ein Mann über sechzig, in erdgrauem Anzug, Parteiabzeichen am Revers, Typ höherer Verwaltungsarbeiter, fixiert mich schon eine Weile. Ich kann mich nicht erinnern, ihn je gesehen zu haben. Jetzt schaue ich ihm in die Augen, sie sind kalt und ablehnend, aber er weicht meinem Blick nicht aus und starrt mich weiter an. Ich weiß nicht, seit wieviel Jahren – ich gucke das erste Mal weg.

Der Mann, der sich später an meinen Tisch setzt, ist groß und schwerknochig, blauer Nadelstreifenanzug, nicht der beste, nicht der schlechteste Stoff, schleppende Stimme, hängende Augensäcke, der Mund steht immer ein wenig offen. Er glotzt in die Speisekarte wie einer, der nie eine Speisekarte gesehen hat. Ich sage ihm, daß die Beilagen fürs Fleisch auf der anderen Seite stünden, er fragt, was ich äße, ich sage es ihm, er nickt und bestellt das gleiche.
Aus Wittenberg sei er, da gäbe es so etwas nicht. Nicht mal pommes frites. Wo ich die französischen Zigaretten her hätte? Die seien gut. Davon könne man hundert rauchen, ohne Bronchitis zu kriegen. Er hätte sie auch geraucht, früher, im Krieg. Er sei ja auch Berliner, aus Friedrichsfelde. Sei in Wittenberg nur hängengeblieben. Na, eine Frau.
Aber er sei viel herumgekommen, im Krieg, Frankreich, Norwegen, Afrika. Spezialist, sagt er mit bedeutungsvollem Unterton. Er sagt nicht, welcher Profession, und ich frage ihn nicht.

Ja, er habe es gut getroffen in Wittenberg, zahle 35 Mark Miete mit Bad, und die Elbe vor der Tür. Seine Kinder zahlten das Doppelte für weniger.
Jetzt bestellt er eine Extra-Portion Kroketten.
Aufs Fleisch käms ihm nicht an, sagt er. Aber Kartoffeln. –
Ich bin beim Mokka.
Den könnte er sich nicht leisten: zwei Infarkte, ein Schlaganfall. Und warum? fragt er und antwortet gleich: Arbeit, Funktionen, kaum zu Hause. Er sei jetzt achtundsechzig. –
Als das Essen vor ihm steht, schnalzt er und fährt mit der Zunge über die Lippen, in Vorfreude. Ißt hastig, den Blick auf den Teller gerichtet. Er hat die erste Portion Kroketten gegessen, nimmt von der Extra-Portion, hält plötzlich inne, sucht in seinen Taschen, findet ein braunes Fläschchen, schüttelt ein paar Tropfen heraus, mein Lebensretter!, stöhnt, ogott, wie weh das tut!, lehnt sich zurück, langt nach dem Taschentuch, wischt sich die Stirn, wie wenn Schweiß auf ihr wäre, verhält noch eine halbe, eine Minute, schwer atmend und mit flehendem Blick auf mich, ich frage, ob ich ihm helfen könne?, da rafft er sich zusammen, ißt weiter, und ich sehe durchs Fenster, daß Helene und Jakob an der Ecke warten, und stehe auf und verabschiede mich.

Vorhin, ich war in meine alte Gegend gefahren und stand an der Ecke der Straße, in der ich aufgewachsen bin, wurde mein Blick von einer alten Frau angezogen, die über die Straßenbahnschienen in der Dimitroff, früher Danziger lief, eine kleine gebeugte weißhaarige, am Stock und mit kurzen, trippelnden Schritten laufende Frau, die sich vorsichtig umblickte, bevor sie ihren Fuß auf den Damm setzte. Erst auf den zweiten Blick erkannte ich meine Mutter.

Aragon gestorben.

3

Traum, gestern früh. Ich war im Osten, sollte in einer Kirche lesen, Fräulen Svenson, eine frühere Kollegin aus der Charité, sollte mich dem Publikum vorstellen, da fiel mir ein, daß es mir untersagt worden war, im Osten zu lesen, solange ich diesen Paß besaß; ich sagte ihr das, aber sie wehrte lächelnd ab: das sei nicht so schlimm, das Publikum würde ohnehin zischen, sobald ich zu lesen begänne, aber es hätte nicht direkt mit mir zu tun und sei kein Votum gegen meine Anwesenheit, sondern lediglich ein Engagement für eine andere Sache, ein anderes Thema, man nutze die Gelegenheit meiner Anwesenheit nur, um Mißfallen ausdrücken zu können, im übrigen sei das Publikum sehr an mir interessiert. Ich wartete also und schlug vor, wir könnten uns nach der Veranstaltung inoffiziell in einer Wohnung treffen und dort über alles reden, und indem ich wartete – es war auf einer Straße mit westlicher Architektur –, sah ich, daß an meinem linken Unterarm die Haut sich zu pellen begann, ich rieb, und indem ich rieb, spaltete sich die Innenfläche meines Arms bis über den Ellenbogen, das Innere trat hervor: weißes Fleisch, über kleine Knochen gewachsen, ähnlich den Resten eines Brathähnchens, und nicht Blut füllte meinen Arm, sondern eine serumartige, farblose Flüssigkeit. Ich hielt den Arm so, daß sie nicht auslaufen konnte, stützte ihn mit der Rechten, der Arm brannte, immer wieder fiel mein Hemdsärmel auf die offene Wunde und rieb daran. Eine Ambulanz fuhr vorbei, hielt dreißig Meter von mir entfernt, ich lief hinterher, sie bog in die Einfahrt eines Krankenhauses, das Französisches Krankenhaus hieß, und ich wußte, ich war im Westen, obgleich hinter mir das östliche Kirchenhaus lag, in dem die Leute auf mich warteten, aber keine Spur einer Mauer, nicht einmal Uniformierte waren zu sehen. Die Architektur des Krankenhauses glich der an der Kleiststraße Ecke Urania, jemand nahm sich meiner an, Notbehandlung, da ich ja im Osten versichert war, ich spürte nichts, und schnell war der Arm provisorisch genäht, und in der Naht lagen eine Pinzette, ein Skalpell und noch andere blinkende Instrumente, sorgfältig im Fleisch eingebettet. Das sei für die Nachbehandlung drüben, erfuhr ich, und eine ältere Schwester kam auf mich zu, mit der Absicht, noch einen Verband um das Ganze zu legen, aber schnell, denn sie habe gleich Feierabend. Ja, sagte ich, ich müsse nur noch den Leuten Bescheid sagen, daß ich etwas später käme und vielleicht nicht so viel reden könne, wie ich vorhatte, und ich lief wieder zurück auf die Straße, in der die Kirchenleute warteten. In einem erkannte ich den kleinen Thomas aus dem besetzten Haus in der Potsdamer, und als ich wieder im Krankenhaus war, sagte die Schwester, nun sei es zu spät, sie habe Feierabend. Ich fragte, ob sie nicht wenigstens ein Pflaster über die Enden der Wunde kleben könne, und sie zierte sich erst, war dann doch bereit dazu, aber ziemlich ungeschickt beim Abschneiden des Pflasters, es klebte ihr an den Fingern, dann klebte es nicht einmal richtig an meinem Arm, ich war erstaunt, daß eine Krankenschwester in diesem Alter nicht einmal ein Pflaster richtig kleben konnte, wurde mißtrauisch, wachte auf . . .

Ost / West. Vom Vergleich wegkommen. Oder: ihn auf eine andere Ebene heben. Fragen, was wäre aus dir geworden, wärst du fünf Kilometer weiter, statt im Nordosten, im Nordwesten geboren worden, statt im Prenzlauer Berg, der später zum sowjetischen, im Wedding, der später zum französischen Sektor Berlins gehörte? Welche Eigenschaft, welche Charakteranlage fördert die eine und welche die andere Gesellschaftsform . . .?

. . . der domestizierte und der wölfisch dressierte Teil unseres Volkes . . .

Brief an Höpcke geschrieben, Verlängerung des Visums beantragt. Die junge Frau auf der Post in der Leipziger warf meinen Einschreibebrief ans Ministerium für Kultur auf ein Häuflein anderer Einschreibebriefe, die alle so aussahen, als wären sie an irgendein Ministerium gerichtet.

Ernüchternde Feststellung, daß sich in den knapp drei Jahren nichts geklärt hat. Daß der Versuch, im Westen die Distanz zu finden, die ich im Osten verloren hatte, gründlich gescheitert ist. Allerdings: Als Hans-Jürgen Schmitt aus Frankfurt hier war und wir, beim Mittagessen, über unser ewiges Thema »Literatur Ost mit dem existentiellen, Literatur West mit dem ökonomischen Risiko« sprachen, die Ahnung, daß ich hier in zwei Jahren geschafft habe, wozu ich drüben fünfundzwanzig brauchte: am politischen Rand zu stehen.
Dazu die stille, aber unüberhörbare Forderung nach einer Entscheidung – schon ein paar Monate, nachdem ich in den Westen gezogen war. Christoph, der meine Situation am genauesten kennen mußte, war sich vollkommen sicher, wenn er meinte, ich würde mich eines nicht allzu fernen Tages entscheiden müssen. Und ebenso sicher – das sah ich an seinem wissend ironischen Zug um den Mund – war er sich, für welche Seite ich mich entscheiden werde.
Anders jene, die die Entscheidung bereits getroffen hatten. Unvorstellbar war für sie eine Existenz wie die meine. Ich könne nicht frei reden oder handeln, sagten sie. Ich müsse Rücksicht nehmen, um meinen Status zu erhalten – im Gegensatz zu ihnen, die jetzt endlich sagen könnten, was sie meinten. Daß sie damit eingestanden, nicht immer die Wahrheit gesagt zu haben, fiel ihnen gar nicht auf. Ebensowenig, daß es Temperamente geben könnte, für die ein Status, wie ich ihn habe, der entsprechende – genauer: der einzig mögliche ist.
Am besten wird meine Lage durch eine Anekdote be-

schrieben, die man sich vor der amerikanischen Präsidentenwahl erzählte. Sie gründet auf der Situation eines speziellen New Yorker Verbrechens, bei dem man, mitten im Menschenstrom von Manhattan, plötzlich den Lauf einer Waffe in seinem Rücken spürt und auf Verlangen, und vor allem, ohne sich umzudrehen, sein Geld nach hinten reicht und weitergeht, als wäre nichts gewesen. In der Anekdote wird nun nicht die Frage nach Geld oder Leben gestellt, sondern nach der Wahl zwischen den beiden Kandidaten. Carter oder Reagan? zischt es. – Der Attackierte überlegt einen Moment, dann hebt er ratlos die Schultern und sagt laut: Shoot! –

4

Jakob hier: krank. Brechdurchfall, Fieber, behält nichts bei sich, nicht mal Pfefferminztee. Blaß, dünn, die Augen riesig ... Stephan ist tot. Heut mittag erfahren. Jakobs erster Satz, als ich ihn abholte: Stephan ist tot. Autounfall. – Helene biß sich auf die Lippen. Irgendwann weinen wir.
Gleich zum langen Dirk ins Büro. Den tatsächlichen Hergang erfahren.
Leere, Kopfschmerzen, brennende Augen, dabei ganz wach.
Stephan in den letzten drei Jahren sicher nicht öfter als fünf-, sechsmal gesehen. Aber es war etwas zwischen uns, das eine Regelmäßigkeit nicht mehr brauchte. Glaubte ich.

Wem habe ich hier, im Westen, von Stephan erzählt? Marie öfter und ausführlich. Ulrike auch, vor zwei Wochen erst, als sie sich beim kleinen Weihnachtsmarkt in der Autorenbuchhandlung ganz überraschend auf den Rand meines Stuhls setzte und sagte: Ich habe Geburtstag. –
Ich weiß nicht, wer ihn gefunden hat. Ich weiß nicht, ob er eine Nachricht hinterlassen hat. Ich weiß nur, daß ich nicht glaubte, daß es ein Unfall sei. Ich sagte: Wenn er allein im Auto saß, war es kein Unfall. – Und ich sagte: Wäre ich nicht weggegangen, wäre das nicht passiert. – Ich sagte das zu Helene, gestern, und ich war mir sicher.
Er hat sich erhängt. In seinem Haus. In Altrosenthal. Am vierundzwanzigsten.
Seine letzte Freundin sagt am Telefon: Du warst sein einziger Freund.

Am vierundzwanzigsten: Wohnung sauber gemacht, für den nächsten Tag gekocht, paar Geschenke gekauft, nicht zur Demo gegangen, aber abends in die Potsdamer. Von Helmut einen selbstgefertigten Kalender bekommen, über die Räumung geredet und registriert, daß ich diesen Abend schon das zweite Jahr im Haus verbringe. Gegen vier in der Witzleben, ausgeglichen. Halb elf aufgewacht, halb zwölf Helene und die Kinder. Gegessen, ins Kino gegangen. Auf eine glückliche Weise genervt gewesen. Abends Ulrike. Wieder Kino. Und Kneipe. Diese Nähe. Lästernder Einwurf des Wirtes: Ihr habt wohl kein Zuhause. – Alle lachten. Glaube, wir sind rot geworden.

In der Witzleben schlief meine Mutter, in Ulrikes Wohnung war ihr Mann.
Um diese Zeit war Stephan längst tot.

3^{15}, Witzleben. – Schlafstörungen. Ulrike im Kopf. Bilder von Stephan. Wie er mit Helene nach Rerik kam, wo ich am Michael schrieb. Die Wanderung durch die Dünen bei Sturm und Eis. Die bizarren Gebilde aus Schnee am Strand. In einer Mulde zu dritt eine Flasche Rotwein. Helenes Augen. Ulrikes Augen. Wie sich alles im Kreis bewegt. Durch den langen Dirk habe ich Helene kennengelernt. Ich fragte, wer ist das Mädchen? – Er sagte: Ich kann sie dir vorstellen. – Dreizehn Jahre später war er Helenes Rechtsbeistand bei der Scheidung. Oder mein Vater. Aus der Kindheit das Wort Feuerwache Lindenstraße im Kopf. Dorthin war er, schwerverletzt, gebracht worden. Als der Kamerad, der ihn in ein Lazarett fahren wollte, zurückkam, waren dort schon die Russen gewesen. Jahrelang hatte ich vom Balkon in der Leipziger auf eine Straße kurz hinter der Mauer geblickt, auf eine heruntergekommene Häuserzeile. Erst hier und durch Zufall die Entdeckung: Lindenstraße. Die Rundbögen in der Fassade des Hauses. Die großen Tore. Feuerwache Lindenstraße. Auch Stephan am Anfang der Geschichte mit Helene. An Stephans Ende der Anfang der Geschichte mit Ulrike. Sie hatte angerufen, gestern. Ich hatte es ihr erzählt. Sie hatte gesagt: Meingott, das kenne ich. – Eine halbe Stunde später saß sie bei mir.

Unser Selbstmitleid. Die Frau, mit der er zuletzt gelebt hat, schreit es durchs Telefon: Er hat mich allein gelassen! – Dirk fluchte, als hätte Stephan in eine Bank eingebrochen und sich erwischen lassen. Als hätte er eine Dummheit begangen.
Furcht, hinüberzufahren. Zu Stephans letzter Freundin oder nach Altrosenthal. Als könnte mir alles zum Selbstvorwurf geraten. Ich weiß noch, daß ich in Dirks Büro, als ich die Wahrheit erfuhr, ganz ruhig wurde. Als wäre die Absurdität eines Unfalls eine unerträgliche Tatsache gewesen, die Selbsttötung aber annehmbar, weil von ihm entschieden.

5

31. 12. 82. – Die Nacht vor Silvester schlaflos: Vergiftungssymptome. In der Stadt wütet die Magendarmgrippe. Wir gaben uns die Klosettür in die Hand.
Die übliche Bilanz ausgefallen. Wozu auch –? Ich ordne meinen Schreibtisch.
Viel an Stephan gedacht. Daß ich nicht hinübergefahren bin, hat mir geholfen, mich mit der Tatsache abzufinden, daß er nicht mehr für mich da ist. So etwas wie Hochachtung vor seiner Konsequenz. Carole, die ich in Paris angerufen habe, war von der Nachricht nicht überrascht.
Franz auf Reisen. Seine Frau versuchte mich zu überzeugen, daß es ein Wink des Schicksals sei, andere von diesem Weg abzubringen. Ich mußte lächeln am Telefon.

Einmal der Versuch, mir sein Gesicht vorzustellen, im Detail. Der kleine Aufwurf über seiner Oberlippe ... Wie lief Stephan –? Jetzt, da ich es wieder versuche, gelingt es mir.

Die Abschiede ... Die Abschiede mit ungewissem Ausgang wie der von Johannes, Ostern nach dem Mauerbau ... Oder die, von denen du weißt, sie dauern das ganze Leben. Kurt zum Beispiel, Kurt Batt ...

Der Anruf am Vormittag, ich wohnte noch in der Brunnenstraße, Herzinfarkt. Er war dreiundvierzig. Der Schock. Mein Körper wie taub. Die Wut danach: Sie haben ihn umgebracht! Später, in Gesprächen, die Formel von den *exogenen Faktoren*. Daß er den Verlag verlassen sollte, *seinen* Verlag. Es sei denn, er träte der Partei bei. Die Frage von Lucie, der ZK-Frau, die sie Konrad, dem Vertragsleiter, und Jochen, dem Parteisekretär, stellte: Ob sie glaubten, es sei gut für den Verlag, wenn er sich einen parteilosen Cheflektor leiste? – Jochen, der später, als Kurt tot war, von Selbstvorwürfen geschüttelt wurde: Warum habe ich nicht Ja gesagt? –

Die Diskussionen mit Kurt, die sich über Monate, Jahre hinzogen, in seinem Zimmer, zweiter Stock, mit Blick auf die Front des Stasiknasts: Soll er, soll er nicht? Das Argument, daß Veränderungen, wie wir sie wollten, nur über die Partei, nur innerhalb der Partei möglich wären. Das Gegenargument: Daß alle, die unter dieser Voraussetzung in die Partei gegangen waren, statt sie zu verändern, von ihr verändert wurden. Kurts Entscheidung, die das Erscheinen der ZK-Beauftragten, im nachhinein betrachtet, sozusagen naturgesetzlich machte. Der Vorwurf: Ansammlung kri-

tischer Autoren. Die Ursache: Ein Cheflektor, der nicht der Parteidisziplin unterworfen war.
Mein Versuch, den Parteisekretär zu beruhigen: daß sein Ja nichts geholfen hätte. Daß das Urteil festgestanden habe, gleichgültig, wie die Antwort ausfallen würde. Daß die Tatsache des Erscheinens einer ZK-Beauftragten das Urteil selbst war. Der Kompromiß: Kurt Batt muß den Verlag verlassen, aber gütlich. Kann die sieben Autoren, auf die er Wert legte, als freier Lektor weiterbetreuen.
Kurts Suche nach einer anderen Stellung, erfolglos. Letztens an der Berliner Universität. Kopfschütteln. Ein parteiloser Dozent –? Zwei, drei Wochen vor seinem Tod noch Treff in Berlin, alle Projekte besprochen: die Träume, Berliner Träume. Seine öffnende, produktiv machende, Phantasie freisetzende Art, über ein literarisches Sujet zu reden. Große Nähe damals. Wie ein Jahr zuvor, als wir uns gestritten hatten, bierschwer, über eine Kleinigkeit. Sein Telegramm nächsten Tag: Melde dich. Untröstlich. Kurt. –
Vor zwei, drei Wochen in der Brunnenstraße Biermann gehört, die Ahhh-Ja-Platte. Vom Recorder. Völlige Einigkeit: hart und richtig.
Essen in einer tschechischen Kneipe, Rathauspassagen. Die Frage, ob er wirklich einverstanden sei mit dem Kompromiß? Ob er wirklich weg wolle vom Verlag? – Sein Nachdenken. Sein Ja. Sein einschränkendes, alle Verletztheit, alle Ohnmacht einschließendes: Aber nicht so! –
Der Versuch, unter den sieben Autoren so etwas wie eine Initiative zustande zu bringen: Ob wir nicht etwas tun sollten, ganz oben, und gemeinsam. Nach drei

kurzen Gesprächen abgebrochen. Die Distanz. Daß an Erfolg nicht geglaubt werde. Die Vorsicht. Auch bei Franz. Später sein Satz, daß er erst jetzt ermessen könne, wie sehr ihm Batt fehle. Noch später der rapide Verfall aller Distanz, aller Vorsicht, von einer Stunde auf die andere: bei der Biermann-Ausbürgerung, sechsundsiebzig, Oktober. Wie eine Erlösung.

Stephans sarkastische Sätze: Die erste Hälfte des Lebens versauen einem die Eltern, die zweite die Kinder. – Oder: Einmal geschieden ist wie zweimal ausgebombt. – Zitierte er seinen Großvater?
Jahre wohnte er, nach der ersten Ehe, allein im 11. Stock eines Appartementhauses, ein Zimmer, Kochnische, Bad. Freundinnen, lockere Beziehungen; die Zeit, in der ich ihn am fröhlichsten erlebt habe. Am ruhigsten in der zweiten Ehe. MutterVaterKind.
Unser Projekt. Wir wollten ein großes Haus suchen auf dem Land und ausbauen. Martin, Ulli, Stephan und ich. Stephan, der vier Häuser besorgte, in der Mark, in Altrosenthal. Meine Unzufriedenheit. Ich wollte mit allen leben. Stephan, der einschränkte: Wir wüßten nicht, wie sich unsere Beziehungen entwickelten. Und dann ...? – Er meinte die Beziehungen zu Frauen.
Sein Ehrgeiz gebrochen. Einerseits eine stringent verfolgte wissenschaftliche Laufbahn: Gerichtsmedizin. Immunologie. 10-, 12-Stundentag, exakte Kleidung. Maßanzüge. Korrekte Manieren. Der Satz über einen Kollegen: X ist schlecht angezogen. – Oder: Y tut nichts für seinen Körper. –

Dagegen die Altrosenthaler Existenz. Die pure Lässigkeit. Als wenn eine Bürde von ihm abfiel.
Mein erstes Bild von ihm: ein junger Mann in der U-Bahn Richtung Pankow, ein Jahr vor der Mauer. Wir kamen aus einem Jazzkonzert im Sportpalast, ich glaube, von Miles Davis, und Stephan saß mir schräg gegenüber, las in einem Buch und wies – darauf angesprochen – sehr deutlich und fürs halbe Abteil verständlich auf seine Abiturprüfung hin. Ich hielt ihn für einen Streber.
Stephan ebenso wie ein Forscher auch ein Former, ein Bildner. Wer in seiner Nähe lebte, wurde geformt. Weil er außer seiner Form keine andere leben konnte? Wurde sie gesprengt, war er unfähig, es zu akzeptieren. Oder nur: als sein Versagen. Seine Liebe: nach außen hin herrisch, dabei schutzsuchend im Wesen. Vielleicht war das der Grund unserer Affinität?
Je älter er wurde, desto mehr glich er, äußerlich, seinem Vater, dem Fernsehkommentator. Und desto mehr distanzierte er sich von ihm, politisch.

Neujahr. – Helene erzählt, er hat sich im Sitzen erhängt. Mehr wisse niemand. Sein Vater habe alles abgeschirmt. Der Leichnam sei ins Krankenhaus nach Seelow überführt worden und habe dort, unter Bewachung, in einem besonderen Raum gelegen. Niemand sei an den Toten herangekommen, nicht mal sein Freund Bodo, der Oberarzt.
Er soll nach der zweiten Scheidung heftige Schwierigkeiten mit sich gehabt haben. Ein Streit sei Heiligabend vorausgegangen. Aber er soll schon seit Wo-

chen deprimiert gewesen sein wegen der Streichung sämtlicher Devisen, mit der sein Forschungsprogramm in sich zusammenfiel.
Ob er eine Nachricht hinterlassen habe, wisse sie nicht, aber sie glaube: Nein. –

Gestern noch Zimmer besichtigt in der Potsdamer. Werde im zweiten Stock wohnen, vorne heraus, mit Blick auf den riesigen Neubau, der an die Stelle des Sportpalastes gesetzt wurde.
Das Notwendigste zusammengesucht. Tisch, Stuhl, Wäschetasche; Matratze, paar Bücher und die Schreibmaschine. Einzug morgen. Udo will mir helfen.

Brief danach

Es tut mir leid, daß ich Sie enttäuschen muß, aber eine Bilanz habe ich nicht im Sinn. Ich höre Sie sagen, Sie hätten sie nie verlangt. Stimmt. Aber was sollte sich hinter Ihrer beiläufigen Frage, ob sich nach den Ereignissen des letzten Herbstes etwas bei mir geklärt habe, anderes verbergen?

Sie hätten so unrecht nicht. Die zehn Jahre, die ich abwesend bin, scheinen nach einer Aufrechnung zu verlangen, Aktiva und Passiva sollten benannt werden können – etwa derart, wie ich es früher tat bei den periodischen Erschütterungen meiner Verhältnisse zu Frauen. Wenn ich absolut am Ende meiner Kräfte war, nahm ich mir einen Zettel, schrieb links die positiven, rechts die negativen Aspekte meiner Liebe, von Eros bis Ethos, aufs Papier, bewertete alles nach einem mir heute höchst suspekten, nur meiner Verwirrung zuzuschreibenden Punktsystem und rechnete am Schluß zusammen.

Wie immer das Ergebnis ausfiel, ich ahnte schon damals, daß Bilanzen nichts anderes sind als Formen der Täuschung – seiner selbst oder des Finanzamtes. Aber daß ich in meinem Leben noch einmal so überrascht werden könnte wie letzten Herbst, habe ich mir nicht träumen lassen.

Nicht, daß vor acht Jahren, als ich aus der Idylle eines bürgerlichen Altbauviertels in ein besetztes, räu-

mungsbedrohtes Haus zog, alles vorhersehbar gewesen wäre. Ich hatte mit zwei, drei Wochen vorübergehenden und als demonstrativen Akt der Solidarität gemeinten Aufenthalts in etwas chaotischen Verhältnissen gerechnet – Kleinigkeit, wenn ich an das Klima von Sympathie, von Freundlichkeit dachte, das in so krassem Gegensatz stand zur Unwirtlichkeit dieser ruinierten Behausung. Ein Jahr später hatte ich schon das dritte Zimmer. Aber was für ein Jahr! Leben beinah rund um die Uhr. Nachts Aktionen gegen die drohende Vertreibung. Dienstags und donnerstags, an den behördlichen Räumungstagen, flacher Schlaf. Flugblatt- und Plakataktionen, Kampf auf der Straße und in Amtsräumen. Polizeiliche Durchsuchungen, ich glaube, zweimal monatlich. Sie kamen beim Essen, beim Schlafen, beim Aufräumen, beim Reparieren, sie kamen mit Hunden und ohne Hunde, beschlagnahmten Dutzende von Transparenten, demolierten einmal alle Zimmer, klauten zwei Kameras und hielten uns beinahe ebenso in Atem wie wir sie.
Leute zogen aus, entnervt, erschöpft. Leute zogen ein, meist aus anderen Häusern vertriebene. Selten gestellte Frage: Lohnt sich's? – Kurzes Innehalten. Manchmal ein Unbehagen, wenn ich an meine Arbeit dachte. Aber, verdammt, was war das Schreiben gegen die Tat?! Alles um mich herum hatte ein Ziel: dieses Haus, diese Lebensform zu retten. Hier, in der Potsdamer, wohnten vierunddreißig Leute. Also weiter . . . Jede zweite Nacht kam Ulrike. Früh zwischen vier und fünf Uhr fuhr ich sie zurück zu ihrem Kind, zu ihrer Familie. So klar hatte ich selten geliebt, so nah war ich mir selten gewesen.

Als ich in jenem harten, nicht enden wollenden Winter von neunundsiebzig zu achtzig im Westen eintraf und meine Freunde aus den Zeiten der Studentenrebellion in gutsituierten Stellungen fand, hatte ich geglaubt, ich sei zwölf Jahre zu spät gekommen. Aber plötzlich, ich hatte mich, wie sie, gerade eingerichtet, blühte der Baum der Phantasie wieder, kochte die Straße, und ich war mitten drin. Ich sehe noch die erstaunten Blicke, das milde, herablassende Lächeln, mit dem meine Schritte begleitet wurden. Es waren die Blicke, es war das Lächeln von Erwachsenen.
Ihnen aber bin ich noch heute dankbar, daß Sie in meinen Affinitäten zu diesem Aufbruch mehr sahen als eine späte Lust auf Abenteuer, mehr als eine Pose der Aufsässigkeit. Ja, Sie hatten recht, es war diese leibhaftige Antithese zur Welt der Leistung und des Geldes, die mich anzog. Plötzlich hatte die Tatsache meines Wechsels von Ost nach West eine Rechtfertigung bekommen, die über jene hinausging, ein – ob ich wollte oder nicht – Zeuge der Nichtlebbarkeit des Sozialismus zu sein, den seine Verwalter in seltener Einsicht ihrer Begrenzung den realen nannten. Plötzlich ging es wieder um etwas.
Daß wir Erfolg hatten, wissen Sie. Im dritten Winter nach jenem Tag, an dem ein knappes Dutzend Leute die Stahltür zum Haus mit der Nummer 159 aufgebrochen und ein Transparent aus dem Fenster im zweiten Stock gehängt hatten, war das Haus legalisiert. Waren wir am Ziel.
Am Ziel –? Schön wär's gewesen, lag doch das nächste schon wieder vor uns, höchst konkret auf Baupläne gezeichnet oder in der sprühenden Vorstellungskraft

meiner Mitbewohner beiderlei Geschlechts: große komfortable Küchen, bewachsene Dächer, Dachterrassen, Gewächshäuser, Grundrißänderungen, mehr Licht, mehr Luft, eine grüne Insel im steinernen Meer der Stadt, mit eigener Kraft erbaut, unter eigener Regie, zwei, drei Jahre Arbeit vielleicht, höchstens dreieinhalb – Kleinigkeit ...

Wie Sie wissen, fehlt mir in den konstruktiven Bereichen die Begabung, von den praktischen Fertigkeiten einmal abgesehen. Und so entzog ich mich der drohenden Verwandlung vom Hausbesetzer zum Selbsthelfer durch Flucht. Ich brannte durch. Mit Ulrike. Von einer Stunde auf die andere. Nicht weit, nur ins Hessische. Aber es war das erste Mal, daß wir länger als eine Nacht zusammen waren, und als wir zurückkamen, war ich mir unserer so sicher, daß ich vor der versammelten Hausgemeinschaft erklären konnte, ich sähe meine Aufgabe als erfüllt an und wolle von nun an mit Ulrike leben.

Wir zogen nach Kreuzberg in eine ehemalige Fabriketage aus der Gründerzeit. Wenn Sie jemals einen Raum brauchen sollten, der Ihnen das Gefühl gibt, er setze Ihre Gedanken durch seine großzügige Dimension, durch die hohe gewölbte Decke, den schwungvollen Grundriß beinahe automatisch frei, dann suchen Sie diese Fabriketage. Ich habe noch nie so gut gewohnt, so günstig schienen mir die Lebens-, die Arbeitsbedingungen nie gewesen zu sein, wenn – ja, wenn nicht manchmal, in den Arbeitspausen, eine eigentümliche Leere um mich gewesen wäre, die auszufüllen nach Menschen schrie ... Ich sah mich um ... Ulrike, natürlich, Ulrike war es doch!, und ich warf

mich auf ihr Dasein, auf unsere Liebe, unsere Gemeinsamkeit und verlor mich auf eine Weise, als täte ich alles zum ersten und nicht zum vierten Male, und je mehr ich mich verlor, desto stärker empfand ich die Leere, standen die Bilder meiner allerjüngsten Erinnerung vor mir auf, schmolz die Gruppe von vierunddreißig höchst unterschiedlichen Menschen zu einem Organismus, zu einer Figur von – nein, ich übertreibe nicht – mythischer Größe: DAS HAUS!
Nach dem zweiten großen Zerwürfnis liefen wir auseinander, Ulrike zum Vater ihres Kindes, einem erfolgreichen Geschäftsmann, ich zurück ins Haus, vorübergehend, dachte ich, nur für die Zeit, die es braucht, eine annehmbare Wohnung zu finden, wenn's ging, in Ulrikes Nähe.
Wie Sie wissen, wohne ich immer noch hier. Das Haus ist seit zwei Jahren so gut wie fertig gebaut, und es ist schade, daß Sie noch nicht die Zeit gefunden haben, mich zu besuchen. Ich kenne keinen, der nicht erstaunt gewesen wäre über die Veränderungen. Die beiden Küchen sind kleine Meisterwerke geworden, die Parketts sind restauriert, die Terrassen weitläufig, nur für das Gewächshaus fehlt noch das Geld. Aber wenn ich auf den Balkon meines Zimmers trete, das jetzt nach hinten heraus liegt, blicke ich auf einen kleinen Garten Eden, der auf dem Dach des Quergebäudes gewachsen ist. Efeu und wilder Wein ranken sich an der Brandmauer zum Nachbarhaus hinauf, und hinter dem heckenähnlichen Bewuchs unseres Flachdaches gegenüber ahne ich die Körper meiner Mitbewohner in der Sonne dieses Maitages. Ich höre schon Ihren Einwand, ich sei zu allgemein, Sie wollten die

Leute, mit denen ich lebe, gezeigt bekommen – Geschichte sei schließlich das Ergebnis der Geschichten von Menschen.

Sehen Sie mir nach, daß ich nicht persönlicher werde. Jede Beschreibung von Personen, mit denen ich tagtäglich zusammentreffe, kommt mir vor wie eine Sektion an Lebenden.

Bleiben die Geschichten . . . Nein, ich habe mir nichts vorgemacht, als ich einmal sagte, ich sei mir sicher, ich stünde auf literarisch fruchtbarem Boden. Nur hat nach drei Jahren Leben in einer Ruine, vier Jahren Leben auf einer Baustelle die banale Seite der Existenz die dramatische derart verschüttet, daß ich einige Zeit brauchen würde, sie auszugraben. Und wer weiß, ob ich sie wiederfände. Schon jetzt wird mir unheimlich bei der Vorstellung, daß die Jahre, von denen ich niemals geglaubt hätte, ich könnte auch nur eine Stunde von ihnen vergessen – so voller Aktion, voller Spannung und Gefahr, so voll klarer Gedanken und Utopie waren sie –, daß diese Jahre auf ein paar Dutzend Sätze schrumpfen können. Wo ist das Gefühl des Einmaligen geblieben? Wo das Bewußtsein, etwas bisher Ungelebtes zu leben? Auch wenn wir noch immer jeden Montag zusammensitzen und über unsere Angelegenheiten entscheiden, wenn wir noch immer zusammen essen, mit offenen Türen leben, den Verbrauch, wo wir können, bremsen und es ablehnen, unsere Hände zur Abstimmung zu heben – von der Utopie rede ich nur noch im Perfekt. Warum –?

Irgendwann, vor vier, fünf Jahren, hat, glaube ich, die Zukunft einen Fuß in die Tür des Hauses gestellt und einen gewaltigen, das Oberste zuunterst kehrenden Sturm hineingelassen. Die einen nannten ihn Zeitgeist, die anderen Restauration. Wieder andere sprachen von der weltverändernden Kraft der Mikroprozessoren, die nächsten vom postindustriellen Zeitalter.

Wie dem auch sei, als er sich gelegt hatte, war alles anders. Plötzlich redete die Werbung so, wie vorher nur die Subkultur. Plötzlich tauchten in den Zeitungen Begriffe auf, die wir alle längst erledigt glaubten. Plötzlich verschwand einer, den wir noch aus der Zeit der Straßenschlachten kannten, als habe ihn die Erde verschluckt, aber entgegen unserer Vermutung, er sei in den Untergrund getaucht, war er nur für zwei Monate in einen Computer versunken.

Für meinen Teil datiere ich den Beginn des neuen Jahrhunderts in das Frühjahr fünfundachtzig. Da kam ich, kurz nach meiner Kreuzberger Episode, in die Anarchistenkneipe meiner Charlottenburger Zeit und traf unter der Kastanie im Vorgarten statt des verschworenen wilden Haufens eine lockere Gesellschaft in heller Baumwolle und weiten, weichen Hosen. Ich glaubte erst, die Kundschaft habe gewechselt, doch es waren die gleichen Leute, nur daß sie statt Bier Sekt tranken, statt Lederjacken Leinenjacketts trugen, und statt um die subversive Aktion drehten sich die Gespräche um Geld.

Ich rief Ulrike an, und sie war gleich bereit, sich mit mir zu treffen. Ich hatte sie kennengelernt als eine junge Frau in Parka, Jeans und langen glatten Haaren. Als sie nun, vier Wochen nach unserer Trennung, vor mir stand, glaubte ich, meinen Augen nicht zu trauen. Sie war frisiert, trug ein Seidenhemd auf bloßer Haut, und die Farbe ihrer Lippen, ein mildes Karminrot, war gleich der ihrer Ohrclips und halbhohen Pumps. Doch, sie war wunderschön, aber sie war eine andere Frau.

In den USA, wo ja alles zwei Jahre früher beginnt, hat mich unsere Kollegin Plessen zu einem Werbefachmann mitgenommen, der den Amerikanern mit großem Erfolg westdeutsche Autos und Kräuterliköre verkaufte und der unser Gespräch über die Schwierigkeiten beim Schreiben von Büchern mit einer nachsichtigen Ironie begleitete. Literatur –? Ein Anachronismus. Die Menschen der kommenden Generation würden nicht fähig sein, auch nur einen Satz zu verstehen, der mehr enthalte als Subjekt, Objekt und Prädikat. Es gebe nur eine Zukunft: die Bilder.

Einige Jahre später mußte ich an ihn denken. Ich saß einem gewieften Produzenten gegenüber, der mir meine Stoffangebote mit Respekt, aber großem Bedauern zurückreichte. Was heute gebraucht werde, sei crime, comedy, action, sagte er, am besten als Serie mit kräftigen, konturenklaren Figuren, nicht immer diese Zweifler, diese zerrissenen Menschen, diese Aussteiger mit ihren Brüchen und Lustlosigkeiten. – Er verzog das Gesicht, als ekele er sich förmlich, und es hellte sich erst wieder auf, als er seine Vorstellung zu präzisieren begann. Erraten Sie, welche es war? Es war die vom positiven Helden.

Sie wissen, ich finanziere die Schreiberei mit dem Verkauf meiner Stoffe an das Fernsehen, und es gab eine Zeit, da waren sie das, was die Produzenten eine Bank nannten. Erinnern Sie sich noch meiner kleinen Geschichte von den beiden alten Männern, die auf so

fröhlich tragische Weise an den Gesetzen der Geldwirtschaft scheitern? Noch nie hatte ich so viele Angebote von Regisseuren und Produzenten, den Stoff zu verfilmen. Und noch nie stieß ich in den Redaktionsstuben auf so kühle Ablehnung.
Daß mir ein Redakteur, der siebzehn Jahre im Fernsehen des Ländchens gedient hatte und jetzt in Köln gelandet war, den Stoff mit Argumenten zurückgab, die er, im Vergleichsfall, auch in Berlin-Adlershof benutzt hätte, konnte ich noch in der Schublade Konvergenz der Systeme ablegen.
Auch daß ein Regisseur, der sich in einer großen Fernsehanstalt für die Geschichte einsetzte, mit der Botschaft zu mir kam, der Stoff sei zu realisieren, wenn der Autor ihr eine versöhnlichere Wendung gebe und wenn er den Tatbestand der Hausbesetzung, auf dem der komödiantische Einfall beruhte, als einen ungesetzlichen Akt darstelle, lag noch im Bereich persönlicher Meinung.
Aber daß, in welcher der vielen Redaktionen ich es versuchte, die Ablehnung der Geschichte bereits festzustehen schien, verblüffte mich doch. Die haben im Westen doch gar kein Zentralkomitee! – Nein, aber sie haben eine Programmkommission.
Damals machte das Wort von der Analphabetisierung der Völker durch das Fernsehen die Runde. Je mehr wir wissen mußten, um die Zusammenhänge zu verstehen, desto kürzer wurden die Wortbeiträge. Je näher die Katastrophe rückte, desto mehr hatten wir vor dem Bildschirm zu lachen.
Warum ich von Katastrophe spreche, da die große Konfrontation, der vierzig Jahre dauernde Kalte

Krieg zu Ende geht? – Die Katastrophe hat, meine ich, viele Gesichter. Natürlich ist auch mir warm ums Herz geworden, als sich der Schauspieler aus Kalifornien und der Moskauer Idealist mit der machtbewußten Kinnpartie endlich in Frieden trafen. Aber als ich dann das Foto der beiden in der Zeitung sah, hatte ich unwillkürlich die Vorstellung einer Comiczeichnung, auf der sich zwei Männer grinsend die Hände schüttelten, und in der Sprechblase über ihren Köpfen stand geschrieben: Plündern wir doch den Laden gemeinsam! –

Sehen Sie mir diese Geschmacklosigkeit nach. Ich habe Grund zum Sarkasmus, denn in jenen Jahren habe ich die Allgegenwart des inneren Zensors ein zweites Mal erfahren und habe gelernt, daß seine Gefahr weniger davon ausgeht, einen nicht verkaufbaren Einfall schon in Gedanken zu streichen, als davon, daß er gar nicht erst entsteht. Sie werden es vielleicht für übertrieben halten, aber ich habe mich tatsächlich geistig so eingeengt gefühlt wie nur in der Zeit Ulbrichts, nach dem 11. Plenum. Meine ohnmächtigen Flüche müssen selbst den Lärm auf der Potsdamer Straße übertönt haben, und es dauerte bis zum Anfang des vorigen Jahres, daß ich, noch im Zustand heftigen inneren Widerstandes, einen – Sie ahnen es? – Serieneinfall hatte.

Seitdem trage ich auch wieder einen Sakko. – –

Ich weiß, auf diese Zeit zielte Ihre beiläufig gestellte Frage gar nicht, aber ich meine, sie hat mit ihr zu tun, und mehr als mir lieb ist. Im letzten Herbst war ich, seit einem halben Jahr, in meine Notizen versunken, die ich irgendwann Mitte achtzig, als sich alles zu wiederholen begann, abgebrochen hatte; ich kürzte, verlängerte Sätze, schob Unpassendes beiseite und falsch Stehendes an den richtigen Platz. Im ersten Moment, da die Meldungen über unser Ländchen, das sich so lange in einem tiefen Schlaf befunden hatte, leichte Erschütterungen registrierten, fühlte ich mich gestört – so als passiere etwas zur unrechten Zeit. Im zweiten Moment, da die Vorbeben nicht nachzulassen schienen, hob ich schon den Kopf, und als das Beben dann ausbrach, sprang ich von meinem Schreibtisch auf. Endlich passierte das, worauf ich vierzig Jahre lang gewartet hatte, und jetzt sollte ich es mir im Fernsehen angucken? – Nicht doch, Genossen... Aber merkwürdig, wenn ich jetzt die Stempel in meinem Paß zähle, kann ich die Male, die ich im Herbst über die Grenze gefahren bin, an den Fingern einer Hand abzählen, und wenn ich meinen Kalender zu Rate ziehe, stelle ich fest, ich habe während der ganzen stürmischen Zeit tagtäglich mein Arbeitspensum erfüllt.

Selbstverständlich bin ich in der Finsternis eines Oktobermontags, inmitten einer skandierenden, zu Hunderttausenden zählenden Menge, über den Leipziger Ring demonstriert. Natürlich habe ich jede Bemühung um unsere Rehabilitierung mit wachem Interesse verfolgt. Und selbstverständlich war ich auf dem Alexanderplatz.

Dieser Samstag, dieser vierte November – ich weiß, Sie haben ihn im Fernsehzimmer eines Krankenhauses erlebt, und hatten Sie nicht auch Geburtstag? – Ich war pünktlich über die Grenze gefahren, aber ehe ich einen Parkplatz gefunden hatte, war es halb elf gewor-

den, der Zug schon lange unterwegs. Ich ging, ein wenig irritiert wegen der Massen, am Rande mit, immer mit den Augen auf die Reihen, in denen ich einen Bekannten zu treffen hoffte. Aber ich sah nur in fremde Gesichter, und so lief ich nach vorn, an die Spitze des Zuges, war ziemlich früh auf dem Alexanderplatz, lehnte mich an die Ampelsäule auf der Verkehrsinsel gegenüber dem Haus des Lehrers, mit dem Gesicht zum Menschenstrom, der auf mich zukam und sich rechts und links von mir teilte.
Ist Ihnen auch aufgefallen, welche Ruhe über diesem Zug der Massen lag? Ich mußte erst die Gesichter sehen, um zu begreifen, daß sie aus einer inneren Kraft kam, die den Lärm, mit dem man die Gespenster der Nacht vertreibt, nicht mehr brauchte.
So viele gelöste Gesichter habe ich lange nicht mehr gesehen, und jetzt traf ich auch Bekannte, wir winkten uns bedeutungsvoll zu, und einmal lächelte mich eine junge Frau, die mir völlig unbekannt war, so gewinnend an, daß ich verlegen wurde, aber im Moment, da sie auf meiner Höhe war, rief sie: Kommen Sie jetzt wieder? –, und ich war verdutzt, wollte ihr etwas antworten, aber sie war schon verschluckt von der Menge. Ich schob mich in die Richtung, in der sie verschwunden war, die Reden begannen, ich hörte Christoph Hein, hörte Friedrich Schorlemmer und hatte die Stimme der Frau, die mir völlig unbekannt war, im Ohr, und indem ich, suchend, mich durch die dichten Reihen bewegte, schlug ich die Richtung zur Rednertribüne, die vor dem Haus des Reisens stand, ein, und als ich die Absperrung erreichte, hatte Christa Wolf schon gesprochen, auch Stefan Heym, der

jetzt zwanzig Schritte hinter der provisorischen Tribüne stand und von einem Kind Blumen überreicht bekam.

Ich gebe zu, ich habe ein paar Sekunden gebraucht, ehe ich die Kraft fand, mich unter das Absperrseil hindurchzuschieben und auf ihn zuzugehen, im Herzen einen Entschluß, im Kopf eine Rede.

Sie haben richtig gelesen, ich wollte reden. Kurz nur, selbstverständlich, ich wollte den geplanten Ablauf nicht stören, aber ich fühlte ganz sicher, es wäre genau der richtige Moment gewesen. Ich wollte mit dem Satz beginnen, daß ich einer von denen sei, die eine rigide Herrschaft aus diesem Land gedrängt habe, und daß ich seit zehn Jahren zwar nur ein paar Straßen weiter wohnte, aber wie im Exil. Ich wollte ein Wort verlieren über die Gefühle, die mich bewegten, angesichts dieser gewaltigen Manifestation für ein freies, menschliches Land, und daß ich ihnen, den Versammelten, sagen wolle, die Zeit sei nun reif, endlich zurückzukehren, nach Hause.

Ich hätte mit Beifall gerechnet, ganz bestimmt. Kann sein, es wären auch schon Pfiffe darunter gewesen, aber ich glaube, zu diesem Zeitpunkt eher nicht. Und so hätte ich fortfahren können, ich würde gleich morgen, nein, Montag, wenn die Ämter wieder geöffnet hätten, einen Wohnungsantrag stellen, und hoffte stark, daß wir uns einig seien, die Versammelten und ich . . .

An dieser Stelle hätte ich wahrscheinlich eine kurze, Erwartungen weckende Pause gemacht und hätte in die Runde geblickt, um mit erhobenem Tonfall den Satz zu vollenden: daß wir uns von denen da oben mit einem Stück Kuchen nicht würden abspeisen lassen. Wir, hätte ich gerufen, wollen die ganze Bäckerei! – Selbstverständlich war ich mir der Exklusivität dieses Augenblicks bewußt. Welcher Mensch hat in seinem Leben schon die Gelegenheit, vor einer halben Million Zuhörern plus der Medien aus aller Welt zu sprechen? Warum ich mich, zwanzig Schritte von der provisorischen Tribüne entfernt, anders entschied, weiß ich bis heute nicht genau.

An der Tatsache, daß ich gerade auf eine Literaturförderung angewiesen war, deren Genehmigung einen Wohnsitz im Westen voraussetzte, kann es doch nicht gelegen haben. Auch nicht an diesem störenden, kindischen Trotz, den ich bekam, als unser Freund Stefan Heym, ich hatte ihn kaum begrüßt, mich überfallartig und mit einer Schärfe, die nur eine Antwort übrig ließ, fragte: Wann kommst du zurück! – Ich hätte sagen können: Nächste Woche!, es entsprach doch meiner Intention.

Daß es weder mit der Angst vor der Menge noch mit meiner Abneigung gegenüber theatralischen Auftritten zu tun hatte, glaube ich zu wissen; ebensowenig mit meinem mangelhaft entwickelten Bedürfnis nach Selbstdarstellung.

Auch das Wissen um den zynischen Blick derer, die vor dem Fernseher sitzen und hinter jedem Wort, hinter jeder Geste eine kalkulierte Wirkung vermuten, hätte mich nicht zurückhalten können. Ich war überwältigt von einem Gefühl, das fern jeder Eitelkeit lag, mein Herz war so weit wie ewig nicht mehr. Dann schon eher an der Tatsache, daß unser Freund Heym – kaum hatte ich, ob seiner Frage, ein wenig die Hände gehoben – die Wichtigkeit einer solchen Entscheidung beschwor, gerade jetzt!, in diesem Moment!, in dieser Situation! –

Ich habe gespürt, wie etwas in mir kleiner wurde von Moment zu Moment, wie ich mich innerlich zurückzog, wie ich mißtrauisch wurde gegenüber meinen Gefühlen, mißtrauisch gegenüber meinem Urteilsvermögen. War ich dem letzten Irrtum nicht erst im Sommer erlegen, als der junge Uwe Kolbe so unbefangen nach Alternativen für ein Ländchen ohne die Herrschaft der Partei fragte, und ich vollkommen sicher antwortete, daß zu einer revolutionären Situation nicht nur der Verdruß der Beherrschten gehöre, sondern auch der Unwille der Mächtigen zu herrschen. Über jenen, antwortete ich, seien wir uns sicher einig, über diesen sicher nicht. –

Jetzt, nur vier Monate danach, verfiel die Partei in einem atemberaubenden Tempo, war die Macht, die uns dreißig, vierzig Jahre in Atem gehalten hatte, gebrochen.

Dort, unter dem Haus des Reisens, zwanzig Schritte von der Rednertribüne entfernt, muß ich wohl begriffen haben, daß mir das Land, dessen Paß ich in der Tasche trug, in den zehn Jahren meiner Abwesenheit eine Fremde geworden war, vertraut, aber fern, dem Früheren nur dem Schein nach ähnlich, und wie zum Beweis stand ich mit einem Male mutterseelenallein auf dem Platz, die Manifestation war zu Ende gegangen, die Leute, die ich kannte, irgendwohin verschwunden, und als ich, ein wenig hilflos, der abziehenden Menge hinterherblickte, legte jemand von hinten die Hände über meine Augen. Es war Astrid aus Hamburg, die hier für ein großes Magazin fotografierte, und mit ihr war Ute, die wieder in Schöneberg wohnt, und wir hakten uns unter und liefen anderthalb Stunden durch die leeren Straßen hinter dem Alexanderplatz, ehe wir einen Platz in der Kneipe fanden.

Eine Woche später habe ich mich tatsächlich um eine Wohnung bemüht, habe Briefe geschrieben und Gesuche um Unterstützung. Ende Januar war mein Antrag mit dem einschränkenden Verweis, es gäbe außer mir noch neunzigtausend Wohnungssuchende, endlich akzeptiert, aber bis heute habe ich, nach Dutzenden Telefonaten, vergeblich auf einen Bescheid gewartet und kann nun mit Sicherheit behaupten, daß es für mich leichter war, aus dem Ländchen heraus- als wieder hineinzukommen.

An Manifestationen, Aufmärschen, Diskussionen habe ich, mit einer Ausnahme, nicht mehr teilgenommen. Ich habe dann doch alles im Fernsehen angeschaut, auch die Montage am Runden Tisch, um den, neben den Regierenden, so viele von den Leuten saßen, die ich noch aus dem Kaffee Burger in der Wilhelm Pieck, früher Lothringer, und von Fengler in der Lychener her kannte, und ich habe manchmal, mit ein wenig Wehmut, gedacht, so kann einer sein Leben verpassen.

Selbst in der Nacht, als die Mauer fiel und sich die halbe Stadt in den Armen lag, bin ich – nachdem ich kurz vorher, von meiner Mutter kommend, durch die von einer fiebrigen Menge belagerte Grenze gefahren war – ins K.O.B. gegangen, habe schnell drei Bier getrunken und mich ins Bett gelegt. Und das Feuerwerk zu Sylvester, in dem unser Brandenburger Tor sich der Welt in so flammendem Licht zeigte, habe ich, rein zufällig, in der Auslage eines Videoladens in Paris gesehen. Mich überfiel eine ähnliche Melancholie wie an dem Tag, an dem die Mauer gebaut wurde. Paradox, nicht wahr? Ich frage mich, liegt das an mir, an den Umständen oder an der Erinnerung, daß nationale Aufwallungen bei uns Deutschen immer mit Feuer endeten? – –

Zehn Jahre sind kein Pappenstiel. Meine Kinder sind, wie von alleine, groß geworden. Meine erste Frau habe ich schon fünfzehn Jahre nicht gesehen. Von Helene bin ich bald länger getrennt als wir beieinander waren. Marie treffe ich höchstens auf Kongressen. Nur Ulrike und ich verreisen gelegentlich miteinander.

In Liebesdingen scheue ich inzwischen jeden Aufwand an Gefühl. Ein paar Blicke über den Kneipentisch hinweg, manchmal eine Nacht in einem anderen Bett, genügen mir. Inmitten einer Lebensgemeinschaft von vierunddreißig höchst vitalen Menschen bin ich das geworden, was man hierzulande einen Single nennt. Kunststück. Oder –?

Dabei bin ich keine Ausnahme. Die Hälfte meiner Freundinnen, meiner Freunde, auch der jüngeren, hat die abendliche Frage Buch oder Beischlaf? mit Gewinn für die Literatur beantwortet und ist's – nach einer Zeit nervöser Anpassung – zufrieden. Carole, die ich in den letzten Jahren von Krise zu Krise habe taumeln sehen, traf ich Sylvester in ihrer Wohnung in froher, beinahe ausgelassener Stimmung, und als sie mir die Liebe wie eine Turnübung hüftsteifer Dilettanten in den Trikots der Jahrhundertwende schilderte, entschloß ich mich auf der Stelle, ein Jahr lang völlig asketisch zu leben, und bis jetzt fällt es mir nicht schwer.

In den zehn Jahren, die vergangen sind, habe ich zwei wichtige, mir nahestehende Menschen verloren, Stephan und Franz. Jener hielt seine Verlassenheit nicht mehr aus, dieser wurde zerfressen von der Ohnmacht der Vernunft, die Krebs genannt wird. Er starb neunzehnvierundachtzig, tatsächlich. Sie wissen, daß ich gegen seine düstere Prophezeiung, wir würden das Ende jenes Jahres nicht erleben, gewettet habe. Wer ist nun Sieger? Der Einsatz jedenfalls ist vakant.

Eins weiß ich sicher: Ohne meinen Lebenskreis, der einen Radius von höchstens fünf Kilometern hat, jemals für länger als vier Wochen zu verlassen, habe ich die Nachteile dreier Gesellschaftssysteme erfahren können. Und auch wenn ich mich jetzt, inmitten nationaler Eruptionen und des arroganten Triumphs der Geldwirtschaft, mehr und mehr wie einer von gestern fühle, am Ende bin ich nicht.

Erinnern Sie sich noch, wie unsere marxistischen Hauslehrer die Bewegung der Geschichte beschrieben? Mit dem Bild einer aufwärts führenden Spirale. Welch eine simple Ignoranz von Erfahrung! Wenn schon ein Bild, scheint mir das einer geschlossenen Figur angemessener, einer Ellipse vielleicht, einer Lemniskate, einer pascalschen Schnecke, oder warum nicht das eines Kreises?

Stellen Sie sich nur vor, eben hat uns die Geschichte in atemberaubendem Tempo hinter sich gelassen, und während wir uns, mit reißenden Lungen, um An-

schluß bemühen, läuft sie uns schon hinterher, holt uns vielleicht schneller, als wir glauben, wieder ein, und wir stehen, einen Atemzug lang, doch noch einmal an der Spitze. – –
Selbstverständlich bin ich am 18. März hinübergefahren. Es war, mit dreiundfünfzig Jahren, meine erste Wahl. Wie Sie habe ich meine Stimme jenen Leuten aus der Opposition geliehen, die zusammen knappe fünf Prozent bekamen. Sie halten das für wenig –? Mehr, glaube ich, waren es nie, in Deutschland.

Mai 1990

Inhalt

Dieser Band wurde durch den Literaturfonds e. V.
und den Kulturfonds der
Deutschen Demokratischen Republik gefördert.